着力建设合格智库 努力提升服务大局能力（代总序）

杨 芳

党的十八大报告明确提出要扎实推进社会主义文化强国建设，指出文化是民族的血脉，是人民的精神家园。全面建成小康社会，实现中华民族的伟大复兴，必须推动社会主义文化大发展、大繁荣，兴起社会主义文化建设的新高潮，提高国家文化软实力，发挥文化引领风尚、教育人民、服务社会、推动发展的作用，必须增强全民族文化创造活力，发扬学术民主，让一切文化创造源泉充分涌流，建设面向现代化、面向世界、面向未来的，具有民族的科学的大众的社会主义文化。哲学社会科学作为文化内核，在推动文化发展繁荣进程中肩负着不可替代的使命。面对这一重大历史机遇，地方社科院要顺应新形势，乘势而上，建设合格智库，加强理论创新，为经济社会发展提供坚实的思想保证和理论支撑，以此推动社会主义文化大发展、大繁荣。

从国际上看，哲学社会科学是国家软实力的重要组成部分。哲学社会科学的发展水平，体现着一个国家和民族的思维能力、精神状态和文明素质，反映着一个国家的综合国力和国际竞争力，是重要的文化软实力。从国内看，哲学社会科学是一个国家文化体系的基础与核心，城市之间、区域之间的竞争，也越来越体现在文化魅力、创新能力等“软实力”的竞争上，而哲学社会科学繁荣发展的程度，标志着一个城市的文化软实力水平。城市发展要跃上新的台阶，要提升城市品位与档次，就越是需要加强文化软实力建设，越是需要重视作为城市文化软实力核心的哲学社会科学事业的繁荣和发展。

在中共中央《关于进一步繁荣发展哲学社会科学的意见》中，地方社科院的基本职能定位是“主要围绕本地区经济社会发展的实际开展应用对策研究，有条件的可开展有地方特色和区域优势的基础理论研究”。因此，作为昆明市唯一专门从事哲学社会科学研究的机构，昆明市社会科学院在实践中发挥好这一职能，做好昆明市委、市政府的智囊和参谋，繁荣发展昆明哲学社会科学事业，成为我们的历史使命和价值追求。全面贯彻落实科学发展观，坚持“贴近实际、贴近决策、贴近学术前沿”的科研理念，坚持“科研立院”“人才兴院”“管理强院”的办院方针，以编制实施社科院“十二五”规划为契机，昆明市社科院实现了昆明哲学社科研究大繁荣、大发展的战略谋划与长足发展：“明确一个目标”——建设市委、市政府的“合格智库”；“突出两个创新”——突出“科研创新”和“管理服务体制机制创新”；“建设巩固三大平台”——建设、巩固、发展服务于市委、市政府决策的“蓝皮书”平台、《决策参考》平台和“昆明智库论坛”三大平台；“健全完善四项制度”——健全完善列席市重要会议制度、联络员制度、调查研究制度、新闻发布制度；“推进五大工程”——推进基础理论建设工程、决策咨询服务工程、重点学科建设工程、学术品牌打造工程、人才队伍建设工程。“十二五”开局以来，“12345”战略目标任务的全面施行，使得全院干部职工统一了思想，认清了形势，明确了方向，端正了态度，凝聚了力量，增强了信心，也使得昆明市社科院的全面发展迈上了一个崭新的台阶。

2012 年，适逢昆明市社科院“蓝皮书”推出 10 周年。为党委政府提供高效优质的决策咨询服务是地方社科院应尽的义务，也是地方社科院的核心竞争力所在。只有研究好、回答好现实提出的重大问题，提高对策研究、咨询研究水平，才能真正成为市委、市政府信得过、用得上、离不开的“合格智库”。“蓝皮书”就是这样一个平台——通过对昆明市经济社会各个领域发展状况予以客观呈现，对昆明经济社会发展的热点难点问题予以研究分析，对事关全市经济社会发展的重大命题予以展望预测，从而提供第三方视角与决策咨询。回顾“昆明蓝皮书”发展的10年，既体现了昆明市社科院对“昆明蓝皮书”建设从酝酿、起步到日臻成熟、完善的发展历程，同时也展现了昆明市社科院成长的脚步与发展的足迹。2003年、2004年，昆明市社科院尝试对昆明市经济社会发展进行预测；2005年，在经过摸索与总结后，我们把所做的“蓝皮书”研究成果出版发行，一方面是通过成果的公开发表为社会各界提供一些咨讯；另一方面，也有接受各界对我们监督和批判的意味。在不断探索、总结、完善、提高的基础上，2012年根据昆明改革发展关键阶段面临的新情况、新问题，依据“文化昆明”建设中面临的一系列新的迫切需要哲学社会科学解答的实践课题，我们尝试提高“蓝皮书”的时效性和有效性，并将“蓝皮书”朝着系列化方向发展——《2012昆明文化发展报告》首次从《昆明经济社会发展蓝皮书》中分离出来，于2012年2月独立面世，这是探索的重要一步。通过新闻发布与媒体推介，《2012昆明文化发展报告》得到普遍好评，产生了一定的社会效益和影响力。

2013年，乘着党的十八大东风，昆明市社科院“蓝皮书”正式走向系列化、体系化。在《2012昆明经济社会发展报告》《2012昆明文化发展报告》成功推出的基础上，昆明市社科院认真学习贯彻党的十八大精神，进一步推进哲学社会科学创新体系建设，深化科研管理体制机制改革，充分发挥社科理论战线的引领、先行、解难、聚力的作用，于2013年初推出了昆明市经济、社会、文化、法治系列“蓝皮书”，自此，昆明市社科院“蓝皮书”基本形成相对完善的体系。系列“蓝皮书”立足昆明，把昆明的经济建设、政治建设、文化建设、社会建设、生态文明建设作为重要的研究对象，其中《2013昆明经济发展报告》紧扣科学发展命题，对昆明经济发展进行全方位的回顾展望，并对部分县（市）区经济发展态势进行分析；《2013昆明社会发展报告》立足

“美好幸福新昆明”建设，突出基层、民生、生态环境保护问题关注；《2013昆明文化发展报告》结合“桥头堡”发展机遇，着力昆明历史、民族、特色文化研究，占据主流意识形态、开展社会主义核心价值体系研究；《2013昆明法治建设报告》综合昆明立法、司法、执法各个层面全方位开展昆明法治回顾预测，并选取若干法治热点难点专题开展研究。四本“蓝皮书”各具特点，各有侧重，可以这样认为，2013年昆明市经济、社会、文化、法治系列“蓝皮书”的重力打造与推出，是昆明市社科院繁荣发展昆明哲学社会科学事业、贯彻昆明市社科院“十二五”规划的重要举措，同时也是昆明市“合格智库”建设进程中集中打造的一大学术品牌与形象。

在“蓝皮书”各专题的撰写过程中，我们采取开放式研究方法，部门工作者撇开身份，以个人视角为我们撰写相关篇目，提出了有分量的建议，坚持解放思想，蓬勃向上而又严谨执著，放胆争鸣，追求真理，享受思想之乐、智慧之乐、奉献之乐，共同致力于将“蓝皮书”打造成昆明市委、市政府和社会各界及时、全面了解昆明市情的权威著作，成为社科院智囊团、思想库的品牌形象，在此一并予以感谢！我们有理由相信，在深入贯彻党的十八大精神中，在市委、市政府的坚强领导下，昆明市社科院智库作用必将充分发挥，“蓝皮书”必能多出精品，越办越好。

（作者：云南省社科联兼职副主席，昆明市社科联党组书记、主席）

序

党的十八大报告立足于党情、国情、世情的深刻变化，对加强新形势下的文化建设作出了一系列新论述、新部署。贯彻十八大精神，打造“文化昆明”，是美好幸福新昆明建设总体布局中的重要组成部分。作为记录昆明文化建设发展轨迹的《昆明文化发展报告》，以专题研究、调查报告等形式，力求对近年来昆明市在按照“文化强市”战略目标，推进社会主义核心价值体系建设，建设布局合理、功能完善、覆盖城乡的公共文化服务体系，大力发展文化产业，满足人民群众不断增长的精神生活需求等方面的情况从不同角度、不同侧面进行反映。

文化是一个包罗了社会万象的范畴，仅就狭义而言，就涵盖了教育、科学、文学、艺术等精神产品和精神生产能力等众多方面。由于本书的体裁和容量所限，不可能在30万字左右的篇幅中展现昆明文化建设一年来的全貌。文化发展又有自己的特点。它没有经济、政治等社会现象那样的快速度运动，文化对社会发展的反映，往往显现出延续性甚至滞后性的特点。结合文化现象的特点和昆明市社科院蓝皮书年度报告的形式，我们计划在每年的文化发展报告中，就美好幸福新昆明建设中文化发展的某一方面进行侧重研究，这样经过一定周期，就可能奉献给读者一个昆明文化发展的较为全面的印象。《2013昆明文化发展报告》就贯彻了这一想法，通过本院研究人员与昆明市级研究机构，市、县、党政机关从事研究的专家学者合作，选取了“桥头堡机遇下的公共文化服务包构建”“昆明历史文化名城的保护与规划”“昆明市‘古滇王国’文化旅游名城建设展望”“建设民族文化生态村是少数民族传统文化村寨的依托与保护的有效途径”“昆明塑造聂耳文化品牌的现状及建议”“昆明美术家群和绘画艺术品市场鸟瞰”“休闲城市与休闲文化”等专题，着重对市委、市政府提出“文化昆明”建设战略以来，昆明在历史、民族、特色文化建设等方面所做的工作和发展趋势进行研究。

呈现在读者面前的这本小册子，如果能通过我们的努力，使人们对昆明文化发展的情况增加一些了解和关注，对“文化昆明”建设起到一点促进作用，也就满足了我们的最大愿望。

编　者

目 录

总报告

专题报告

Ⅰ “桥头堡”战略下的昆明文化发展研究

Ⅱ 社会主义核心价值体系建设

Ⅲ　昆明历史、民族、特色文化建设

总报告

ZONGBAOGAO

“幸福昆明”视野下文化建设的回顾与展望

徐 杰 李 敏

文化是民族的血脉，是城市的灵魂，文化建设是美好幸福新昆明建设总体布局中的重要组成部分。“十一五”以来，市委、市政府高度重视文化工作，提出了打造“文化昆明”的奋斗目标，文化体制改革稳步推进，文化事业日益繁荣，公共文化服务体系不断完善，文化产业增加值以年均20%以上的高速度持续增长，一批文化惠民工程顺利推进，在建设以人为本的文化共享家园，塑造开放包容的文化昆明形象方面迈出了可喜步伐，文化建设呈现出一片欣欣向荣的景象。

一、“幸福昆明”视野下文化建设的背景与意义

2012年初召开的市委十届二次全会，以建设美好幸福新昆明为主题，提出了加强公共文化基础设施建设、实施文化惠民工程、让人民群众享有均等的基本公共文化服务，培育市场主体、实施项目拉动、推动文化产业发展等促进文化建设的基本思路，进一步充实了“文化昆明”在美好幸福新昆明建设大局中的具体内容。在近年来世界经济下滑，国内经济增长方式调整、资源环境约束等问题日趋尖锐，经济增长速度下行压力越来越大的严峻形势下，大力加强文化建设，是结合昆明实际建设幸福城市，探索昆明城市发展主题，推动新昆明建设稳中求进、创新推动、跨越发展的重大战略举措，也是把满足人民群众的精神文化需求与城市、社会的建设与发展相结合的重大工程。

（一）文化建设在新形势下的重要意义

党的十八大提出了扎实推进社会主义文化强国建设的奋斗目标，从中国特色

社会主义建设总体布局的高度，强调了文化建设在全面建成小康社会，实现中华民族伟大复兴，提高国家文化软实力过程中引领风尚、教育人民、服务社会、推动发展的重要作用。十八大报告中“实现中华民族伟大复兴，必须推动社会主义文化大发展大繁荣”这一提法，突出了文化建设在中国特色社会主义经济、政治、文化、社会、生态“五位一体”建设中的重要意义。尤其是在信息技术高度发达的今天，文化建设所承载的不仅是加强社会主义核心价值体系建设，全面提高公民思想道德素质，满足群众精神生活需求的功能，文化产业的发展，更已经成为通过生动活泼的形式，在潜移默化中传播价值观和理想信念的重要手段，成为巨大的现实生产力。

在昆明市提出力争到2017年率先全面建成小康社会，深化改革开放、加快转变经济发展方式的关键时期，发挥文化建设凝心聚力、激发创造力的作用，对提高城市综合竞争力、支撑经济社会全面发展有特殊的重要意义。建设美好幸福新昆明，文化建设是其重要的落脚点之一。因为幸福城市的建设和民生的改善，不能仅是GDP的提高，更要有社会的发展、人的发展。要通过文化建设，使市民有丰富的精神文化生活，有正确的人生追求，健康的生活方式，构筑起充实的精神家园。

改革开放30多年来，以人为本、执政为民作为检验党一切执政活动最高标准这一理念的确立，使文化建设的重要性被提到了空前未有的高度。广泛开展理想信念教育，把人民群众团结凝聚在建设美好幸福新昆明的目标下，弘扬昆明干部精神，深入开展爱国主义、集体主义、社会主义教育，倡导富强、民主、文明、和谐的理念，必须加强社会主义文化建设；加强社会公德、职业道德、家庭美德、个人品德教育，弘扬时代新风，必须加强社会主义文化建设；为人民群众创造丰富多彩的精神文化生活，更离不开加强社会主义文化建设。另一方面，随着改革开放的深入发展和人们思想观念、价值观念呈现日益多元、多样、多变的现实，建设和谐文化、形成文化共识也面临严峻挑战，加强社会主义核心价值体系建设，筑牢全市人民团结奋斗共同思想道德基础的任务空前繁重。

建设社会主义新文化，还与我们党为人民服务的根本宗旨紧密联系。共产党人的一切奋斗目标，应该与最广大人民群众本身的、直接的利益相结合，才会得到人民群众的拥护。文化建设，不应该只是空洞的理论宣传或表面的形象工程，更必须具体化为实实在在的、与群众实际需求息息相关的事情，才能唤起群众参与的热情，其本身也才会有蓬勃的生命力。

（二）建设幸福城市必须重视文化惠民

让人民群众享有健康丰富的精神文化生活，是建设美好幸福新昆明，全面建成小康社会的重要组成部分，是文化建设的根本目标。在物质相对丰裕的当今社会，对丰富多彩的精神文化生活的需求已经成为广大群众生活中越来越重要的内容。

人类的发展史就是一部对幸福的追求史，就是一部在对幸福追求过程中不断探究自身的存在意义、存在方式、存在内容的反思史。近年来，全国各地对建设“幸福城市”这一命题的提出和讨论，给我们提供了一种关于社会发展全新的思路和视角。在战争时期和中国尚处于“一穷二白”的年代，我们曾经简单地认为，一个社会能让大家有饭吃、有衣穿，解决了温饱问题，人们便会快乐安康。如今，随着经济、政治、文化、社会和生态文明的进步，这种简单的发展思维已经被现实所抛弃。时代的发展，科学发展观和以人为本理念的确立使人们深刻意识到，一个城市、一个社会的发展，不能仅一味强调 GDP 至上、硬性指标至上、枯燥数字至上，要摆脱传统经济学单纯追求增长的思路，重视研究非经济因素的影响，把最广大市民的生活、感受和愿望作为必要甚至是首要的议事日程，使群众在物质生活逐渐得到满足的同时，在精神文化、社会公平等诸多层面得到惠及，这才是中国特色社会主义在现阶段所追求的目标，文化建设也正是在这样的背景下越来越受到社会的关注。

从社会发展的广义角度来说，人民群众不断增长的物质文化需求是推动生产力发展和社会进步的最根本动因。人民群众对精神文化生活的参与、享有程度和幸福感，是我们评价一个城市竞争力和发展潜力，评价一个城市是否幸福的核心指标之一。城市是人类生活的载体，城市的最重要的功能是为人们提供最大的便利。一个城市能够更好地为生活在其中的市民提供生存安全、就业便利、发展和舒适的环境，这样的城市幸福指数就会高，就会有魅力。尤其是在已经进入全面建设小康社会的今天，市民强烈的精神文化生活需求和消费愿望能否与新昆明建设过程中广播、电视、网络的方便利用，文化馆和图书馆的普及，科普教育、体育运动等等这些有形的公共文化设施建设，与旅游、演艺、传媒、会展、娱乐休闲等等文化产业的发展、便民利民相适应，相结合，是昆明幸福城市建设中最具实质性的内容，也应该成为党和政府最具体的工作和奋斗目标。

建设幸福城市还有一个重要方面是提升市民的幸福感。按照幸福感理论的观点，幸福是个体发展的能力与过程。这种能力既包括追求幸福、保障幸福的能力，也包括享受幸福的能力。提倡健全人格的培养，使市民在工作与生活中懂得通过劳动创造财富，愉快生活享受快乐的意义，是提升市民素质的重要内容，也是文化建设最根本、最重要的内在涵义。在整个幸福城市建设的全过程中，对于文化建设的主体即人民群众来说，感受、享有这种幸福的现实意义，最终必须体现在文化供需关系能否结合上，体现在文化能否惠民、如何惠民上，并且应该有可评估、可预测，可以让普通群众切身体会的指标，使文化建设与城市公共设施、环境建设，社区建设，与文化产业发展和群众精神文化生活质量的提高紧密联系。

二、“幸福”视野下昆明市文化建设的着力点及进程

科学发展的核心是以人为本，其本质要求就是要把发展的成果体现在人民生活水平提高上，体现在满足人民物质文化需求上，体现在实现人的全面发展上。昆明文化建设，说到底就是传承昆明历史文化，创造昆明时代精神，以发展社会主义先进文化为核心，以加强社会主义核心价值体系建设为主线，以满足人民群众精神文化需求为导向，坚持文化事业和文化产业“两手抓”、政府投入和文化体制改革“两到位”、公益性文化事业和经营性文化产业“两分开”、促进繁荣与加强管理“两结合”，以更大的力度推动文化大发展、大繁荣，努力形成历史文化、民族文化与现代文明相互补充、融合发展的新格局。

（一）推进文化事业大繁荣

大力发展公益性文化事业，实施文化传播工程，开展各类文明创建活动，加强企业、社区、机关文化建设，特别注重文化建设向基层、农村，老少边穷地区倾斜，有效改善文化民生，促进文化权益均等化，是文化昆明建设的根本方向。

以转企改制为中心环节，全市市属和县（区、市）国有经营性文化事业单位目前已基本完成体制转换，极大地焕发了文化单位和职工的积极性。昆明新华书店通过与云南新华书店集团有限公司和云南新华书店图书有限公司合作组建昆明新华书店连锁有限公司以来，通过完善法人治理结构，建立健全现代企业制度，推动了市场不断拓展，营业收入、利润、国有资产年保值增值增长迅速；市电影公司由事业单位改制为民营企业，形成由经营者、骨干群体控股及职工参股的有限责任公司，扭转了公司经营低迷亏损局面；全市文艺院团体制改革工作于2012年圆满完成，推动了演艺资源重组、布局调整和结构优化，演出场次、演出总收入、演员个人收入明显增加；通过推进新闻媒体发行体制和制播分离改革，宣传业务和经营业务分开，力推传媒资源整合，统筹传统媒体、新兴媒体发展，新组建的昆明报业传媒集团、昆明广播电视台（集团）的媒体传播能力、自我发展能力得到了提高。在“十一五”规划的收官之年，昆明市还按照“突出主题，抓住重点，全面推进”的工作思路，创新思维，创新机制，创新工作，克服政府机构重叠、职责交叉、行政成本高等弊端，将原来文化、广电、体育三个局的管理职能为一体，合并为文化广播电视体育局，在探索大部门体制改革，精简政府机构，建设办事高效、运转协调、行为规范的行政管理体系，推进政府职能转变等方面迈出了新的步伐。

文化建设是“软实力”建设，特别是文化设施建设和文化遗产的保护和开发等，更是需要长期投入，见效缓慢的事业。由于文化建设本身的公益性、大众性

的特点，离不开政府与社会的扶持与投入。2011 年，昆明市出台了《关于进一步加强公共文化服务体系建设的实施意见》和与之配套的“文化基础设施两馆一站一室建设工程”“农村电影 2131 工程”“文化信息资源共享工程”“文物保护工程”“知识工程”“农村流动综合文化服务工程”“民族民间文化保护工程”等 7 项工程实施方案的制定工作，积极引导企业单位、社会组织和个人以多种方式参与政府主办的各类公共文化服务，鼓励社会力量兴办各类公共文化服务设施，免费或优惠向社会开放。2012 年 1 月，昆明市又出台了《昆明市人民政府关于印发建立健全基层公共文化服务运行机制　逐步实现公共文化服务均等化实施意见的通知》，要求向基层提供的基本公共文化服务要做到“六有”，即有内容、有设施、有人员、有经费、有机制、有考核，各县（市）区基本按照 6 元/人/年的经费安排基本公共文化服务项目，随后下发的一系列文件，明确要求各级政府对基本公共文化服务开展情况进行年度考核，并与单位、个人评比、个人待遇挂钩，与财政经费拨付挂钩。这一系列政策措施的出台，使向城乡居民提供一体化、均等化的基本公共文化服务进入了制度化规范化轨道，标志着全市布局合理、内容丰富、质量优质、保障充分的基层公共文化服务新格局基本形成。另外，通过积极扶持文化企业和个人以多种方式参与政府主办的各类公共文化服务，鼓励社会力量兴办公益文化服务设施，提供质优价廉、内容健康、安全实用的公共文化产品，采取政府补贴方式为主，社会捐赠、企业资助为辅的方式，加大公共文化资源投入向基层、农村的倾斜，将各类文化服务和产品直接送到广大城乡群众身边。

坚持把社会效益放在首位、社会效益和经济效益相统一的原则，各级政府对全市近 400 个各级文物保护单位实现了全覆盖管理，另有 346 项非物质文化遗产进入保护名录，“博物馆名城”建设初具规模。

为着力打造内容形式创新、艺术质量上乘、群众喜闻乐见，代表现代新昆明形象、具有民族特色的艺术精品，市政府还设立了“茶花奖”，对优秀文艺作品进行表彰和奖励，设立 30 万元创作扶持经费，支持和鼓励广大文艺工作者深入生活、搞好创作，形成了推进文化事业大繁荣的投入机制、人才培养和激励机制；通过举办文化站站长培训等各类培训班和“以奖代补”形式，加强对全市基层文化人才的扶持培养，提升了文化工作者的工作动力。

（二）促进文化产业大发展

昆明发展文化产业有着得天独厚的条件。实际上，对于昆明这样一个地处内陆边疆，拥有“春城”美誉和民族、历史先天优势的城市来说，加强文化建设，不仅是幸福城市建设中协调经济、政治、社会和环境发展的问题，更是调整产业结构，转变经济增长方式的重要选择。近年来，政府提出了着力打造“美丽春城、幸福昆明”，把昆明建设成为全国乃至世界知名的旅游目的地的设想，加快构建民族文化强省枢纽，建设泛亚文化名城，大力推动文化产业与旅游、会展、高新技术、金融等产业融合发展，增加相关产业文化含量，努力实现延伸文化产业链，提高产业附加值，推动了文化产业大发展。随着昆明经济社会的发展和城市影响力的提高，文化产业这一朝阳行业蓬勃兴起，已经成为推动经济发展、转变经济增长方式的重要力量。2007 至 2011 年以来的五年间，昆明文化产业快速发展，增加值年均增长速度达到了 22.99%（按当年价计算），远高于全市经济增长速度。2011 年，全市文化产业实现增加值 216.19 亿元，占 GDP 比重为 8.61%，在西部以至全国省会城市中都处于领先地位。通过实施大项目、大集团拉动，大力发展创意设计、现代传媒、动漫游戏、新闻出版、演艺娱乐、广播影视、文化旅游、广告会展、艺术培训等重点文化产业，昆明近年来打造了一批外向型骨干文化企业和知名民族文化产业品牌。尽管与发达城市相比昆明在文化产业发展的规模、档次，集团化经营、投融资创新方面还大有潜力可挖，但从目前的发展势头看，文化产业的兴起，已经在昆明城市发展的方向、主题方面给予我们很好的启示，也在文化惠民方面起到了实实在在的作用。

（三）以文化惠民为出发点和落脚点，实现公共文化服务体系均等化

“十一五”以来，昆明市不断加大财政投入，形成了布局合理、功能完善、覆盖城乡、人均拥有公共文化设施数量和质量达到全省先进水平的公共文化服务体系。图书馆、文化馆建设、广播电视“村村通”工程、文化信息资源共享、文化下乡等重点文化惠民工程建设成效显著，文化艺术生产基地、袁晓岑艺术园等一批文化地标工程相继竣工，博物城建设方面初具规模，文化惠民走出了扎扎实实的步伐。

《昆明统计年鉴》中有这样两组官方权威数据：2011 年，昆明人均 GDP 达到 38831 元（根据现行汇率计算超过 6000 美元，按照世界银行对不同国家收入水平的分组标准已经进入“中等偏上”收入水平）；2005 到 2010 年的五年间，昆明城镇居民的教育文化娱乐支出增长了近两倍。这些数据表明，在进入全面建设小康社会阶段，如何满足群众日益高涨的精神文化需求，重视文化惠民，以基层、农村为突破口，实现公共文化服务体系均等化，已经成为新昆明建设中一个越来越重要的内容。

2012 年，昆明市文化项目经费投入达 3300 余万元，有力支撑了基层文化基础设施建设。所有文化馆（站）、公共图书馆均实现了面向社会全部免费开放，“十一五”规划的 1587 个农家建设任务全面完成。市财政按照年人均 6 元标准，下拨了公共文化服务均等化补助资金用于推进三网融合试点、“文化惠民乡村影像库”

建设，解决广播电视收听收看难、改善基层文化工作者待遇，培养基层文艺辅导员、基层文化管理人员，开展群众文化体育活动等实际问题。目前，全市14个县（市）区和5个开发区中，已经制定基层公共文化服务运行机制建设《实施方案》，落实人均6元/年基本公共文化服务项目经费的达16个，其余3个工作滞后的县区，也在市督查组的指导下加快了工作进度。

在农村，以村级“农民演艺协会”为抓手，开展“欢乐乡村大家乐”系列文化活动，对自发、分散的农民业余演出队进行引导帮助，实现广大乡村（社区）“天天有歌舞、月月有电影、季季有比赛、年年有演出、人人有书读、家家有电视看”的目标。目前，全市有1000余支农民业余演出队伍常年开展“文化广场”“文化晒场”活动，成为广大农村活跃文化生活，宣传政策法律、倡导文明风尚、抵制落后文化、建设和谐农村的主力军，实现了文化建设的重心向农村转移，文化惠民已经成为提高城乡人民群众幸福指数的重要载体。

三、昆明文化发展建设所面临的机遇与挑战

当前，世界范围内各种思想文化交流交融交锋明显，文化软实力越来越成为增强综合竞争力的重要因素。昆明正处于国家大力推进文化强国建设、桥头堡战略下云南省强力推进民族文化强省建设、美好幸福新昆明打造中文化强市建设的关键阶段，审时度势，全盘把握昆明文化发展的机遇与挑战，是昆明形成高度文化自觉与自信，增进文化发展建设紧迫感和责任感的重要前提。

（一）党的十八大明确了文化强国的发展方向与目标

党的十八大报告指出推进文化改革发展，迫切需要加快建设与我国深厚文化底蕴和丰富文化资源相匹配、与中国特色社会主义事业总体布局相适应、与建设富强民主文明和谐的社会主义现代化国家目标相承接的社会主义文化强国。建设社会主义文化强国，就是要着力推动社会主义先进文化更加深入人心，推动社会主义精神文明和物质文明全面发展，不断开创全民族文化创造活力持续迸发、社会文化生活更加丰富多彩、人民基本文化权益得到更好保障、人民思想道德素质和科学文化素质全面提高的新局面，建设中华民族共有精神家园，为人类文明进步作出更大贡献。这一战略目标，既顺应时代潮流又体现人民愿望、既符合实际又催人奋进，必须将其作为主题，贯穿深化文化体制改革、推动社会主义文化大发展大繁荣的全过程和各方面。

作为国务院首批公布的全国24个历史文化名城之一及全省民族文化的荟萃之地，紧扣“十八大”建设社会主义文化强国的战略目标，昆明市立足自身深厚的历史文化底蕴和丰富的民族特色文化资源走“文化昆明”“文化强市”之路，打造

云南“民族文化强省的枢纽”，促进我国与东南亚、南亚文化交流发展，扩大中华文化泛亚影响力，输出中华文化价值理念，责无旁贷，这既是昆明市提高城市文化软实力、在日趋激烈的国内外城市综合实力竞争中赢得主动权、抢占制高点的重要战略机遇，同时也是随着全市经济社会发展和人民物质生活水平提高，满足人民群众日趋旺盛的精神文化需求、实现人民群众生活深层次幸福与美好的必然要求。

（二）“桥头堡”战略为昆明文化发展带来崭新机遇

发达国家大城市几乎都具有国际化特征。这是长期以来市场经济和国际交流的结果，是全球经济一体化的必然趋势，也是城市保持其经济、文化和社会组织国际领先地位的必然选择。昆明自古以来就是中华文化圈、印度文化圈和东南亚文化圈的交汇地带，文化交流频繁，多元文化汇聚共生，是一座开放包容的城市。2011 年 3 月，“建设中国面向西南开放的桥头堡”“滇中经济圈建设”列入了《国家国民经济和社会发展十二五规划纲要》；2011 年 5 月，国务院下发了《关于支持云南加快建设中国面向西南开放桥头堡战略的实施意见》。这标志着云南桥头堡建设正式列入国家发展战略，这一战略也将云南、昆明推至我国对外开放的大前沿。2011 年 10 月，国家文化部与云南省政府就加快推进云南桥头堡文化建设签署了合作协议，协议就大力发展云南民族文化事业、建立健全公共文化服务体系、加强民族文化的传承和保护、加快推进云南民族文化产业的发展、深化与东南亚和南亚国家的文化交流提出指导，并明确在项目安排、资金支持、人才培养等方面给予云南支持和倾斜。

桥头堡战略及桥头堡文化建设合作协议，提出了把云南建设成为中国面向西南开放的平台和窗口的发展目标，强调要深化与东南亚和南亚国家的文化交流合作、大力发展文化贸易，昆明可以此为契机提升城市对外文化交流能力、发展文化服务贸易；桥头堡建设中要强化基础设施建设、构建综合交通体系和国际性信息枢纽的建设规划，给昆明加强文化基础设施建设、提高公共文化服务水平提供了良好机遇；桥头堡建设中优化区域发展布局、提升滇中经济圈辐射带动能力、增强对内经济走廊的纽带作用，昆明可藉此加快城乡文化统筹步伐；桥头堡建设中建设外向型特色产业基地，积极培育战略性新兴产业，加快发展物流、会展等现代服务业，推动旅游业跨越式发展的规划要求，给昆明创新文化产业、促进文化旅游深度融合带来了新命题；桥头堡建设中大力发展民族文化事业、促进边疆和贫困地区加快发展、切实保障和改善民生的要求，对昆明全面实施文化惠民工程、加强民族文化保护和传承带来了新机遇；桥头堡建设中加强政策支持力度，在财税政策、金融政策、投资与产业政策、土地政策、价格和生态补偿政策、人才政策等方面创新体制机制，对昆明增强文化发展能力、提升公共文化服务综合能力带来了新机遇。

（三）昆明成为全省综改先行示范区，为文化建设提供良好的政策环境

宏观意义上的文化，包括外围层的物质文化、中间层的制度文化和核心层的精神文化。加强制度建设，全面优化政治舆论环境、政策扶持环境、社会服务环境、法治管理环境和人文道德环境，既是昆明文化发展的重要保障，又是文化建设的重要组成内容。2008 年，昆明被列为全省综合改革试点城市。2009 年，云南省又出台了《关于进一步支持现代新昆明建设若干政策的意见》，12 类 40 条政策措施带给昆明更大的经济社会管理权限，昆明成为全省体制机制改革的先行示范区，灵活的政策让昆明具备了更大的发展空间，为此昆明市全方位、多领域、深层次地推进经济社会制度创新工作，围绕转变政府职能、深化行政管理体制改革、改进和完善政府服务这个中心，探索建设法治政府、责任政府、阳光政府和效能政府四项制度：创新行政执法体制，推进城市管理综合行政执法，规范细化具有自由裁量权的行政处罚标准，基本实现了政府系统决策管理、行政审批、行政事业性收费、行政执法、行政处罚法定化；将领导干部问责常态化、制度化，打造责任政府；在探索市民、专家多元参与城市治理的基础上，通过“重大决策听证，重要事项公示、重点工作通报、政务信息查询”四项制度来推行“阳光政务”，保证公众的知情权、参与权；以行政审批制度改革推进效能政府建设，强力精简审批项目和压缩审批时限，市级行政部门成立集中行使行政审批职能的行政审批处室，行政审批处室向便民服务中心集中，所有审批和管理服务项目进中心到位，建立行政审批事项联合审批及重点项目快速审批制度。昆明连续多次被评为“浙商最佳投资城市”“中国最具软实力的城市”“中国十大幸福城市”。这些为昆明市深化文化体制改革、开放文化市场、实现文化产业大繁荣大发展提供了“创业最宽松、社会最文明、人居最安全和低交易成本、低生产成本、低行政成本、低社会成本”的软环境，也为昆明市进一步理清政府与市场角色、理顺文化体制机制，深化文化单位改革提供了有效的政策支持。

（四）昆明市委市政府高度重视并一以贯之实施昆明文化发展繁荣战略

昆明与我国其他省会城市不同，其在本省所占的市场份额和竞争力远远大于其他省会城市在本省所占的比重。所以，占据了昆明市场就相当于提前占据了云南 4600 多万老百姓的文化消费市场，就相当于提前占据了每年两倍于云南总人口的文化旅游市场。在从云南“民族文化大省”到云南“民族文化强省”的文化发展战略中，昆明作为云南的省会城市和唯一特大城市，全省的政治、经济、文化

中心，全省最大的专门人才和高层次人才培养基地，以“东连黔桂通沿海，北经川渝进中原，南下越老达泰柬，西接缅甸连印巴”的独特区位，以荟萃云南26个少数民族，集中反映云南各民族文化及民族风情的民族文化优势，以集中云南最主要的文化产业单位，占全省文化及相关产业增加值的比重连续五年平均值超过40%，文化旅游市场份额占全省1/4的文产优势，形成了较强的产业支撑力、经济辐射力、文化影响力、要素聚集力，始终引领民族文化大省强省的建设发展方向，担当云南民族文化建设枢纽和龙头的角色。

2008年，市委九届四次全会提出了“文化昆明”的发展战略；2009年，全市文化建设工作会进一步提出“加快建设中国西部乃至泛亚地区极具竞争力的历史文化名城、民族文化宝库、国际文化枢纽、文化产业基地和文化共享家园”；2010年，昆明市委九届六次全体（扩大）会议提出“把昆明建设成为绿色经济强省的龙头，民族文化强省的枢纽、中国面向西南开放的国际门户和桥头堡城市”；2011年，市委九届七次全会明确了“提升国际文化影响力，打造泛亚文化名城”的宏伟目标，2011年4月，在昆明市文化建设工作会议上，昆明市委、市政府提出，将着力构建民族文化强省的枢纽，加快把昆明建设成为泛亚文化名城，2011年8月召开的昆明市第十次党代会明确提出加快建设泛亚文化名城；2012年2月，昆明市出台了《关于加强建设文化强市的实施意见》，并批准印发《昆明市“十二五”文化、广电及体育事业发展规划》，对繁荣全市文化事业、发展文化产业进行了具体部署。规划要求要建设一个枢纽，即到2015年，把昆明基本建成民族文化强省的枢纽；实施四大战略，即提升历史文化名城战略、民族文化资源转化战略、拓展国际文化交流战略和构建文化共享家园发展战略；打造“三城”：博物馆名城、图书馆名城和昆明高原国际体育名城；构建“三大体系”，公共文化服务体系、公共广电服务体系和公共体育服务体系。昆明市委市政府高度重视文化建设，并一以贯之地实施昆明文化发展繁荣战略，这表明昆明市文化建设有着备受重视的发展传统和稳打稳扎的发展历程，也体现出我市对文化建设地位的认识越来越深刻，对文化建设发展思路的把握越来越清晰。

（五）昆明文化发展任务艰巨，仍然面临巨大挑战

目前昆明的文化发展现状，较之于昆明发展面临的千载难逢机遇，较之于昆明建设“民族文化强省枢纽”“泛亚文化名城”“文化强市”等战略目标之间有明显差距。在文化发展体制机制上，按照中央和省委的部署，昆明市级国有文化单位的改革任务虽已初步完成，但一方面已转制文化企业的现代企业制度、法人治理结构还不完善，不少企业经营理念、管理方式、运行机制还没有彻底转变，另一方面各县（市）区文化体制改革尚未完全完成，文化资源被分割在各部门，形成维护既得利益，恪守现行框架的体制问题，文化产业科学发展的体制还不健全，

仍需进一步转变观念，创新思路，增强深层次文化改革的决心和信心。在将比较优势转化为竞争优势，发掘核心竞争力上，特色不明、创新不够。核心竞争力由比较优势和竞争优势共同构成，基于关键资源的比较优势赋予核心竞争力以独特性，是基础，而基于城市核心能力的竞争优势突出了城市经济的内生能力，是主导方面。昆明所拥有的丰富的自然文化、历史文化、民族文化资源以及气候、区位等优势，成为昆明市参与国际竞争最重要的基础优势，但如何吸引、争夺、拥有、控制和转化这些资源，争夺、占领和控制文化市场与文化高地，创造价值，为市民谋求幸福，目前尚未得到全面盘点和有效盘活，城市建设千城一面，文化产品特色不鲜明，品种不丰富，文化资源、要素没有得到市场充分确认，对外贸易处于初级水平，未能体现出相应的竞争优势。从总体上来看，文化发展仍然与经济发展和人民群众的文化需求有较大差距，文化建设投入不足，文化功能区、文化设施不完善，基层文化生活特别是农村文化生活仍然比较贫乏，同时，部分公共文化服务设施管理利用不好，管理手段和利用方式单一，功能作用没有充分发挥，公共文化服务水平有待提高，多元化投资文化事业的格局尚未形成，与发达地区、先进城市比，文化产业规模明显偏小，文化产业集约化程度不高，实力和竞争力不强，文化企业的科技含量不高，市场竞争力不强，缺乏骨干文化企业，缺乏有国际竞争力的文化品牌，应对国际竞争所面临的技术、产品和市场压力，凸显出专业性、高水平、领军型人才的不足，成为制约昆明文化发展与满足人民群众日益增长的精神文化需求的瓶颈，亟待解决。

四、昆明文化发展新战略新思路分析

当前，加快昆明的文化发展，充分发挥文化在政治建设中创构价值，在经济建设中创造财富，在社会建设中创建和谐的独特功能，既是全面建设小康社会的重大任务，也是贯彻中央桥头堡战略、建设云南民族文化强省枢纽的必然选择；既是提升城市软实力、影响力的重要途径，也是保障和改善文化民生，提升民生幸福指数的迫切需要，摆脱传统发展思路的桎梏，创新发展思维和发展手段，探索昆明文化发展新思路新战略，显得尤为紧迫和必要。

（一）全面打造云南“桥”“头”“堡”，扩大昆明城市对外开放影响力

以桥头堡战略为契机，昆明市可通过城市品质的国际化提升，构筑城市国际化的硬件基础、物质形象和功能内涵，来形成云南面向西南开放的边界通道网络，从而搭建云南对外开放之“桥”；通过文化交流，尤其是面向东南亚南亚文化交流的国际化提升，建设泛亚国际文化名城，通过社会管理的国际化提升，创新社会

管理方式，完善公共服务体系，打开云南向西南开放的人文交流合作窗口，通过市场体系的国际化提升，建立健全有形市场与无形市场并存、国际市场与国内市场互通、要素市场与商品市场并举的多元化市场格局，打造云南向西南开放的经贸合作平台，从而形成云南对外开放之“头”；通过产业发展的国际化提升，积极参与国际分工，主动承接产业转移，建立具有较强国际竞争力的现代产业体系，来构建云南向西南开放的大产业基地，从而建设云南对外开放之“堡”，来形成强大的文化影响力与认同感，扩大昆明城市影响力，实现自身科学发展、跨越发展、和谐发展。

（二）提炼文化内核，形成昆明文化强烈的认同感与凝聚力

当我们说“文化是民族的血脉、是人民的精神家园”时，实际上说的是文化的内核，即生活在某一个国家或某一座城市的这个群体总体的价值取向、精神状态、胸襟气度、见识智慧、知识学养、生活方式。社会秩序的建立，必须有核心价值体系和相应的文化环境来支撑；社会和谐的实现，文化所蕴涵的精神、理念、价值观起着关键性作用；人民生活的改善，文化是重要内容和条件。

因此，要充分发挥文化在政治上的价值构建与引导功能，深入开展社会主义核心价值体系学习教育，用社会主义核心价值体系引领社会思潮、凝聚社会共识，充分利用“艾思奇”品牌，推进马克思主义中国化时代化大众化，坚持不懈用中国特色社会主义理论体系武装党、教育人民，繁荣发展昆明哲学社会科学事业；广泛开展理想信念教育，把广大人民团结凝聚在中国特色社会主义伟大旗帜之下，大力弘扬民族精神和时代精神，深入开展爱国主义、集体主义、社会主义教育，倡导富强、民主、文明、和谐，倡导自由、平等、公正、法治，倡导爱国、敬业、诚信、友善，积极培育社会主义核心价值观。深入提炼云南精神，树立高远、开放、包容的“高原情怀”，倡导坚定、担当、务实的“大山精神”，凝聚昆明科学发展、跨越发展、和谐发展的强大的精神动力，形成昆明文化强烈的认同感与文化发展自觉。坚持“公益性、基本性、均等性、便利性”原则，着力将文化作为人民生活改善、幸福指数提升的重要内容，推进公共文化服务均等化，不断完善公共文化服务体系：建立健全文化强市财政保障机制，积极开展基层文化基础设施建设，加快重大公共文化基础设施项目建设；着力加大对公共文化场所被挤占挪用问题督查工作力度，着力解决广播电视收听收看难问题；继续切实抓好国家公共文化服务体系示范项目创建工作，加快“公共文化服务包”项目开展，大力开展全民健身工程，把文化建设的重心向农村转移，切实提高基层公共文化服务能力，使广大群众成为城市精神文化的受益者。

（三）以发展文化产业为枢纽，推进昆明“文化经济化”

文化经济化是在文化发展过程中，经济成分不断增加，市场手段不断引入，文化生产、文化管理中愈来愈渗透各种经济要素，文化活动愈来愈自然地融入经济活动之中。文化经济的凸显反映着社会巨大而深刻的发展，现代社会财富的大量增加使多数人进入了“过剩经济”时代，人们用于物质生活的开支所占的比重越来越小，而更多的钱向非物质的方向，文化的、休闲的方向消费转移。当今时代，经济文化化、文化经济化、经济文化一体化的趋势越来越明显。文化经济化最直接地表现在形成了新兴经济产业——文化产业，其使文化产品、文化服务日益具有经济功能和市场效益，成为未来产业结构发展中的主导力量。从昆明发展的现实来看，虽然在西部11个省会城市中综合实力排名靠前，但由于工业脆弱，产业发展不足，经济增速不快，与发达地区差距进一步拉大，昆明最独特也最具优势的是悠久历史、众多民族、灿烂文化、良好生态，因此，昆明要实现又快又好发展，可考虑走特色发展、错位发展之路。昆明城市发展最核心的竞争力就在于顺应文化经济化的发展趋势，抢占先机，擦亮昆明民族文化、历史文化品牌，将昆明的资源优势、基础优势转变为比较优势、竞争优势，深度挖掘、利用和提升文化经济力，不断使文化产业成为经济社会发展的重要增长点。大力发展文化产业，把文化产业培育成为昆明新的支柱产业，应该把握以下几点：

其一，找准契合点，通过发展文化产业，把文化和经济这两个长期分离而相对独立的领域高度融合起来；其二，在加大文化事业投入的同时，充分利用文化事业长期积累的资源，从人才和物质技术基础等方面培育和支持文化产业的成长，另一方面通过大力发展文化产业带动和促进文化事业发展，盘活其存量，增加其增量；其三，对文化产业进行合理规划和战略调整，确立“精神产业”战略新理念，大力推进文化创新、科技创新和体制创新，规划和建设具有昆明民族历史文化特色的文化产业体系的支柱产业门类，结合昆明实际大力发展创意设计、现代传媒、动漫游戏、新闻出版、演艺娱乐、广播影视、文化旅游、广告会展、艺术培训等重点文化产业，实现文化产业与旅游、会展、高新技术等产业融合发展，增加相关产业文化含量，延伸文化产业链，提高产业附加值，推进文化产业系统化、体系化建设。

（作者单位：昆明市社科院）

专题报告

ZHUANTIBAOGAO

Ⅰ “桥头堡”战略下的昆明文化发展研究

桥头堡机遇下的公共文化服务包构建

杨宇白

“将以昆明为中心的滇中地区培育成为云南省经济发展的重要增长极、把昆明建设成为全国性物流节点城市和区域性国际物流中心、面向东南亚南亚的国际医疗和技术及人才交流区域中心”是国务院关于支持云南加快建设面向西南开放重要桥头堡的意见中提出的16大战略目标之一。目前，云南省桥头堡2012—2020年规划已经得到国务院的正式批复，昆明成为桥头堡项目中最重要的核心组成部分，昆明的经济发展、文化建设将得到积极的推进。要在桥头堡机遇下加大文化昆明建设，必须首先建设好城市的公共文化服务体系。

一、昆明的实践

2012年1月9日，昆明研究出台了《昆明市人民政府关于印发建立健全基层公共文化服务运行机制　逐步实现公共文化服务均等化实施意见的通知》（昆政发〔2012〕2号）文件，并下发了相关配套“办法”，简称“公共文化服务包”，旨在进一步加强全市建立健全基层公共文化服务工作。昆明市的公共文化服务体系建设遂围绕其展开工作。

（一）2号文件的内容

《建立健全基层公共文化服务运行机制　逐步实现公共文化服务均等化实施意见》，是由昆明市文化广播电视体育局按照市领导的要求草拟并以市政府文件的形式下发。文件要求，向基层提供的基本公共文化服务要做到“六有”，即有内容、有设施、有人员、有经费、有机制、有考核。目的是通过资源整合、项目打包、机制激励、绩效考核，保障基层公共文化服务工作的有效运转，使昆明市免费向城乡居民提供一体化、均等化的基本公共文化服务进入制度化、规范化轨道。昆明市提出，逐步实现公共文化服务均等化，建立健全基层公共文化服务运行机制，打造“15分钟文化圈”，形成设施先进、布局合理、内容丰富、质量优质、保障充分的基层公共文化服务新格局。

（二）认真贯彻落实2号文件

为强势推进“公共文化服务包”建设工作，1月31日，昆明市召开了“建立健全基层公共文化服务运行机制推进会”，要求各县（市）区、各国家级省级开发（度假）园区认真贯彻落实市政府2号文件精神，对2号文件的工作落实情况实施“一月一督促检查”、“一月一报一通报”工作机制，同时将其纳入市委目督办动态目标考核，由昆明市文化广播电视体育局牵头与市财政局组成联合督查组进行督查，全力推进基层公共文化服务运行工作。

市委市政府领导直接采取专会要求、指示督促、现场检查等有效手段，不断推进建设。还邀请新闻媒体报道先进典型、曝光落后庸懒，其中，3月、5月进展情况及阶段督查情况在《昆明日报》通报，2月、4月进展情况在相关工作会或专会上通报。通过专项督查、半年目标督查、年度目标督查等高位推进，多方参与，此项工作的督促力度不断强化，形成了“市委目标督查、每月通报检查、媒体曝光促查”的强大督查合力。市文广体局形成了“关于对《昆明市人民政府关于印发建立健全基层公共文化服务运行机制逐步实现公共文化服务均等化实施意见的通知》贯彻落实情况的报告”。在高要求、强压力下，各实施主体积极行动，工作进度不断强化。

（三）2号文件的配套“办法”

为实施2号文件，昆明市相继出台了《昆明市基层公共文化服务运行绩效考核办法（试行）》《昆明市基层公共文化服务专项资金管理暂行办法》《关于上报昆明市建立健全基层公共文化服务运行机制工作进展情况的通知》（昆文广体联〔2012〕5号）、《关于进一步加强基层公共文化服务运行机制建设的若干意见（送审稿）》（以下简称《若干意见》）、《关于推进昆明市县（市）区“五馆”建设的实施意见（送审稿）》（以下简称《实施意见》）等一系列配套文件，加大“公共文化服务包”项目的建设力度。明确要求按规定的各项考核指标对基本公共文化服务提供情况进行年度考核，并与单位、个人评比、个人待遇挂钩，与财政经费拨付挂钩。细化的考核指标体系对各实施主体在机构管理、基本公共文化服务项目提供、人才队伍建设与管理、群众满意度等方面都进行了工作内容的细化量分和目标考核，及时跟进专项工作的标准化管理。同时，此考核体系被纳入市委市政府对各县（市）区年度动态目标管理考核，由市文广体局按市委目督办要求对之进行一年目标管理督查实地考核。

（四）对“公共文化服务包”项目建设的考核

2012年10月23日至11月13日，由市政府分管副秘书长担任领导小组组长，市委目督办、市财政局、市文广体局有关领导和人员组成的五个考核组，对全市14个县（市）区、5个开发（旅游度假）区的基层公共文化服务运行机制建设工作进行了实地检查考核。考核之前下发了《昆明市文广体局昆明市财政局关于开展昆明市基层公共文化服务运行机制建设2012年度考核工作的通知》、《昆明市基层公共文化服务运行机制建设2012年度考核分组方案》等文件。考核采取听取汇报、查看台账、实地抽查的方式，严格按照考核指标体系认真检查。对各县（市）区、开发（度假）园区贯彻落实2号文件工作情况、资金落实情况、县级两馆重大公共文化服务项目、文化站（室）基本公共文化文化服务项目展情况进行考评，对市级及县级的示范点进行了检查验收，按文化站（室）评分标准实地抽查了至少1个文化站和至少1个文化室。

（五）“公共文化服务包”项目贯彻落实一年来的初步成效

2012年是昆明市基层公共文化服务运行机制建设的第一年，也是对这项工作进行绩效考核的第一年。经过一年的努力，昆明市的“文化服务包”建设，即基层公共文化机制建设工作有了明显成效。

经考核，昆明市有六个县（区）市、区为优秀；其余为合格。全市各级文化、财政主管部门积极推进工作标准化和服务规范化。如市级示范点的嵩明县出台了《关于开展嵩明县“文化特色示范村（社区）”创建活动的实施方案》，要求在全县范围内推进标准化示范村创建；印制了《嵩明县村（社区）文化管理员管理办法》，统一上墙，细化了全县文化管理员职责。按标准化推进文化站“四室一厅一校”（乡镇图书室、辅导培训教室、电子阅览室、展览室，多功能活动厅，农文网校）、文化室“四室一厅一房”（文化用房）工程建设。安宁市在半年目标考核及年度目标考核中，对辖区内文化馆、图书馆、文化站（室）认真自检自查。全市基层公共文化服务体系建设正走上标准化发展轨道。

一是从制度上保证“公共文化服务包”项目正常开展。截至2012年9月，昆明市各县（市）区、开发（度假）园区均已召开专会或工作会，研究基层公共文化服务运行机制的建立健全工作，并结合实际，出台了各县（市）区、开发（度假）园区实施意见或工作方案，大部分县（市、区）均已细化、分解、下发，从制度上保证“公共文化服务包”项目开展正常。

二是从经费上保证了“公共文化服务包”项目的正常开展。按照年人均6元标准，市级补助资金881.22万元的50%已拨付到位，剩余的50%待考核结束后再行拨付。2012年，昆明市各级政府需安排基本公共文化服务项目经费3873.31万元，现已下拨1200余万元，其余部分将根据项目实施进度及考核结果拨付。县（市）区配套资金下半年得到迅速落实、全部到位。嵩明县要求各乡镇（街道办事处）再配套1元，提高补助标准。资金的及时投入，为全市城乡基层公共文化机制建设的有力推手。

三是试点工作顺利。昆明市被列为第一批国家公共文化服务体系示范项目，即官渡区新亚洲体育城社区“城市社区文化沟通机制建设”试点得到文化部肯定，已顺利通过文化部及省文化厅组织的中期考评，全市12个项目示范点的创建工作全方位推动；已完成了14家第四批省级文化惠民示范村的申报工作，形成了“一地一特色一品牌”的良好态势；积极开展全市2012年11家卫星数字农家书屋试点建设任务和311家农家书屋的申报、建设工作；积极做好已建成的1276家农家书屋的自查、复查、督查工作。

四是实施“两馆一站”免费开放。目前全市所有文化馆（站）、公共图书馆均实现了面向社会全部免费开放，正制定《“两馆一站”免费开放工作考核办法》。同时，继续加大对公共文化场所被挤占挪用问题督查工作力度，每月报告清理进度情况。完成了2012年全市文化站站长培训工作。上报了“十二五”期间昆明市广播电视村村通直播卫星覆盖工程实施方案并获得市政府批准。第一批8664套直播卫星接收设备安装调试工作已经开始。并与省政府签订了云南省直播卫星“户户通”工程目标责任书。

五是昆明市各县（市）区的基层文化服务工作开展得有声有色。仅以盘龙区为例。2012年11月6日，由市文化局、市财政局组成的专家考评组来到盘龙区文化体育旅游局，在机构管理、基本公共文化服务项目、队伍建设管理等方面，采用现场观察、查看账目、现场询问等方式，对盘龙区2012年基层公共文化服务运行机制建设工作进行考核。盘龙区共开展各类基层文体活动1682场，放映公益电影 1032 场，基层文体活动较 2011 年增加了一倍，获得考评组的认可和好评。

"一区一特色、一区一品牌"的社区特色文体活动，成为盘龙区甚至昆明市具有一定影响的社区文化惠民活动典型。如盘龙区最偏远的街道办事处——桃源街道三转弯社区举办的苗族花山节、农村文艺调演、师生艺术节等 30 个主题基层文体活动，桃源社区大力开展"和谐家园"建设，以"十三个一"为阵地活动内容，充分发挥"桃源广场文化"资源优势，依托"盘龙江文化艺术节"、盘龙江龙舟赛等重大活动，开展形式灵活、内容多样的社区文化活动；昆明少儿图书馆的"小桔灯"阅读品牌，"书香昆明 · 盘龙社区讲坛"每年邀请社会各界专家，举行人文、科学、养生等方面的知识讲座 24 次，免费开放，惠及广大市民，还向区政务服务中心捐赠了价值 5000 元的 200 册图书，"书香昆明 · 公共阅读服务点"保障了市民公平享有图书馆服务的权利；长寿路社区的外来务工文化服务，依托社区活动室、图书阅览室、爱心超市、多功能活动室、会议室等现有资源，成立了首个外来务工人员文化活动点，组织了腰鼓队、花灯队、滇剧团、民族舞团等文艺团队，聘请专业老师教习、指导，并积极引导、组织和鼓励外来务工人员参与文体活动，为外来务工人员提供了多样的文化服务；松华、双龙两个街道的乡村数字影院。2012 年 8 月，松华街道文化站被昆明市列为基层公共文化服务建设示范点。

社区文化指导员是基层文化建设中不可或缺的重要一环，时代赋予他们文化勤务员、文化宣讲员、文化调研员和文化引导员等 4 个重要的"角色"。盘龙区滇源街道白邑社区的花灯歌舞小品《社保春风进万家》，无论台词技巧，还是表情动作，都透着社区文化指导员的功劳。自 2012 年 3 月实施"社区文化指导员"工作制度以来，盘龙区 48 名社区文化指导员深入基层调研指导工作 300 余次，协助街道、社区制定切实可行的实施方案、工作计划等 206 个。盘龙区将实施方案、考核指标体系、资金管理办法，以及社区文化指导员管理办法、考核办法等公共文化服务体系建设的相关文件材料，汇编成《盘龙区社区文化指导员工作手册》，为社区文化指导员下基层开展工作适时提供政策指导，并作为社区文化指导员量化考核的基本依据。在社区文化指导员的帮助和指导下，盘龙区 12 个街道、97 个社区的基础文化建设服务工作开展得有声有色。据统计，48 位社区文化指导员在半年时间里下到 97 个社区，指导协助开展各类活动 822 次，其中，举办文艺演出活动 226 次，举办讲座、培训、电影放映、展览、体育比赛等各类文体活动 596 次，有 5 万多社区居民参与活动，惠及社区居民和农村群众达 70 余万人次。通过下派文化指导员到社区的工作形式，实行"人到社区、服务群众、工作量化、监督考核'的工作制度，使公共文化服务工作真正落到了实处。"社区文化指导员的创新机制保证了社区文化指导员的工作效率，进一步推进了全区的基础文化建设服务工作。

"家门口文化"的魅力。作为盘龙区"家门口文化"载体的"盘龙江文化艺术节"，已经成为基层群众文化活动的经典品牌，成为老百姓家门口的文化盛宴。每年的农历端午节，在震天的锣鼓声中，由盘龙区各街道办事处的工作人员组成的九龙巡游队、锣鼓队、舞狮队和歌舞秧歌队从牛栏江引水工程出水口出发，沿北京路延长线，最终到达龙头街盘龙区行政中心一路表演，全长约两公里的大道成为一条欢腾奔流的节日大河。青龙、黑龙、蓝龙和金龙组成的“九龙”，动作灵活的舞狮，载歌载舞的民间花灯秧歌队等各种优美的造型和表演，成为城市一道亮丽的风景线。盘龙江文化艺术节，到2012年已有31年，2010年获全国群众文化最高奖项“群星奖”，参与人数高达数百万人次，已成为彰显昆明城市文化内涵的文化标志之一，被有关专家称之为“昆明群众性文化之奇迹”。“家门口文化”像一个巨大的引擎，进一步优化了公共文化基础设施和服务网络设施的布局，激活了多种文化要素的合理流动。这是一种遍地开花的全民文化，如果没有好的策划，极易因同质化而形式化。因此，在策划基层群众文化活动时，盘龙区特别重视对于活动平台的创新，除了以街道（社区）为活动阵地，按照‘一月一主题’组织策划形式多样的文体活动，开展常态化的群众娱乐、健身、休闲文体活动外，还积极挖掘地方优秀民俗传统特色文化，营造提升盘龙区的龙文化精神。

盘龙区“三馆一站”免费开放，成为丰富市民业余生活的精神食粮。盘龙区文化馆组织开展了177次各级各类文艺活动，组织各类培训418次，组织公益性讲座20次；昆明少年儿童图书馆（盘龙区图书馆）共新办借阅卡1106张，购置图书5757册、音像制品214种，接待读者92800人（次），举办公益讲座24场，放映公益电影248场；区内的昆明翼比航空博物馆、云龙艺术馆、云南民俗博物馆、天成博物馆、杨一清纪念馆等12家民间博物馆向群众实行全免费开放，年接待群众近25万余人次；12个街道基层文化站共组织文艺活动232次，参与规模达11万6000人（次），组织训练班培训194次，参与规模达9710人（次），组织公益性讲座111次，参与规模达5550人（次），放映公益电影924场，参与规模达3.2万人次。随着“公共文化服务包”建设的深入推进，盘龙区必将走出一条独具特色的社区群众文化新路。把文化“大餐”、文化“小吃”都搬进社区，让人人有机会参与文化活动，人人有机会分享家门口的文化盛宴。“文化服务包”实施一年来取得了初步成效，但也仍存在着诸如“上级拨款，下级建设”“财政养人，下级用人”的传统观念、文化建设积极性相对不足、“等靠要”、文化站（室）固定资产管理不规范、人才紧缺、重管理轻服务、制度配套和措施创新不足，适用性针对性不强等问题。

（六）“公共文化服务包”建设的下一步工作

为深入推进“公共文化服务包”工作的开展，昆明市进一步起草制定了《若干意见》和《实施意见》。

《若干意见》提出，要深入推进县（市）区、五个开发（度假）区“五馆”、基层文化站（室）等公共文化基础设施建设，完善市、县、乡、村四级公共文化阵地网络。充分发挥已建或已配置文化场地、文化设施的功效，形成资源共享的良好态势。从2013年起，以县（市）区、开发（度假）区为主，将按照年人均不低于10元安排乡镇（街道）文化站、村（社区）文化室提供基本公共文化服务项目所需经费，并随经济社会发展水平提高逐步增加。市级财政依照各地财力状况给予适当补助，主要向农村地区倾斜。

《若干意见》明确，提高经费保障标准的同时，要进一步提高服务质量，增加服务项目和内容。以文化站为主体实施的基本公共文化服务项目，在原有9项的基础上将增加公益性电影放映、文艺作品创作两个项目；文化室将在原有8项的基础上，增加一项，其中社区文化室增加开展文化志愿者服务活动项目，村文化室增加扶持培育农村重点文化户项目。在人口较多的自然村，要扶持培养一户重点文化户。到2015年，每个文化站建立不少于20人、每个文化室建立不少于10人的文化志愿者队伍。此外，要按照“一地一品牌，一村（社区）一特色”要求，打造不同地区的特色项目品牌。各县（市、区）每年要分别创建命名1至2个示范点，充分发挥示范点的引领示范作用。

《实施意见》提出，到2017年，全市14个县（市）区都要建成不低于国家最低建设标准的“五馆”（文化馆、图书馆、博物馆、体育馆、科技馆），五个开发（度假）区至少建成不低于国家最低建设标准的“两馆”（图书馆、文化馆）。建成的“五馆”要全部达到国家相应评估标准，并实现免费开放，其建设面积均要按照略高于国家规定的相应最低标准建设。

《实施意见》明确，市级财政统筹专项资金，按每馆新建不超过200万元、改扩建不超过20万元标准给予扶持补助。各县（市）区要把推进“五馆”建设纳入年度目标管理考核范围，重点督查和考核，并实行工程质量终身责任制。同时，“五馆”建设要充分尊重民意，确保文化惠民。

《若干意见》和《实施意见》两项工作将纳入市委、市政府对各县（市）区、各开发（度假）区经济社会发展年度目标考核体系，给予督查考核。

二、“公共文化服务包”是昆明市完善公共文化服务体系的延续

发展公益性文化事业，根本任务是构建功能健全、覆盖城乡、覆盖全社会的公共文化服务体系，不断提高公共文化服务的能力和水平，保障人民群众的基本文化权益，让人民共享文化发展的成果。昆明市一直致力于这方面的工作。

（一）强化政府主导

大力发展公益性文化事业，关键是政府重视到位。昆明市坚持以政府为主导，以公共财政为支撑，以公益性文化事业单位为骨干，以基层为重点的原则，加大各级政府对公益性文化事业的投入。建立了财政投入增长机制，力求做到“两个高于”，即财政文化事业支出增幅高于一般预算支出增幅，“十二五”时期文化事业投入占财政支出比重高于“十一五”时期。重点增加对北部五县区的文化投入，对直接面向基层公共文化活动的经费投入，加强对低收入群体的文化服务。并把加大投入力度与改进投入方式结合起来，逐步增加项目投入、激励性投入和政府购买文化产品与文化服务的比重，切实提高财政资金使用效益。

（二）完善公共文化设施

按照公益性、基本性、均等性、便利性的要求，实施文化惠民工程，基本形成布局合理、覆盖城乡、功能健全、实用高效的公共文化服务体系。建设一批网上图书馆、网上博物馆、网上影剧院，打造博物馆名城、图书馆之城，健全公共文化设施网络。优先安排农村和基层群众关心的文化建设项目，到 2015 年，实现每个县（市）区都有文化馆、每个村（社区）都有文化活动室，每个乡镇（街道）都有文化站，每个村（社区）都有文化活动室。逐步向群众免费开放科技馆、图书馆、博物馆等公共文化设施，促进公共文化资源共建共享。加快广播电视、新闻出版、互联网等发展，满足群众多样化、多层次的精神文化需求。

（三）实施文化惠民工程

保障最广大人民群众的基本文化权益，是发展文化事业的根本出发点和落脚点。要以创建国家级“文化惠民示范社区”为契机，加大文化惠民力度，使全市人民特别是低收入群众得到更便利的基本公共文化服务和更好的基本文化权益保障。进一步扩大向社会免费开放公共文化设施的范围，逐步建立和完善普遍免费开放公共科技馆、图书馆、博物馆、文物保护单位等文化设施的经费保障机制。推动城市公共文化服务向农村延伸，大力实施广播电视“村村通”工程、体育设施达标“2111”工程、农村电影放映“2131”工程、文化信息资源共享工程和“农家书屋”工程等文化惠民工程。深入开展文化、科技、卫生“三下乡”活动。实现先进文化“进村入户”。开展富有地方特色的群众性文化活动，继续办好各种文化类节庆活动，积极建设广场文化、社区文化、农村文化、校园文化、企业文化。政府购买文化产品和文化服务提供给基层群众、以补贴或奖励等方式支持文化单位开展公益性文化活动。

（四）抓好标志性文化设施建设

加快制定和完善《昆明市公共文化基础设施重点项目推进意见》，扎实推进公共文化基础设施建设，完善昆明市博物馆装修及布展工作，迅速启动呈贡新区图书馆和群众文化活动中心、泛亚文化艺术中心、市民族民俗博物馆、市全民健身中心、聂耳音乐厅等重大项目，高水平、高起点地规划和设计，建设成为昆明市的标志性文化设施，既全面增强公共文化服务能力，又有效提升昆明城市文化形象和文化内涵。积极争取新的国家及省级大型文化设施落户昆明。

文化是民族的血脉，是人民的精神家园。全面建成小康社会，实现中华民族伟大复兴，必须推动文化大发展大繁荣，兴起文化建设新高潮，提高文化软实力，发挥文化引领风尚、教育人民、服务社会、推动发展的作用，建设面向现代化、面向世界、面向未来的民族的科学的大众的社会主义文化。

三、紧抓桥头堡建设机遇，完善公共文化服务体系，全力打造文化昆明

（一）吸取“云南经验”，加快和完善昆明市基层公共文化服务体系建设

2009 年 1 月 8 日，云南省委、省政府出台了《关于加强农村公共文化服务体系建设的意见》，从建设规划、组织领导、经费投入、制度保障、人才培养全方位入手，切实加强农村公共文化服务体系建设。《意见》要求，各级党委、政府要为农民群众提供系统性、制度性、公平性、可持续性的公共文化服务。按照结构合理、资源共享、发展均衡、网络健全、运行有效、惠及农民的原则，以政府为主导，以公益性文化单位为骨干，以乡镇综合文化站为重点，以农村文化活动室、农家书屋为基础，鼓励全社会积极参与，努力实现以公共文化产品生产供给、设施网络、资金人才、技术保障、组织支撑为基本框架的覆盖全省农村公共文化服务体系的六大工作目标。其中，要求到 2015 年，建成农家书屋 4000 个，农家书屋基本覆盖到每个行政村，确保全省农民群众人均每年看上一本书，每季度看上一场戏，每半月参加一次文化活动，每个行政村有一支群众性文艺队伍。

在变农村文化“荒漠”为“绿洲”的道路上，云南省以人为本、统筹发展、重心下移，加快建设覆盖城乡的公共文化服务体系，保障和改善城乡群众的文化民生，大力推进边疆解“五难”、广播电视村村通、文化信息资源共享、农村电影放映、农家书屋、基层“两馆一站”等文化惠民工程。边疆群众读书难、看病难、看戏难、看电视听广播难、学科技难的问题正在逐步得到解决。

2010年11月19—20日，文化部在昆明召开首次全国村级文化建设工作座谈会，总结推广“云南经验”，总结推广昆明市福保村和腾冲大村等村级文化建设典型经验，以此推动农村公共文化服务体系建设。

“云南经验”主要体现在“文化乐民、文化育民、文化富民”等三个方面。

一是创建“农民演艺协会”，通过“文化乐民”丰富农村业余文化生活，促进和谐乡村建设。“文化惠民示范村”通过整合农村演艺资源成立了“农民演艺协会”，对自发、分散的农民业余演出队进行有组织的引导、培训和帮助。另外，向社会推介本土“村星”“乡星”，扩大当地演员的知名度，提高群众演员的参与度和积极性。

二是创办“农村文化网络培训分校”，通过“文化育民”服务农民，提高广大农民的综合素质。一批“文化惠民示范村”依托乡镇“农村文化网络培训学校”在本村设立分校，结合当地农民生产生活需要有组织有计划地开展学习培训活动。同时，充分挖掘和利用乡土文化，建立了“村文化陈列室”，把村发展史教育与传统文化教育结合起来，成为村一级开展爱村、爱乡、爱国的文化教育阵地；开设了“公共电子阅览室”，既为农民群众提供便捷的文化、科技信息查询服务，又满足农村青少年对现代信息网络文化的渴求，引导他们正确使用网络。农民群众通过现代、便捷的学习途径，学习到科技文化知识、创业致富本领等，充分享受到了文化发展的成果，提高了素质、更新了观念、开阔了视野。

三是创立“农村文化产业合作社”，通过“文化富民”服务农民，转变农村经济发展方式。一些“文化惠民示范村”率先成立了“农村文化产业合作社”，整体开发、统一规划和协调推动本村特色文化产业，已成为农村文化产业发展的新兴经济实体。整合文化资源，推动乡村文化产业规模化、集约化发展，促进农业结构调整和农村经济发展方式转变等方面的作用日益凸显，有力地带动了乡村特色文化产业的整体互动发展，促进了农民增收致富。

（二）增强文化整体实力和竞争力

文化实力和竞争力是国家富强、民族振兴的重要标志。要坚持把社会效益放在首位、社会效益和经济效益相统一，推动文化事业全面繁荣、文化产业快速发展。发展哲学社会科学、新闻出版、广播影视、文学艺术事业。加强重大公共文化工程和文化项目建设，完善公共文化服务体系，提高服务效能。促进文化和科技融合，发展新型文化业态，提高文化产业规模化、集约化、专业化水平。构建和发展现代传播体系，提高传播能力。增强国有公益性文化单位活力，完善经营性文化单位法人治理结构，繁荣文化市场。扩大文化领域对外开放，积极吸收借鉴国外优秀文化成果。营造有利于高素质文化人才大量涌现、健康成长的良好环境，造就一批名家大师和民族文化代表人物，表彰有杰出贡献的文化工作者。以此增强文化整体实力和竞争力。

（三）紧抓桥头堡建设机遇，构建公共文化服务体系，全力打造文化昆明

从2008年昆明市委九届四次全会上首次提出“文化昆明”发展战略，到2012年提出树立昆明在桥头堡建设中的枢纽地位，昆明文化建设都能找到其发展的独特优势，也成为构建公共文化服务体系、全力打造文化昆明的有利条件。

一是凸显文化交流国际化特色。昆明是全省唯一的特大型城市，承担着“一市服务全省”的责任。《国务院关于支持云南省加快建设面向西南开放重要桥头堡的意见》中，就有37处直接提到昆明。因此，建设桥头堡枢纽城市必须大力进行文化建设，进行文化交流，使文化交流国际化，也就是说要充分挖掘城市丰厚的文化资源和文化底蕴，突出鲜明的地域特色和个性特征，加快在地文化向在场文化、在版文化和在线文化提升。加强对外文化交流与合作，实现多元文化兼收并蓄、融会贯通、交相辉映，不断提升国际文化影响力。作为省会城市，昆明必须发挥国际大通道、产业大基地、合作大平台、文化大交流的窗口示范作用。

二是找准有力举措，提升文化品位。建设文化昆明，首先要发挥好省会中心城市在“桥头堡”建设中民族文化强省的枢纽作用，大力张扬昆明自身的文化个性，大力实施历史文化名城推陈出新工程、博物馆名城建设工程、图书馆名城推进工程、高原国际体育名城探究工程、文明素养提升工程、文化事业繁荣工程、文化产业振兴工程、文化体制创新工程、文化品牌培育工程、文化交流拓展工程等“十大工程”，不断提高昆明文化的感召力、凝聚力、创新力、影响力、辐射力。

三是建设昆明文化桥头堡。“桥头堡”不仅是经济意义上的前沿，还是文化交流的前沿，包含经济、政治、社会、文化等内容。云南省出台的《中共云南省委关于贯彻落实党的十七届六中全会精神加快建设民族文化强省的意见》明确提出，以桥头堡建设为契机，统筹国内国外两个市场、两种资源，创新思路，突出重点，加快发展对外文化交流和对外文化贸易，努力把云南建设成国家面向西南开放的文化桥头堡。这一决策部署吹响了全省文化桥头堡建设的号角。昆明的文化建设除了要有鲜明的地方特色外，还应体现多样化、多层次。推进昆明文化桥头堡建设，就是要在文化建设中，扩大与缅甸等东南亚、南亚国家的文化、艺术、科技、教育、影视等领域的交流与合作，加强文化外宣工作，加强国际传播能力建设，努力把昆明建成向外展示中华文化、对内推介邻国文化、促进国际人文交流合作的文化桥头堡。

四是下大力推进基层公共文化服务体系建设，把文化工作的重点向基层倾斜、向农村推进、向校园拓展、向企业布局。必须坚持政府主导，注重公益性，应进一步加大财政投入力度，以基层农村和社区为重点构建基础设施，建立城乡联动机制，鼓励社会力量参与，有效实现基层各类文化设施的全覆盖。

（作者单位：昆明市文化广播电视体育局）

在十八大精神指引下昆明文化发展构想与展望

易建华

党的十八大明确提出了文化发展的具体任务和建设社会主义文化强国的战略目标，明确了新形势下推进文化建设的指导思想、重要方针。昆明作为国务院首批公布的历史文化名城之一，面对建设美好幸福新昆明的新目标，如何以十八大精神为指导，进一步深化改革，加快发展，已经不再是一个理论问题，而是一个重大而紧迫的实践问题。

一、党的十八大对文化建设提出了新要求

全面建成小康社会，必须推动社会主义文化大发展大繁荣。

一是要加强社会主义核心价值体系建设。要深入开展社会主义核心价值体系学习教育，用社会主义核心价值体系引领社会思潮、凝聚社会共识。推进马克思主义中国化时代化大众化，坚持不懈用中国特色社会主义理论体系武装全党、教育人民。广泛开展理想信念教育，把广大人民团结凝聚在中国特色社会主义伟大旗帜之下。大力弘扬民族精神和时代精神，深入开展爱国主义、集体主义、社会主义教育。倡导富强、民主、文明、和谐，倡导自由、平等、公正、法治，倡导爱国、敬业、诚信、友善，积极培育社会主义核心价值观。

二是要全面提高公民道德素质。要坚持依法治国和以德治国相结合，加强社会公德、职业道德、家庭美德、个人品德教育，弘扬中华传统美德，弘扬时代新风。推进公民道德建设工程，弘扬真善美、贬斥假恶丑，引导人们自觉履行法定义务、社会责任、家庭责任，营造劳动光荣、创造伟大的社会氛围，培育知荣辱、讲正气、作奉献、促和谐的良好风尚。深入开展道德领域突出问题专项教育和治理，加强政务诚信、商务诚信、社会诚信和司法公信建设。加强和改进思想政治

工作，注重人文关怀和心理疏导。深化群众性精神文明创建活动，广泛开展志愿服务，推动学雷锋活动、学习宣传道德模范常态化。

三是要丰富人民精神文化生活。要坚持以人民为中心的创作导向，提高文化产品质量，为人民提供更好更多精神食粮。坚持面向基层、服务群众，加快推进重点文化惠民工程，加大对农村和欠发达地区文化建设的帮扶力度，继续推动公共文化服务设施向社会免费开放。建设优秀传统文化传承体系，弘扬中华优秀传统文化。推广和规范使用国家通用语言文字。繁荣发展少数民族文化事业。开展群众性文化活动，开展全民阅读活动。加强和改进网络内容建设，唱响网上主旋律。普及科学知识，弘扬科学精神，提高全民科学素养。广泛开展全民健身运动，促进群众体育和竞技体育全面发展。

四是要增强文化整体实力和竞争力。要坚持把社会效益放在首位、社会效益和经济效益相统一，推动文化事业全面繁荣、文化产业快速发展。发展哲学社会科学、新闻出版、广播影视、文学艺术事业。加强重大公共文化工程和文化项目建设，完善公共文化服务体系。促进文化和科技融合，发展新型文化业态，提高文化产业规模化、集约化、专业化水平。构建和发展现代传播体系，提高传播能力。扩大文化领域对外开放，积极吸收借鉴国外优秀文化成果。

二、贯彻十八大会议精神与昆明文化发展总体构想

（一）指导思想

坚持以邓小平理论、“三个代表”和科学发展观为指导，认真贯彻党的十八大会议精神，紧紧围绕建设美好幸福新昆明的目标，分析研究昆明市文化建设面临的新形势、新任务，坚持先进文化的前进方向，以繁荣发展为主题，弘扬优秀民族文化和时代精神，统筹城乡、区域文化建设，全面构建公共文化服务体系，提高公共文化服务水平，不断满足广大人民群众日益增长的精神文化需求；以宣传为中心，以科技进步为动力，以科学管理为保障，不断提高广播电视的整体实力、竞争力和影响力，更好地为全市工作大局服务，确保党和政府的声音传入千家万户。举全市之力，像重视经济工作那样重视文化建设，像狠抓产业项目那样狠抓文化项目，提供更多更好的文化产品和服务，使人民群众充分享受丰富多彩的精神文化生活，为建设美好幸福新昆明提供文化保障。

（二）发展原则

1. 坚持文化建设与政治建设、经济建设、社会建设、生态文明建设的有机结合

充分发挥文化建设在政治建设中创构价值，在经济建设中创造财富，在社会

建设中创建和谐，在生态文明建设创新方式的积极作用。

2. 坚持在地文化、在场文化、在版文化、在线文化建设的有机结合

树立“四在”传播理念，将散落在昆明各地的历史文化、民族文化从“在地”变为“在场”，更要变为“在版”和“在线”，超越时间和空间的限制，扩大文化的影响力、辐射力。

3. 坚持气候春城与文化春城的有机结合

利用好昆明优越的气候条件和生态环境，促进“气候春城”与“文化春城”相融合。通过人本化规划、人文化建设、人性化管理，使群众既成为城市物质文化的创造者，又成为城市精神文化的受益者。营造“抬头见花笑，举步闻书香”的浓厚氛围。

4. 坚持继承与创新的有机结合

充分发挥昆明历史文化积淀深厚、民族文化异彩纷呈、多元文化交汇融合的优势，在保护文物古迹等有形历史遗存的同时，更加注重保护非物质文化遗产和地域文化等无形人文要素，弘扬民族文化，打造特色文化、发展先进文化，努力形成历史文化、民族文化与现代文明相互激荡、融和发展的新格局。

5. 坚持“引进来”与“走出去”的有机结合

深入挖掘、开发、推广优秀传统文化，广泛吸纳、借鉴、融合其他优秀文明成果，推动与周边地区的文化交流与互动，实现文化兼修并蓄、融会贯通、交相辉映。

6. 坚持文化与旅游、科技的有机结合

文化是旅游的灵魂，是旅游资源的魅力所在，是旅游主体的出发点和归宿，是旅游业兴旺发达的源泉；旅游则有利于挖掘文化、丰富文化、优化文化和保护文化。将文化与旅游有机结合，有利于提升历史文化名城的魅力。科技创新是文化发展的重要引擎。要发挥文化和科技相互促进的作用，深入实施科技带动战略，增强自主创新能力。健全以企业为主体、市场为导向、产学研相结合的文化技术创新体系，培育一批特色鲜明、创新能力强的文化科技企业，支持产学研战略联盟和公共服务平台建设。

（三）战略定位

建设美好幸福的新昆明，繁荣文化事业、发展文化产业具有得天独厚的地域优势、气候优势、历史优势、文化优势等综合优势。从以下五个方面定位：

一是把昆明建设成为历史文化名城；

二是把昆明建设成为民族文化宝库；

三是把昆明建设成为国际文化枢纽；

四是把昆明建设成为文化产业基地；

五是把昆明建设成为文化共享家园。

（四）发展战略

建设美好幸福的新昆明，文化建设起着至关重要的作用，在明确思路原则的基础上，将实行文化建设“六大战略”，为提升人民群众的幸福感打下坚实的基础。

一是实施提升历史文化名城战略。

二是实施民族文化资源转化战略。

三是实施文化品牌培育发展战略。

四是实施文化发展科技创新战略。

五是实施文化发展人才支撑战略。

六是实施拓展国际文化交流战略。

三、贯彻十八大会议精神，昆明文化建设主要任务

（一）实施文化事业繁荣工程，为打造文化强市打基础

要建设实施十大公共文化重点项目，即昆明文庙恢复性修建项目、昆明市文化馆（呈贡新区群众文化活动中心）、昆明市中心图书馆、昆明市民族民俗博物馆、昆明市民族文化宫、昆明美术馆（含昆明文苑）、呈贡新区青少年活动中心、昆明泛亚文化传媒中心（昆明市报业大厦、昆明市广电大厦、昆明市网络大厦）、昆明市妇女儿童活动中心、泛亚艺术中心（昆明市国际文化交流中心）。确保实现“十二五”期间昆明市每个县（市）区都有文化馆、图书馆、博物馆、科技馆、体育馆，每个乡（镇）都有文化站、每个村（社区）都有文化室的目标。

（二）实施文化产业振兴工程，为打造文化强市增实力

大力发展创意设计、现代传媒、动漫游戏、新闻出版、演艺娱乐、广播影视、文化旅游、广告会展、艺术培训等重点文化产业，促进文化与旅游、体育、会展、高新技术等产业互动融合，加快构建结构合理、门类齐全、科技含量高、富有创意、竞争力强的现代文化产业体系。加快实施市文化传媒中心、市文化创意产业基地（园区）的规划建设，大力推进金鼎1919文化艺术高地、昆明老街等文化产业集聚区建设，促进文化产业集群发展。

（三）实施城市形象标识工程，为打造文化强市增色彩

1. 机场迎宾文化大道工程

区域：呈贡机场往市区方向20公里的路段进行综合治理，建设昆明迎宾文化大道。

定位：整合昆明的文化和自然资源，通过自然景观与昆明特色文化标志和符号相融合，建立统一的文化昆明的形象标识，建立并完善各种文化符号的辅助设施与服务，以体现传统文化气息、名城风貌和打造生态环境为主创意，突出庄重、大气、国际化的建设风格，通过布局构建一条流畅、连续、自然、富有节奏和韵律，形成特色鲜明、景观与生态并重的特色迎宾道，逐步成为昆明市黄金宣传和展示通道、生态通道、景观通道、文化通道。

建设内容：廊道绿化布局；文化浮雕墙布点；沿路雕塑群布线；路灯景观及广告标语布设。

2. 环滇池文化带优化工程

区域：环滇池构成的半小时文化经济圈。

定位：以滇池环线为主要设计空间，充分发挥滇池湖光山色的重要资源，通过创意设计和资源提升利用，打造滇池水系文化空间，形成“陆上有可玩，水上有可感”的大型文化娱乐生态圈。

建设内容：滇池湿地休闲与乡村度假带；滇池水上竞技训练基地；水上流动音乐厅；国际风情走廊。

3. 翠湖历史文化圈

翠湖作为昆明的“眼睛”，是昆明重要的地标性自然景观，其周边丰富的历史文化遗产使其具有独特的区位优势，摆脱了以往“有生态无文化”的城中湖区改造的旧有模式，加大其与周边历史文化景观的互动与融合，打造翠湖历史文化圈。

区域：环翠湖区域

定位：以翠湖地区的整改与开发为核心，讲武堂与云南大学为两翼，充分发掘翠湖生态美、大观楼景致美、讲武堂历史美、云南大学人物美的特性，打造生态优美、历史氛围浓郁、文化气息厚重的城中水系文化圈，使提升昆明知名度的一张王牌工程，具有全国的示范效应。

建设内容：大观楼文化景观提升项目；环翠湖名人雕塑工程；环翠湖时尚街区建设；中国楹联一条街。

4. 盘龙江文化带提升项目

盘龙江在昆明城市发展中具有独特的地位，建设文化昆明，彰显城市个性，离不开对盘龙江的整体塑造与开发，整合资源，通过文化、自然、社会的综合协调治理，打造既有地方特色，兼具南亚风情的现代化国际性滨江景观区。

区域：盘龙江两岸城市地带

定位：集约昆明资源，发掘本地特色，开发“水、岸、滩、堤、路、景”于一体，兼具交通、景观、休闲、娱乐、文化、旅游、健身等多种功能的现代化滨河景区，形成“一河清水，两岸绿色，三季花开，四季如春，河在城中流，城在岸边长”的水系经济发展格局。

建设内容：沿江观光艺术走廊；“滨江人家”假日码头；皮划艇水上训练基地；商务与娱乐休闲带。

5. 护国文化内涵提炼项目

护国文化在昆明历史发展中具有重要的地位，挖掘护国文化资源，弘扬爱国精神，是构建昆明城市形象的重要组成部分。建议将东风广场更名“护国广场”，挖掘历史资源，重建“护国门”，兴建以“护国运动”为主题的“护国风云”大型群雕，以雕像重现历史事件。同时，重点突出蔡锷、唐继尧、李烈钧的戎装战马圆雕，形成“护国三杰塑像”。通过“护国门、护国风云、护国三杰”的三体联动，彰显护国文化的重要历史地位。同时依次为依托，定期开展各种爱国主义教育活动，将其建设成为昆明市区爱国主义教育基地和城市标志性历史文化群落。

（四）实施文明素质提升工程，为打造文化强市树形象

1. 广泛建设文化阅读网络

公园和公共广场要为群众性文化活动提供方便，各类公共文化服务单位和学校、宾馆、居民小区、街道、车站、机场等人员密集场所，要设置党报党刊栏、各类书籍，供群众免费阅读，并设立相关知识宣传栏、售报亭。

2. 鼓励开展各种群众性文化活动

采取业余自愿、形式多样、健康有益、便捷长效的方式，广泛动员社会力量，利用各种有效形式，在企业、学校、部队、社区、农村等广泛开展群众性文化活动。开展“文化社区”评选工作，激励社区文化发展；加大资金投入，引导培育社区文艺演出队，完善文艺体育娱乐设施，丰富社区文化活动内容。充分发挥文化大篷车和文艺演出小分队的作用，带动基层群众文化活动蓬勃开展。

3. 加强文化共享与信息联通

建立以市、县（市）区图书馆为支中心，乡镇（街道）文化站和行政村（社区）文化室为基层服务点的文化信息共享网络。要统筹规划，把文化信息资源共享工程与广播电视“村村通”工程、农村党员干部现代化远程教育、农村中小学现代远程教育和数字乡村工程结合起来，以共建方式发展基层服务点，实现资源互联互通共享。

（五）实施城市名片擦亮工程，为打造文化强市立标杆

城市名片是指能代表城市形象或者说代表城市标志的东西。用文化擦亮城市

名片，在潜移默化中利用文化底蕴特有的感染力，在一定程度上可以实现城市经济与社会生态协调发展。一座城市，只有认识到自身的精神追求，才能为发展找到一个合理的定位。重点是办好一月一节的庆典活动，擦亮名片，提高昆明人民的幸福感。

昆明市“一月一节”活动列表

月份	节庆名称	活动内容
1月	“海鸥节”	举办“爱鸥护鸥志愿者行动”“与鸥共舞摄影大赛”“海鸥节迎新年长跑”“冬季户外音乐节”等多项系列活动。
2月	“老街庙会”	一个传统兼时尚的庙会，每逢这时，人们会自发地在此集会、祭祀、娱乐或交易。在现代气息和商业元素的挤压下，昆明老街庙会正搅热昆明的传统庙会文化。
3月	“昆明·云南山茶花节”	以云南山茶花为主的各类花卉展览和具有昆明特色的中国传统文化庙会活动结合起来，借山茶花观赏、销售为主，其他花卉气氛烘托为辅的特色花展、花市，结合传统文化庙会活动补充和拉升，把市花节办成一次综合性节庆盛会。通过节庆活动向市民普及市花概念，整合云南山茶花产业资源，推动昆明云南山茶花产业发展；挖掘和延续昆明地区民俗文化特色，丰富节日文化内容和广大市民的精神文化生活。
4月	“三月三”民间艺术节	农历三月初三是昆明人春游、赏花、踏青的节日。届时在西山风景名胜区、观音山、金殿、动物园等地举办的民间活动尤为热闹。
5月	“国际文化旅游节·昆明狂欢节”	每年五一期间举办，一般为期5天。同时举办的昆明狂欢节为期3天。狂欢节上，衣着鲜艳的民族风情歌舞、大型的花车巡游，使得春城昆明成为一片名副其实的“狂欢之海”。旅游节期间主要活动有开幕式暨花车巡游、夜间花车巡游、广场民族歌舞展演、西寺塔广场泼水狂欢、云南名特和民族风味小吃长街宴等。这些活动举行的地点多在市内的各个广场、公园、步行街及景区景点，如东风广场、桃源广场、南屏步行街广场、世界园艺博览园大门广场、翠湖北门广场、官渡广场、碧鸡广场、金碧广场、石林、九乡、云南民族村、东寺街等。

月份	节庆名称	活动内容
6月	非物质文化遗产展示月	“遗产日”非遗活动、宜良花街节、呈贡山歌节、西山观音山民俗展示活动。
7月	“中国·昆明泛亚郑和国际文化旅游节”	2006年开始每年举行，自2009年初召开的昆明“两会”后，晋宁代表团的14名市人大代表联名提交的议案指出：600多年前，昆明人郑和七下西洋，影响最大的地区就是东南亚和南亚，把郑和文化节列为昆明市的重要节庆，与昆明“建设面向东南亚、南亚国际大通道”的思路相吻合。因此，建议把“中国昆明郑和文化旅游节”列为昆明重要节庆，每年举办一次，时间为一周，以每年7月11日中国“航海日”为文化旅游节开幕日。
8月	“火把节”	火把节是云南少数民族中流传最广、影响最大的传统节日。一般彝族、纳西族、基诺族在农历六月二十四举行，白族在六月二十五举行，拉祜族在六月二十举行，传统节期二到三天，现在云南很多地区举办的火把节庆祝活动都较长。人们在石林、禄劝举行点火把、摔跤、斗牛、歌舞和插花的节日活动等。
9月	“民族民间工艺文化节暨民间翡翠玉石毛料交易节”	为民间艺人提供了展示的平台，促进了民间收藏和投资交流、民族民间工艺品和非物质文化遗产的继承和保护，而且也为民间艺术家提供与市场接轨的机会，推动了民间艺术的创新与发展。
10月	“盘江艺术节”	曾荣获2010年全国群众文化活动“群星奖”的盘龙江艺术节除了繁荣群众的文化生活外，还对“昆明精神”进行宣传，弘扬“昆明精神”，是一个集文化、商业、会展、节庆为一体的艺术节。
11月	“撒尼族密枝节”	密枝节是每年农历二月或十月，石林县请密枝神的节日，一种群体性的祭祀活动，反映了母系氏族的遗风。被认为是我们国家唯一的“男人节”。
12月	“古滇文化节”	为弘扬古滇文化、推介晋宁搭建平台，通过古滇文化节让海内外朋友更多地领略千年古滇文化的深邃，充分感受晋宁人民的真诚与豪迈。

（六）实施文化遗产保护工程，为打造文化强市添底气

1. 提升文物保护意识

文物的保护不仅仅是文物个体的保护，也是文物环境、文物地习俗的保护。昆明古迹众多，应按照文物级别进行专业分类与分级，扩大保护区范围，强化文物环境保护意识，尽可能营造文物当年的历史气氛与环境氛围，坚决摒弃和改善现有文物周边商业气息过于浓重的弊病。

2. 加大投入，提升文物资源的保护力度

文物是国家不可复制的历史遗迹，承载着城市发展的文脉与灵魂。加强文物的保护也是对城市精神和城市文物的追求。文化强市的建设必须将文物景观作为重点建设和保护对象，尽快启动滇池申报世界文化景观遗产工作，从全市层面统一协调滇池申遗和文物保护工作，同时设立滇池申遗专项资金，增加文化保护专项经费。

3. 有重点地打造特色文化景观

以滇池为中心，立足于环滇沿路所辖城区的文物古迹保护性开发、城市功能配套设施和区域生态环境建设，依托环滇周边丰富的历史文化、旅游资源和人文传统，恢复性再造古滇历史文化景观，再现昆明“春城”的山水人文格局，构建集生态环境重建、观光休闲娱乐、现代商务会展等功能为一体的综合性城市生态和娱乐休闲区。

（七）实施文化人才培育工程，为打造文化强市找支撑

1. 大力开发宣传文化人才

紧密结合建设文化昆明的需求，以宣传文化系统“四个一批”人才、文化产业经营管理人才、文化创意人才、新兴媒体人才和文化专门技术人才为重点，全面加强宣传文化人才队伍建设，到2020年，省级以上宣传文化系统“四个一批”人才达100名，民族民间文化人才超过500名。民营、个体文化企业从业人员队伍快速壮大。

2. 进一步创新人才培养机制

培养一批熟悉现代都市文化与文化消费市场，具有文化管理和经营才能的领导干部；加快制定特殊人才待遇政策，推动民族（传统）文化技艺大师收徒授业；鼓励高等院校、科研机构、职业培训机构和文化企业根据文化建设的需要调整专业设置。

3. 进一步完善人才引进机制

重点引进复合型文化经纪人才、外向型文化企业管理人才、区域性文化学术研究人才、国际文化产品开发人才、文化活动策划人才；建立人才引进柔性机制，

探索知识、技术和管理等生产要素入股制度。可以利用云南大学等高校开展创新人才项目，培养熟谙本土文化资源和文化产品的特点及概况；有经营文化产品的相当经历和能力；精通国际语言，熟悉东西方文化的差异与共性；准确把握文化产业国际市场的需求、特点、法律及规则的复合型的特殊人才。

4. 加强基层文化人才队伍建设

基层文化人才队伍是文化改革发展的基础力量。要制定实施基层文化人才队伍建设规划，完善机构编制、学习培训、待遇保障等方面的政策措施，吸引优秀文化人才服务基层。配好配齐乡镇、街道党委宣传委员、宣传干事和乡镇综合文化站专职人员。设立城乡社区公共文化服务岗位，对服务期满高校毕业生报考文化部门公务员、相关专业研究生实行定向招录。重视发现和培养扎根基层的乡土文化能人、民族民间文化传承人特别是非物质文化遗产项目代表性传承人，鼓励和扶持群众中涌现出的各类文化人才和文化活动积极分子，促进他们健康成长、发挥作用。壮大文化志愿者队伍，鼓励专业文化工作者和社会各界人士参与基层文化建设和群众文化活动，形成专兼结合的基层文化工作队伍。

（八）实施对外文化交流工程，为打造文化强市架桥梁

1. 积极开展各种文化交流活动

要多渠道开展对外文化交流活动，争取每年能够举办一至两次有影响的大型文化交流活动，邀请各种文艺团体到昆明开展商业演出，加强与国际友好城市的联系，积极开展各种形式的文化交流活动，鼓励文化界、企业界人士及民间各个领域开展文化互访活动，进行文化交流的同时也主动宣传昆明城市品牌。

2. 全力打造有国际影响力的文化交流平台，拓展对外文化贸易

实施文化“走出去”和“引进来”相结合的战略，举办好滇池泛亚文化艺术节、中国昆明国际旅游交易会、昆明聂耳音乐节、郑和国际文化旅游节、中国昆明国际文化旅游节、昆明国际民族民间工艺品交易会、东盟石文化暨珠宝玉石文化节、中国福保乡村文化艺术节等，积极申办亚洲艺术节，打造在全国乃至国际上有影响力的自主创新文化品牌，增强文化辐射力和影响力。要强化市场营销机构和艺术生产单位的合作、昆明演出界和国际演出界日益紧密频繁的合作以及演出界和其他领域之间的合作。通过合作，把“走出去”和“引进来”作为文化贸易发展的新契机。

（九）实施文化体制创新工程，为打造文化强市寻动力

1. 进一步深化经营性国有文化单位的改革

推进新闻媒体集团化发展。在继续抓好发行体制和制播分离改革的同时，推动传媒资源整合，统筹传统媒体与新兴媒体发展，创新投融资体制，推行投资主

体多元化，打造昆明传媒产业园区，做大做强集团实力。昆明演艺集团，要创新运营体制，推动演艺资源优化重组，增强国有资本主导力量，形成多种所有制共同发展的演艺市场格局，提升演艺业整体发展质量和水平。

2. 进一步完善公益性文化单位改革

昆明市文化馆、图书馆、博物馆和各县（市）区文化馆、博物馆、图书馆、文管所等公益性文化事业单位要在实行全员聘用制的基础上，进一步加大改革力度，要通过深化内部改革，创新运行机制，为人民群众提供更多更好的公共文化服务，让更多群众切身感受改革的成果。

3. 创新文化管理体制

完善管人管事管资产管导向相结合的国有文化资产管理体制。继续推进昆明市文化市场综合执法改革，督导各县（市）区加快改革步伐，尽快完善机构，明确职能定位，增加人员编制，确保高效运转。深入开展“扫黄打非”，完善文化市场管理，坚决扫除毒害人们心灵的腐朽文化垃圾，切实营造确保文化安全的市场秩序。

4. 落实现有优惠政策

把文化产业纳入昆明市服务业优先发展部署中，比照优先发展政策与相关省市鼓励和支持文化产业发展的文件要求（以最高优惠文件为准），认真落实对相关文化单位实行的增值税、营业税、资产和土地处置、工商登记、文化产品和服务出口退税等方面的优惠政策，以及文化体制改革单位应享受的财税优惠政策，将重大文化项目用地（审批）纳入绿色通道、实施重点保障。发改、财政、税务、国土、工商等部门要抓紧对现有政策进行系统梳理，分类制定实施细则，加强督促检查，确保落实到位。

（十）实施公共艺术塑造工程，为打造文化强市增魅力

1. 创库艺术园区

加强创意园区建设，营造良好的政策和公共设施环境。加强入驻艺术机构的规划建设和统一管理，其外观装潢、内部装修及经营方式，要与艺术园区整体建筑风格相一致，要与艺术园区的艺术氛围相统一，要与周边环境相协调，在创意园区举办各种节庆活动，扩大园区影响，建设艺术园区的产业链，为艺术家、艺术机构的创作生产、展览展示、销售结算、运输保管，提供文化资源和技术支持共享的服务平台。

2. 工业遗产博物馆群落

要鼓励相关大型企业投资建设工业遗产场馆，编辑、整理、印刷了一批工业文物保护资料，展示现代工业文明，制作具有代表性的工业企业模型和产品及工具模型开展文化艺术展览与艺术品交易。

3. **城市雕塑群落**

深入挖掘，因地制宜，创意设计每座雕塑，要做到一尊一景都是美，落花流水皆文章。根据不同环境，不同观赏视角，以及整体感观凸现雕塑的文化内涵，合理安排不同雕塑的展放位置形成整体文化氛围，特别是要有计划、有选择地增加世界著名雕塑大师的精品，以提高雕塑的品位。抓好城区以滇池、翠湖、盘龙江、重要步行街为主要区域的城市雕塑规划建设。根据不同的地理特征，设计不同主题。环滇池雕塑带突出南亚各国的风情与历史，打造国际友好城市雕塑园；翠湖雕塑带突出讲武堂和西南联大等历史人物；盘龙江沿岸凸现昆明的现代化建设；步行街则凸现创意艺术设计。同时加强周边的环境治理和绿化工程，整体凸现昆明的文化底蕴。至于街道、广场、绿地、单位庭院和机场、车站、会展中心、大型文体设施等地的雕塑建设，要根据总的规划，进行专题论证，结合各自的不同条件，创作一大批在艺术性、趣味性、知识性与观赏性俱佳的文化内涵较深厚的精美之作，坐落在不同环境背景下，为城市形象添彩。

4. **文化艺术广场**

要抓好艺术广场的建设，通过雕塑、碑林、绿化设计等内容，创新广场形式，通过各种不同的表达方式展示广场空间的文化底蕴与文化气息。注重艺术空间的营造，有组织地开展各种艺术活动。积极利用广场对于人群的集聚效应，有组织有计划地开展各种形式的艺术活动，通过群众演唱比赛、城市露天音乐会、画展、服装展等途径打造广场的艺术特色，满足人民群众的文化艺术需求。

四、在十八大会议指引下，昆明文化发展新展望

在十八大精神的指导下，昆明文化建设，必须立足实际、前瞻未来，按照全面建设小康社会的要求，要与美好幸福新昆明建设同步推进。近期夯实基础，到2015年，在全面建成小康社会的同时，基本建成民族文化强省的枢纽。中期基本达标，到2020年，在基本建成中国面向西南开放的区域性国际城市的同时，基本建成文化强市，使文化强市特征更加明显、影响更加广泛，全面建成文化强市，在以下八个方面取得新成就。

第一，历史文化充分挖掘。基础设施建设不断完善，昆明的历史街区和文物保护单位得到很好的保护和充分的利用，昆明的历史文化、传统风貌和格局得到延续和发扬。

第二，文艺创作全面繁荣。文学创作、报业、影视等门类在全省的领先地位，作品、新品、精品、人才不断涌现，“昆明创作”“昆明制造”文学艺术作品的数量和质量不断提高。

第三，文化事业整体推进。基本形成一个与昆明文化强市目标相符、布局合

理、设施先进、服务网络化的群众文化服务体系，市民的文化质量不断改善。

第四，文化设施基本完善。昆明国际文化交流中心、昆明科技宫、昆明民族民俗博物馆、聂耳音乐厅、昆明美术馆等标志性文化设施相继建成。到 2015 年，昆明公共图书馆人均藏书达到 1 册，文化设施数量、质量和人均拥有量均居西部地区前列。

第五，文化产业加速发展。2015 年，建成比较完善的文化产业生产、服务销售网络体系，文化产业增加值的年均增长速度高于同期国民经济增长速度。昆明建设成为区域性文化资源聚集中心、文化产品生产流通中心、文化创意产业中心、新型文化业态培育中心、文化旅游休闲度假中心。

第六，文化市场健康繁荣。文化资源配置合理，文化市场开放繁荣，基本形成了统一、开放、竞争、有序的文化市场体系。

第七，群众文化活动丰富多彩。社区文化、企业文化、校园文化、村镇文化等群众性活动丰富多彩，人民群众的幸福感不断增强。

第八，对外文化交流不断扩大。国际市场不断开拓，对外文化交流不断深入，昆明对外文化的知名度和影响力不断提高。

（作者单位：昆明市委政策研究室）

昆明特色文化产业发展问题研究

赵寅秀

一、新时期发展文化创意产业的背景与意义

随着国家新一轮西部大开发，云南省委、省政府及时启动了建设绿色经济强省、民族文化强省，把云南建设成为中国面向西南开放的重要桥头堡的“两强一堡”发展战略。这其中蕴含着后发赶超的机遇。顺应时势，昆明市及时提出了建成民族文化强省枢纽，打造泛亚文化名城的文化建设战略。

在云南省确定“两强一堡”发展战略之时，我国已进入产业升级调整期，这往往就是各种经济要素重新组合、产业重新布局时期，是国家间、地区间发展格局的变化调整期，有利于加强产业技术改造与创新，有利于承接产业转移，有利于吸引资金、技术和人才，易于实现产业结构升级，发展方式转变，进而形成新的竞争优势，在新一轮发展中占据主动地位。

党的十六大首次将发展文化产业写入报告，国家也将文化产业列入“十一五”规划。2009 年是中国文化产业发展历程中具有里程碑意义的一年，国务院常务会议通过了《文化产业振兴规划》，这是继纺织、轻工等规划之后的第十一大产业振兴规划，是指导我国文化产业发展的纲领性文件。它的发布，表明文化产业作为国民经济新的重要增长点，已经上升到国家战略层面，标志着文化产业发展进入了一个新的阶段。

2010 年 4 月 8 日，中宣部等九部委联合发布《关于金融支持文化产业振兴和发展繁荣的指导意见》，这是首个金融行业全面支持文化产业繁荣振兴的文件，有助于推动文化产业与金融业的有效对接，满足文化企业发展的资金需求，促进文化产业的创新和繁荣。

2011 年 10 月 15 日至 18 日，中央召开了十七届六中全会，专题研究文化改革发展的一系列重大问题。全会系统总结了我们党领导文化建设的成就和经验，全

面分析了文化改革发展面临的形势和任务，深刻阐述了中国特色社会主义文化发展道路的内涵和实质，鲜明提出了建设社会主义文化强国的战略目标，明确了新形势下推进文化改革发展的指导思想、重要方针、目标任务和政策措施。对文化改革发展进行了战略部署，在理论上有新概括、政策上有新突破、举措上有新实招，具有很强的政治性、战略性和指导性，是当前和今后一个时期指导我国文化改革发展的纲领性文件。

党的十八大报告提出“扎实推进社会主义文化强国建设”，从国家战略的高度对文化的发展建设做出了重要部署，为我国文化发展建设指明了方向，提出了要求。建设社会主义文化强国，增强文化的整体实力和竞争力，发展文化产业是重点内容之一。报告提出：“促进文化和科技融合，发展新型文化业态，提高文化产业规模化、集约化、专业化水平。构建和发展现代传播体系，提高传播能力。”

目前，各地区、各城市都加快文化产业基地和区域性特色文化产业群建设，着力打造知名文化品牌。珠江三角洲、长江流域和环渤海地区初步形成若干书报刊音像出版、印刷复制、出版物流、动漫游戏开发、影视生产等文化产业基地和特色文化产业群。

昆明市要在这些领域全方位展开与发达地区竞争是不现实的。在“十二五”规划执行前期，运用科学发展观，谋求差异化定位，探索产业升级和资源利用的突破口，通过文化创意产业的调整升级，才能在优势领域实现重点突破，使昆明文化产业进入新经济发展的快速通道。

文化产业是创意产业，创新是文化产业的灵魂，创意是文化产业核心竞争力之所在。加强文化自主创新，适应当代科技发展的新趋势，努力掌握一批具有自主知识产权的核心技术，推动文化与科技的融合。运用最新科技成果发展文化，促进文化创意产业与文化资源相交融，与教育、体育、旅游、休闲等产业相嫁接，与科技创新、工业设计、城市建设等工作相结合，激发新的文化创意，催生新的文化业态，抢占文化发展制高点，提升文化竞争力，这将成为昆明特色文化产业发展的必然选择。

文化创意产业中，创意是关键。创意应理解为在社会文化领域的新观念、新思想、新设计。创意是将文化资源转化为产品的过程，利用人脑的创造力将文化元素添加到产品中。在物质生活日益丰富的现代，消费者不再满足于物质消费本身，而更重视消费过程中的精神享受。文化通过创意的加工，在形成的产品中蕴含了大量的文化信息和元素，依附在产品上的这些文化信息和元素满足了消费者的精神享受需求，形成了产品的附加值，这些附加值正是形成文化创意产业的关键驱动力。

昆明有着深厚的文化底蕴和丰富的文化资源，科技实力较强，知识资源丰富，具有发展文化创意产业的较好基础条件。发展文化创意产业，昆明可以更充分地开发民族文化资源宝藏，优化经济结构，转变经济增长方式，形成新的经济增长点。

二、昆明市文化创意产业发展现状

近年来，昆明市委、市政府认真贯彻落实中央和省委、省政府关于推动文化产业发展的一系列决策部署，将文化产业发展作为转变经济发展方式、推进文化强市建设的主要抓手和顺应人民精神文化生活新期待、推动美好幸福新昆明建设的重要途径，突出项目带动、狠抓责任落实、推进改革发展，文化产业发展呈现良好态势、取得较好成绩。

（一）规模迅速扩张、结构持续优化

昆明市文化产业增加值从2006年的85.48亿元攀升至2011年的216.19亿元，年均增长19%以上，比同期全国平均增速高4个百分点；占GDP比重从7.1%增至8.61%；占全省文化产业增加值比重从39.44%增至40.8%，支柱产业地位进一步确立和巩固。总体规模处于西部领先、中部中游位置，呈现出传统产业持续发展，文化产品生产服务能力和装备水平大幅提高，新兴产业迅速崛起的良好发展态势。

（二）重点更加突出、项目快速推进

2010年，出版发行版权服务业、广播电影电视服务业、文化用品设备及相关文化产品销售业、文化休闲娱乐服务业、文化艺术服务业等5大重点文化产业建设实现增加值166.69亿元，占全市文化产业增加值的77.1%，同比增长19.22%，重点产业支柱地位进一步凸显。“福天宝地”、阿诗玛玉石城等一批项目已建成运营。昆明玉器城、文化空间等20个投资总额400亿元左右的在建新建文化产业项目正抓紧推进。截至“十一五”末，昆明市已建成运营文化产业项目209个，实际到位资金170.94亿元。

（三）企业加速发展、实力不断壮大

培育了云南吉鑫集团、昆明新华书店等10户销售收入过亿元的大型文化企业。昆明风驰传媒有限公司，已成长为西部最大的广告公司和“中国民营企业五百强”。昆明新知图书城有限公司，已在云南、贵州、四川3省设立51个连锁店，并积极开拓东南亚市场，成为西南第一、全国第五大民营图书企业，去年经营收入达2.2亿元。骨干文化企业已成为辐射带动昆明市相关文化产业发展的重要力量。

（四）载体得到夯实、集聚效应显现

培育出福保文化城、云南中天文化等国家文化产业示范基地。昆明国际包装印刷基地，已入驻企业30家，年产值可达160亿元，将建成我国西部最大的包装印刷基地。金鼎文化创意产业孵化基地，集聚了文化创意企业近50家，带动我市新兴文化业态快速发展。云南中天文化发展股份有限公司，去年销售收入达5亿元，已成为西南地区重要的图书及文化用品市场。

（五）布局特色鲜明、发展全面推进

各地立足自身禀赋，发挥比较优势，探索各具特点的发展思路。初步形成了盘龙文化旅游产业区、五华文化创意产业区、官渡文化物流产业区、西山文化用品产业区等发展极，安宁、石林、晋宁、禄劝、寻甸等文化旅游圈，富民、嵩明等民族民间文化产业开发带。各地资源优势、产业优势、区位优势得到进一步发挥，文化产业发展加快推进，形成了主城区率先发展，其他县（市）区加快跟进、紧密互动、各具特色、错位发展的基本格局。

（六）贸易往来扩大、影响大大增强

坚持对外文化交流与对外文化贸易并举，支持文化企业参加境内外国际大型展会，积极拓展海外市场。2010年，石林彝族传统刺绣产品远销俄罗斯、韩国、日本、哈萨克斯坦等国家，销售收入超过5800万元。昆明憨夯民间手工艺品有限公司，拓展海外业务10多年，民族娃娃、民族饰品等手工艺品出口巴西、意大利、德国、丹麦等国家，被列入《2009年—2010年度国家文化出口重点企业目录》。云南天游科技发展有限公司研发的《出发On Line》网络游戏投放新加坡、马来西亚及中国香港、澳门、台湾市场以来，月销售额达1000万元人民币。

（七）政策逐步强化、环境持续改善

适应形势发展和工作需要，昆明市相继出台了《关于进一步开放文化市场大力发展文化产业的实施意见》《关于深化文化体制改革加快文化产业发展的意见》《昆明市政府采购公共文化产品和服务管理办法（试行）》《关于促进文化产业发展的若干意见》《昆明市鼓励和扶持动漫产业发展办法》《昆明市优秀影视作品奖励办法》等一大批政策性文件，编制完成《昆明市文化产业发展“十二五”规划》，初步形成了有利于文化产业又好又快发展的制度体系和政策环境。

三、昆明市文化创意产业的发展优势

（一）政策优势

昆明市文化发展已形成自上而下的努力推动与自下而上的积极开发相结合的格局。按照市委、市政府的部署，把大力发展文化产业纳入经济社会发展的总体目标。昆明市相继出台了一大批促进文化产业发展的政策性文件。《昆明市文化产业发展“十二五”规划》纳入了《昆明市社会经济发展“十二五”规划》。

（二）人文优势

1. 城市历史文化悠久

昆明有1200多年的历史，是国务院1984年首批公布的全国历史文化名城。距今3万年的龙潭山古人类遗址，出土滇王金印和大量青铜器的石寨山、天子庙等古墓群，雕刻精美的国家重点文物保护大理国地藏寺经幢，建于唐代的圆通古寺，被誉为“东方雕塑艺术宝库”的筇竹寺五百罗汉，明代青铜浇铸的太和宫“金殿”，饮誉海内外的清代孙髯翁所作大观楼“古今第一长联”、西山龙门等，充分展现了昆明悠久的历史文化。以青铜文化为特色的古滇文化，以滇池、石林、安宁温泉等国家级风景区为亮点的山水文化，以护国起义和抗战史实为代表的反复辟、反侵略的英勇斗争历史文化，以郑和、聂耳和西南联大著名学者为代表的名人文化异彩纷呈，影响广泛。

2. 民族文化多姿多彩

昆明市有26个民族，少数民族人口75.95万人。全市共有3个民族自治县，7个民族乡。在25个少数民族中，彝族、回族、白族、苗族、傈僳族、壮族、傣族、哈尼族、布依族等9个是世居少数民族。在漫长的历史中，各民族创造了绚丽多彩的民族文化，丰富的语言文字、宗教文化、祭祀传统、民居建筑、饮食服饰、体育节庆、民歌舞蹈等，为文化昆明的建设提供了丰富的民族文化内涵。

（三）经济优势

1. 区位独特，市场广阔

昆明区位优势明显，是我国面向东南亚、南亚的前沿和门户，是中国—东盟自由贸易区经济圈、“泛珠三角”区域经济合作圈的交汇点。同时，作为云南省省会和全省唯一的特大中心城市，昆明的市场体系覆盖全省，经济发展触角延伸全省，资源要素运作半径辐射全省。项目落地昆明，也就占有了云南市场。中国—东盟自贸区拥有19亿人口，GDP近6万亿美元，中国与东盟双方约有7000种产品将享受零关税待遇。双方将致力于建立一个自由、便利、透明及公平的双向投资体制。昆明的对外开放必将迎来更多的跨境经济合作机会和广阔的市场发展空间。

2. 经济集聚度高，辐射强

昆明是云南省的经济、文化、教育和科研中心，是经济集聚度高、辐射强，区域经济独具特色的重要城市之一。昆明市经济发展的优势，在全省发展格局中具有“龙头”和“领头羊”的地位和作用。

3. 文化旅游产业快速发展

昆明四季如春的气候、形态各异的地形地貌、丰富多样的生物，形成了旖旎迷人的自然风光。全市现有国家级旅游度假区1个，国家级风景名胜区3个，国家级森林公园3个，省级旅游度假区1个，自然保护区6个，风景旅游区40多处，重点名胜古迹100多处。1999年被联合国提名为“最适宜人类居住的城市”，2003年获得“中国最佳人居特别奖”，2005年被评为“中国青年最佳旅游目的地”。2011年共接待海外游客100.40万人次，增长16.7%，旅游外汇收入2.98亿美元，增长22.8%；国内游客4002.10万人次，增长15.3%，国内旅游收入346.99亿元，增长29.3%；旅游总收入367.25亿元，增长29.0%。昆明先后成功举办过中国艺术节、全国少数民族传统体育运动会、国际文化旅游节、昆明进出口商品交易会、世界园艺博览会等大型节庆会展活动。

（四）结构优势

1. 文化产业各层呈健康协调发展态势

按照国家统计局的文化产业相关分类和云南省文化产业统计报表制度（2011年统计年报）规定，将文化产业法人单位划分为核心层、外围层、相关层。同时，根据国家统计局《文化及相关产业分类》标准，文化产业核心层和外围层是主体，相关层是补充。文化产业法人单位的“核心层”包括新闻服务、出版发行和版权服务、广播电影电视服务以及文化艺术服务，2011年昆明市文化产业法人单位核心层实现增加值60.73亿元，比上年增加10.00亿元，增长19.7%。

文化产业法人单位的“外围层”包括以互联网信息为主的网络文化服务，以旅游、娱乐为主的文化休闲娱乐服务和以广告、会展、文化商务代理为主要内容的其他文化服务，2011年昆明市文化产业外围层实现增加值79.31亿元，比上年增加19.31亿元，增长32.2%，连续两年在三个层次中保持最快增速。

文化产业法人单位的“相关层”包括文化用品、设备及相关文化产品的生产和销售活动以及体育业，2011年昆明市文化产业相关层实现增加值51.12亿元，比上年增加3.94亿元，增长8.3%。“核心层”“外围层”和“相关层”的增加值之比为32:41:27，文化产业法人单位各层呈健康协调发展态势。

2. 传统文化服务行业发展较快

文化产业法人单位的“核心层”“外围层”和“相关层”的划分，一定程度把传统意义上的文化与新兴文化，以及文化产品生产、流通与文化服务区分开来。通常可理解为“核心层”为传统文化，“外围层”为新兴文化。2011年，昆明市文化产业法人单位的“核心层”增加值为60.73亿元，所占文化产业法人单位增加值比重为32%，位居第二，发展优势明显。在文化产业法人单位“核心层”中，昆明市“出版发行和版权服务、广播电影电视服务”两大行业实现增加值50.01亿元，占文化产业法人单位“核心层”增加值的88.9%，对文化产业有较大贡献。

3. 新兴文化服务行业发展占主导地位

近年来，昆明市的新兴文化服务业发展迅速，总量逐年扩大。2011年，昆明市文化产业法人单位“外围层”增加值占文化产业法人单位增加值比重为41%，所占份额最大，增加值位居文化产业法人单位行业的首位，这表明新兴文化服务业是昆明市文化服务的主体。在新兴文化服务业行业内，文化休闲娱乐服务业比重占80.2%，是推动新兴文化服务业快速增长的主要因素。同时表明昆明市具有得天独厚的地理环境、区位优势和优秀的历史文化、包容的民族文化。

4. 文化产品的流通行业发展基础良好

文化产品的流通为昆明市文化产业的发展起到了重要的支撑和促进作用。2011年，昆明市“文化用品、设备及相关文化产品的销售”行业实现增加值42.52亿元，占文化产业法人单位“相关层”增加值的83.3%，占全市文化产业法人单位增加值的22.2%，从事相关文化用品、设备及相关文化产品的销售企业1221个，从业人员16994人，发展迅猛，势头强劲，为昆明市文化产业发展提供了较为雄厚的物质基础和保障条件。

（五）人才优势

昆明市教育资源充沛。文化产业作为高科技支持与文化结合的产业，特别需要大批高素质、复合型的新型人才。昆明市是云南省最大的专门人才和高层次人才培养基地，高等院校和各种职业教育较为发达，为昆明市文化创意产业发展提供了重要的智力资源。昆明市基础设施良好，科研院所集中，技术产出丰富，科研成果不断涌现，特别是与文化产业紧密相关的计算机网络等高新技术和产品，为“文化昆明”发展提供了有力的技术支撑。

四、昆明市文化创意产业存在的问题

（一）缺乏全面认识

昆明市虽然有着深厚的传统文化底蕴，但由于社会对创意产业的认识比较淡薄和模糊，政府对创意产业也是初涉新境，尚在认识过程中，对创意产业的内涵、巨大作用等还没有更多的了解，更多的注意力是倾注在传统文化产业发展方面，并未充分意识到创意产业与文化产业的相辅相容特性，对创意产业的培育、发展及其特性缺乏战略性的基础研究。没有充分意识到政府在产业发展的培育、导向上与推动延续性及可持续发展机制的建立上的重要作用。

（二）缺乏项目支撑

昆明市“十一五”开始做文化产业发展规划，“十二五”文化产业发展规划已纳入全市社会经济发展规划。四个城区和石林县也开始做文化产业发展规划。仔细研究《昆明市文化产业发展十一五规划》和《昆明市文化产业发展十二五规划》，可以看出，《规划》阐述了发展文化产业的重要意义，目标任务清楚明了，但没有清晰的路径研究，项目难以支持目标的实现。

（三）缺乏规模效应

据调查，文化创意企业99%以上是中小企业，普遍缺乏资金、信息、管理经验和业务渠道，独立生存能力不强，加上文化创意产业具有较高的市场风险性，这些特点决定了文化创意产业离不开公共服务平台的支撑。由于昆明市尚未建立有利于培育和发展文化创意产业的孵化园区、比较完善的公共服务平台、有效的资源共享平台和信息交流平台，致使昆明市的文化创意产业处于弱、小、散的游离状态。

（四）缺乏专业人才

据中国社科院的一项调研显示，目前文化创意人才仅占就业人口总量的千分之一，行业需求与人才储备之间存在着巨大的缺口；而文化创意人才培养模式的陈旧、激励机制的单一以及人才结构的失衡等方面因素，已成为制约文化创意产业下一步发展的关键所在。缺乏专业人才、专业组织和专业队伍，成为制约文化创意产业发展的“瓶颈”。昆明市文化创意企业缺乏具有原始创意、集成创意、内容创意的人才以及擅长将文化创意产业化和市场化的人才。大专院校设立与文化创意产业相关的专业不够完善。据不完全统计，云南各大专院校专门涉及文化创意产业的专业成立较晚，虽然设立了动漫、设计等专业，但涉及创意产业方面的在校生本科生和毕业生尚不足万人。

五、昆明市发展文化创意产业的对策建议

（一）打造文化创意产业研究平台

文化创意产业是全球产业发展的新兴产业，其理念与传统的制造业发展理念、思维路径和管理经验有着很大的不同。对于我们来说是个新生事物，只有对其进行不断认识，才能把握其发展规律。加强文化创意产业发展的战略性研究是培养文化创意产业的基础和前提。

1. 组建“昆明市文化创意产业发展智囊团”

邀请一批文化创意产业方面的专家、学者、企业家等，组成昆明市文化创意产业发展智囊团，通过举办讲座、结对帮扶及网上咨询等方式为昆明文化创意产业发展提供智力支持，为党委和政府科学决策提供服务。

2. 面向全国公开招标昆明市文化创意产业研究课题

为学习了解、深入研究和把握世界各国文化创意产业发展的趋势、理论、战略、策略、成果、经验、方法和措施，结合本地经济和社会发展现实，深入研究文化创意产业对昆明市社会经济发展的深远影响，提出昆明市培育和发展文化创意产业的模式、方法、措施等，为昆明市开拓跨越式发展的新途径提供依据。昆明市以文化创意产业发展战略研究为由头，组织开展重点课题研究和大型学术交流活动，每年公布文化创意产业研究课题指南，面向全国公开招标。课题严格按照受理申报、立项评审、立项、课题初审、专家评审、结项等程序进行。每年形成一批具有较高水准的研究成果，编印成《昆明市文化创意产业发展蓝皮书》。

（二）打造文化创意产业人才培养平台

文化创意产业源于人的创造力、技能与才华，其发展前提是要有能自我循环的人才培养机制和体系。文化创意产业不仅要有勇于创新的设计师、美术家、工艺师和策划人，更要有一批擅长将文化创意作品产业化和市场化的创意经营人才和营销人才。只有形成一个具备高度包容性、互补性的文化创意人才生态圈，只有多渠道、创造性地培养各类文化创意人才，文化创意产业才能获得源源不断的发展动力，成为经济发展的新引擎。

就昆明市而言，能否为创意人才提供适合的自然与人文环境，是决定文化创意产业在城市中活力大小的重要标志。昆明市人才虽有，但文化创意人才资源没有形成明显优势。有针对性地培养一个高端人才群需要很长的时间。因此，目前要逐步构建包括文化人才、科技人才、金融人才、现代经营管理人才和决策咨询人才在内的创新创意人力资源体系，建立人才联动机制。

1. 摸清底数，制定奖励政策

摸清昆明市现有文化创意产业的人才底数，制定相关人才发展的奖励政策和措施，营造全社会尊重文化创意人才的氛围，加快培育、引进、壮大昆明市文化创意人才队伍。加强与省、市高等院校的联系，在有条件的重点高校设置相关专业，推动校企联合，"订单式"培养文化创意人才。选派文化系统干部、文化创意企业负责人到全国著名文化创意企业挂职学习，更新观念，招商引资，推动文化创意产业发展。

2. 举办大赛，发掘创意人才

通过举办各种创意设计大赛，让潜藏在民间的创意人才脱颖而出。设立文化创意人才中介服务机构，不断发掘创意人才，尤其注重培养复合型人才，努力创造让优秀人才脱颖而出的良好社会环境。对有突出贡献的文化创意产业经营管理、艺术创造和工程技术人才设立奖励基金，充分调动各类文化创意人才的积极性。

3. 营造环境，培育拔尖人才

营造有利于文化创意人才脱颖而出的良好环境，努力造就一批在国内外具有重要影响的文化名人和文化大师，选拔培养100名左右具有较大影响的文化创意拔尖人才，200名左右优秀青年文化创意人才。

4. 不拘一格，选拔急需人才

加快文化创意人才培养的步伐。把文化创意产业急需人才纳入昆明市人才引进计划，不拘一格，广开渠道，采取优惠政策，依托重点作品、重大项目和品牌文化活动，大力引进文化艺术、文化经营和文化科技等专业的高、精、尖人才。着力造就一批在国内外有重要影响的文化创意名家。加快培养、培训文化创意研发设计、经营管理、营销经纪人才，着力培养中青年优秀艺术人才和濒危艺术品种的传人。建立健全奖励机制，着力建立尊重知识、鼓励创新、唯才是举、公平竞争的人才激励机制，使一切文化创意愿望得到尊重，一切文化创意活力得到发挥，一切文化创意才能得到支持，一切文化创意成果得到肯定。努力营造有利于文化创意产业人才发挥聪明才智的舆论环境、工作环境、生活环境、人文环境和政策法规环境。

（三）打造文化创意产业投融资平台

降低市场准入门槛，进一步放宽民间资本和外资进入文化创意产业的限制。鼓励一切有实力、有条件的国有、民营企业进入文化创意产业领域，允许和鼓励文化创意企业进入资本市场。注重有关方面的监督工作，对各种投资行为加以规范，以确保文化创意产业资本市场的形成和健康发展。

完善投融资政策和融资担保方式。采取政府引导、市场运作的方式，为文化创意企业融资提供担保，允许用房屋、机器、设备、土地使用权等作抵押。

金融贷款。积极引导金融机构增加文化创意企业贷款，支持重大文化创意项目建设。对效益佳、成长性好的文化创意企业，金融机构可按规定向其开放资产抵押贷款业务。

上市融资。鼓励和支持有实力的文化创意企业进行股份制改造，通过资产重组、借壳上市、发行债券等方式，积极进入资本市场融资。

民间资本。引导民间资本进入文化创意市场，鼓励社会各界在国家政策允许的范围内，以参股、合伙等多种形式，参与和兴办文化创意领域的投资和建设。

拓宽投融资渠道。鼓励银行业金融机构积极开展相关业务，大力推进“银文合作”等模式，支持文化创意企业借助资本市场做大做强，鼓励文化创意企业发行文化债券。

（四）打造文化创意产业政策支持平台

政策的扶持，是最大的扶持；政策的浪费，是最大的浪费。近年来，昆明市相继出台了《关于进一步开放文化市场大力发展文化产业的实施意见》《昆明市政府采购公共文化产品和服务管理办法（试行）》《昆明市博物馆业发展奖励办法（试行）》《昆明市鼓励和扶持动漫产业发展办法（试行）》《昆明市优秀影视作品奖励办法（试行）》《昆明市优秀文学作品创作出版奖励办法（试行）》《昆明市哲学社会科学研究成果奖励办法（试行）》等一系列扶持文化发展的政策文件，在用足用好这些政策的基础上，还需要深入研究，进一步完善促进文化创意产业发展的体制机制，建立健全税费、场地、准入、审批、融资等方面的优惠政策，逐步建立系统性的政策体系，为文化创意产业发展营造良好的政策环境。

1. 加大财政扶持力度

加大政府对文化创意项目的投入和扶持力度，走项目带动发展道路。按照《昆明市文化产业发展专项资金管理使用暂行办法》的规定，通过贷款贴息、项目补贴等方式，大力推进文化创意项目的建设，重点打造一批发展潜力大、科技含量高、文化内涵丰富的龙头文化创意企业、文化创意产业聚集区。设立昆明市文化产业发展引导基金，引导金融机构的信贷资金向文化创意企业倾斜。

转变财政扶持方式。落实《中共昆明市委办公厅昆明市人民政府办公厅关于印发〈昆明市政府采购公共文化产品和服务管理办法（试行）〉等六个文件的通知》，对公共文化产品采购、博物馆业发展、影视动漫产业发展、优秀文学作品创作出版、哲学社会科学研究等领域实行“花钱买服务”“以奖代补”“养事不养人”，发挥资金杠杆效应，增强发展活力。

2. 落实税收政策，落实西部大开发优惠政策

对国家规定的鼓励文化产业项目为主营业务，且当年营业收入超过企业收入70%的，减按15%税率征收企业所得税；在税收减免方面，国有企业与民营企业实行同等待遇。

对符合国家税务政策的新办或转制的报业、出版、影视等文化企业，报经税务机关批准，自开业之日起，免征3年所得税，免征5年城镇土地使用税。

对文化创意企业发生的广告费用支出，允许按照规定标准在税前扣除；对于社会力量通过政府批准设立的非营利性的公益组织给予文化事业的捐赠，经税务机关审核后，可在年度企业应纳税所得额或个人应纳税所得额的一定比例内扣除。

3. 加大土地政策扶持

加强文化创意产业发展的规划编制和规划实施。文化创意产业基础设施建设和文化创意产业项目在初步选址时应与国土部门衔接，确保项目符合新一轮土地利用总体规划，以保障项目顺利实施。依法简化文化创意企业用地的审批程序，在法律法规政策许可范围内，优先安排文化创意企业用地。对用于文化创意产业基地或项目建设的新增用地，符合条件的可给予优先安排用地指标。

4. 加大金融支持与创新

落实中央宣传部、中国人民银行、财政部等部门《关于金融支持文化产业振兴和发展繁荣的指导意见》，鼓励银行业金融机构加大对文化企业的信贷支持力度。与金融机构共同研究制定金融支持文化产业发展的政策和办法；建立全市性的文化企业贷款、贴息支持机制；广泛吸引各类资本进入文化领域，投资文化产业，建立文化产业发展基金、创业投资基金；支持和鼓励有条件的文化企业上市融资、并购重组，做大做强。

5. 完善市场准入政策

从准入标准、准入程序和监管办法三方面，完善昆明市文化创意市场准入政策，进一步降低文化创意领域的市场准入门槛。制定昆明市文化创意产业投资指导目录，明确昆明市鼓励的文化创意项目，根据国家政策引导民营资本进入昆明市优先发展的文化创意领域。

放宽文化创意投资注册资本条件。凡从事文化创意开发、经营的文化创意企业，公司注册资本可适当低于一般企业的注册资本，有限责任公司注册资金可在3年内分期注入；从事文化创意开发、经营的个体工商户，注册资金不受限制。

允许投资人以商标、技术、专利等无形资产评估作价，出资组建文化创意企业。无形资产作价比例，最高可占注册资本的40%。

6. 保护产权，加强执法

加大执法力度，实施知识产权保护工程。一是加强知识产权保护，营造有利于企业自主创意的市场环境和氛围。由知识产权局牵头，形成由工商、公安、海关、技术监督等等相关部门组成的知识产权保护联动机制，进一步规范市场秩序和加大对制假贩假的打击力度，加强对昆明市重点领域、重点文化创意企业、知名品牌商品的重点保护，切实保护企业自主创意成果和利益，提高企业创意的积极性。二是政府采购优先购买当地的“自主创新、自主知识产权”商品，创建以购合法产品为荣、买侵权品为耻的文明社会，将昆明逐步建设成为创意性较强的城市。

（五）打造文化创意产业项目运作平台

项目是文化创意产业发展最基本、最主要的载体，是文化创意产业发展最直接、最有效的抓手，在文化创意产业发展中显得十分重要。从某种意义上讲，一个重量级的文化创意产业项目可以牵动一个城市的文化发展，甚至可能成为一个城市的文化丰碑。没有项目支撑，再美的图纸也只是一纸空文，再好的规划计划也只是空中楼阁。因为，文化创意产业发展的成果，最终必须落实到项目的建设实施上，落实到文化创意产品的生产上，落实到文化品牌的塑造上。

1. 从文化资源中充分挖掘优势文化项目

文化是城市的灵魂。一座没有文化底蕴、缺乏文化个性的城市，很难成为真正意义上的现代文明城市。纵观国内外名城，不同的城市由于文化资源、文化形态、地域特征等方面的差异，其文化发展模式也是各具特色。但总的来说，只有坚持“有效利用优势资源，充分彰显地域特色”的原则，才能更好地促进文化大发展、大繁荣。千百年来，生活在昆明大地上的各民族人民，共同创造了灿烂辉煌的历史文明，形成了以璀璨夺目的青铜文化为标志的古滇文化，以滇池、石林、九乡、安宁温泉等国家级风景区为亮点的山水文化，以多元民族风情为特点的民族民间文化，以著名的护国首义和滇缅抗战为代表的近代革命历史文化，以郑和、聂耳和云南讲武堂、西南联大著名人物为代表的历史名人文化。昆明悠久的历史，独特的区位，广阔的市场和差异的优势，为文化创意产业发展提供了广阔的空间。充分发掘、整合、开发昆明丰厚独特的资源优势，突出鲜明的地域特色和个性特征，精心打造古滇文化、革命历史文化、民族民间文化、山水文化、名人文化和都市文化六大品牌，以品牌扩大影响，吸引资本，占领市场。

2. 从政策导向和投资取向中运作文化创意产业项目

认真研究文化产业政策，着眼经济结构战略性调整，瞄准产业发展趋势，从产业链的延伸中开发文化创意产业项目；准确把握投资热点和资本流向，从文化市场需求和国内外文化投资者的投资取向中运作文化创意项目。着重发展新兴产业，挖掘比较优势，巩固提升传统优势产业，重点发展创意设计、现代传媒、动漫游戏等九大产业和文化演艺市场，图书和音像制品、文化用品、印刷包装市场，文化旅游市场等十大市场。

3. 夯实项目基础，做好文化创意项目推进工作

做好文化创意项目前期工作，是项目顺利推进、投产达效的前提和基础。精心做好文化创意项目的策划、包装和推荐，并根据经济运行、市场供求和自身条件的变化，及时更新调整文化创意产业项目储备，形成开发一批、储备一批、推介一批、实施一批、跟踪一批的良性机制。聘请高水平专业机构和国内外专家，进行市场调查、技术考察和分析论证，建立健全由文化创意规划项目、新建项目、续建项目组成的项目储备数据库。同时，坚持项目管理专业化、项目工作责任化、项目责任具体化，做实做细做深项目前期工作，提高项目成熟度和吸引力。做好文化产业项目跟踪管理，坚持市、县（市）区两级领导联系、协调、服务文化创意产业重大项目制度，切实强化对项目推进的链式服务，对意向项目抓跟踪、抓落实，促进意向转化、早日签约；对签约项目抓到账、抓开工，促进资金到位、项目落地；对在建项目抓协调、抓投产，促进项目竣工、投产达效；对投产项目抓增资、抓扩股，促进规模扩张、配套延伸。通过狠抓项目推进，使项目尽快转化为现实生产力和发展推动力。

4. 培育项目主体，加快推进文化创意产业发展

企业是文化创意项目的主体，培育文化创意项目主体，是加快文化创意产业发展最有效、最实在的举措。建立健全以文化创意企业为主体、以文化创意项目为基础、以文化创意园区为基地、以文化创意中介为纽带的招商引资模式，不断发展壮大文化创意项目主体。加大对文化创意企业的扶持力度，鼓励文化创意企业跨地域、跨行业、跨所有制经营和重组，支持中小型文化创意企业加快发展，扶持一批有带动性的龙头文化创意企业。鼓励和支持骨干文化创意企业迈出国门，融入国际文化创意产业链，提高文化创意产品附加值，增强文化创意产业的国际竞争力。

5. 发挥集聚效应，不断夯实文化发展的载体平台

《文化产业振兴规划》是我国第一部文化产业专项规划，该规划指出，文化产业基地的建设是新兴文化产业发展初期必经的阶段；并提出坚持统筹规划，做好文化产业基地的规划和建设。十八大报告提出："促进文化和科技融合，发展新型文化业态，提高文化产业规模化、集约化、专业化水平。构建和发展现代传播体系，提高传播能力。"集聚产生规模效益，集聚需要平台载体。借鉴开发区建设的经验，建设一批布局合理、错位发展、特色鲜明、效益突出的文化创意产业基地和园区，加快文化创意产业集聚发展，促进文化创意生产要素和相关文化创意企业集聚发展，提高文化创意产业发展规模化、集约化、专业化水平，以产业集聚的方式来推动文化创意产业发展，这是昆明市建设特色文化创意产业群的必由之路。继续优先利用主城"退二进三"中的工业企业原有用地、厂房、仓库，和在其他发展空间大、基础条件好的县（市）区规划新建一批布局合理、效益突出、错位发展的文化产业集聚区。大力推进金鼎"1919"文化艺术高地、昆明老街、昆明玉器城、文化空间等文化创意集聚区建设，将文化创意产业链向上、下游延伸，实现集群发展，彰显规模效应。加快"昆明泛亚文化传媒中心"的规划建设。

“昆明泛亚文化传媒中心”已经列为昆明市“十二五”期间重点建设的文化创意产业项目。“昆明泛亚文化传媒中心”以呈贡新区为依托，以超前的战略眼光，合理的定位与规划，同时按照产业链经营的方式，打造区域性特色文化创意产业群，以营造适宜文化创意产业发展硬件环境和宏观政策环境来集聚文化创意企业，推动昆明市的文化创意产业发展。“昆明泛亚文化传媒中心”将构建综合创意产业平台，打破行业分割条块垄断，整合社会资源，发挥集聚效应，培育创意市场，打造并完善创意产业链，形成创意企业发展群落。“昆明泛亚文化传媒中心”将构建虚拟产业园区的信息数字港，以最新的技术方式，让创意企业实现产、学、研等各个链条上的数字化高端整合，从而适应国际竞争。

当前，文化创意产业发展迅猛，各种创意产业园如雨后春笋般建成，竞争日趋激烈。昆明市需要紧扣文化创意产业发展脉搏，发挥比较优势，制定发展规划，找准产业定位，完善政策体系，创造一个良好的宏观政策环境，推动昆明文化建设的跨越发展。

（作者单位：昆明学院）

昆明历史文化名城的保护与规划

张志宏

承载历史和文明的文化古迹，记录着城市变迁、兴衰、演化的沧桑岁月，传承着一代代市民生活进化的历史文脉，如同发展经济以改善人民生活水平一样，保护文化古迹也是一项举足轻重的民生工程。昆明是国务院公布的首批 24 个历史文化名城之一，拥有 3 万多年的人类生活史、2400 多年的滇中文化史、1240 多年的建城史，独具高原风光之美、历史文化之美、民族风情之美、都市时尚之美。为全面提升城市对外形象，展示春城丰厚文化底蕴，昆明市加快把历史文化名城保护和建设驶入快车道，立足以历史名城符号对接当代，走出一条差别竞争、特色取胜之路，让昆明这颗高原明珠更加光彩夺目、熠熠生辉。

一、昆明历史文化名城保护的历程与重要意义

历史文化名城是昆明的一扇窗口、一张名片，做好历史文化名城保护工作就是擦亮这一扇窗口、一张名片，而历史文化名城保护规划工作就是一把擦亮窗口和名片的刷子。当前，昆明正处于建设现代新昆明、推进区域性国际城市的黄金期，开展和做好昆明历史文化名城保护工作，对加快建设美好幸福新昆明，打造美丽春城，共同把昆明建设成为最具魅力，最有幸福感、归属感、自豪感和安全感的宜居宜人新都市具有重要意义。

一是开展和做好昆明历史文化名城保护工作，是对重要历史文化名城保护与抢救的重要举措。昆明是第一批国家级历史文化名城、西南地区省会级名城，历史底蕴深厚悠远，文化遗产丰富多样。然而，从现状看，昆明名城保护状况堪忧，城区内尚且保留的历史遗存已为数不多，与其历史价值地位不相符合。特别是在新一轮的城市化建设浪潮中，昆明历史文化名城和各类文物遭到各种各样的破坏，名城和文物的保护也面临前所未有困难，大力开展昆明历史文化名城保护与抢救的工作已刻不容缓。

二是开展和做好昆明历史文化名城保护工作，是提升昆明城市特色与竞争力的重要措施。文化软实力已成为城市竞争的重要内容，城市的历史文化特色逐渐成为城市竞争力的重要组成部分。因此，昆明必须从战略高度强调以名城保护为代表的文化遗产保护，将其纳入城市经济与社会发展计划，积极带动相关产业发展，惠及民生，使得文化遗产的保护与利用工作能够真正地为昆明发展做出贡献。

三是开展和做好昆明历史文化名城保护工作，是建设美好幸福新昆明和打造美丽春城的重要内容。昆明历史地位突出，文化积淀深厚，对于城市历史文化遗产的有效利用与展示逐渐成为促进未来城市高品质建设发展的重要手段。城市的灵魂是文化，钢筋水泥堆不出市民幸福感，只有高楼大厦，而没有文化内涵和历史记忆的城市，只可能是“精神和文化空城”。历史与文化的厚重感是城市的无价之宝，昆明历史文化名城的老街、老屋是承载着历史记忆的建筑符号，有着丰富的文化积淀，既是心灵的寄托，价值的认同，也是一种生产力。开展和做好昆明历史文化名城保护工作，对城市文化历史深度挖掘，塑造城市的特点，在让春城更美丽的进程中，也将进一步增强人民群众的幸福指数和幸福感。

二、昆明历史文化名城保护取得的成绩和存在的问题

昆明是1982年国务院首批公布的我国第一批历史文化名城，多年来，昆明市政府及相关部门在历史文化名城保护方面开展了很多工作。1983年10月，市政府编制了第一份《昆明历史文化名城保护规划》，1995年7月云南省人大常委会通过《昆明历史文化名城保护条例》，1996年昆明市完成了历史文化名城保护专项规划。2002年昆明市人民政府开展“保护建筑”的调查与挂牌工作，分别进行“第一二批保护建筑”的挂牌工作。2006年市政府批准《文明街历史文化保护区紫线划定方案》和《文明街历史文化街区修建性详细规划》。这些工作的开展促进了昆明历史文化名城保护取得了一定成效。一是对具有重要历史意义的生态环境进行了治理与改善。对于滇池、长虫山生态公园、盘龙江滨江绿带、莲花池公园等具有重要历史意义的城市生态环境积极进行环境治理，使得城市历史空间环境要素得到有效的保护。二是对具有重要历史价值的文物古迹进行了保护修缮与利用。对云南陆军讲武堂、官渡金刚塔、真庆观等具有重要的历史文化价值的文物进行较好的保护和修缮，同时结合城市文化事业发展对其进行妥善利用，带来了较好的社会与经济效益。三是古城中轴线的环境得到明显改善。城市中轴线是昆明古城重要的历史空间，中轴线上的包括金马碧鸡坊、东西寺双塔等在内的历史遗存都具有较高历史文化价值，目前，昆明市通过重建金马碧鸡坊、打通东西寺双塔景观视廊、规划正义路步行街等措施，有效地改善了古城中轴线的空间环境，一定程度上使人们找回了对于昆明古城的空间记忆以及实现了对于历史城市的文化诉求。

另外一方面，由于没有系统的对历史文化名城进行保护，我市历史文化名城保护工作还存在以下问题。一是古城空间格局和风貌面临消亡。传统历史名城视廊遭破坏，传统历史名城风貌已经基本完全消亡，在传统视廊消失的过程中，没有指导新视廊形成的明确规划和设计。由于新小区高楼崛起，“三山一湖”之间的互视廊道被阻隔，圆通山与翠湖之间的视线联系被完全隔断，翠湖至大观河、大观楼望草海的视廊也已基本不存。历史城区内传统街巷格局虽然得以保留，但传统界面和尺度基本不存。部分街巷拓宽，两侧原有绿化不成体系，尺度与肌理已不存，只保留了原有走向，如人民东西路的拓宽，贯通了城隍庙街、文庙横街和熟皮坡。还有大面积的代表昆明传统风貌的历史街区已逐片拆除，如宝善街、大观街和同仁街等。二是保护和发展的矛盾比较突出。昆明历史文化名城的保护与发展之间仍面临严峻的问题。作为云南省的政治、经济和文化的中心，客观情况导致昆明市的人口和建筑高度密集，环境交通压力不断增大，城市的发展使得老城原有的空间尺度和肌理不断发生变化。尤其是上个世纪九十年代为了适应城市建设的快速发展，历史城区内重要的传统格局和视廊遭到了不同程度的破坏。如对历史城区内金碧路、城隍庙街、文庙横街等传统尺度街道的拓宽；宝善街、大观街、同仁街等历史风貌片区的大拆大建。三是规划管理实施制度不健全。昆明市历史文化遗产保护工作虽已全面开展，但面临着法规不健全，规划编制落后，资金短缺，专业技术人才不足的问题。在保护利用与开发管理方面存在有条块分割现象，对于很多历史文化遗产，文物、旅游、园林、建设、宗教等部门各管一段，缺乏统一调配与分工协作。四是古城自然环境与山水格局的保护还需强化。在我国传统城市文化中，非常重视自然山水与古城选址营建之间“天人合一”的关系。我市历史文化名城保护从宏观层面讲对自然环境文化价值的认识还不够。古城和周边的部分山体、水体自然地貌仍然在遭受破坏，长虫山受到采石的破坏，部分山体挖采严重，植被毁坏；河湖水系不成系统，部分水系，如金汁河被切割成数段；城市污水直接排入自然水体，水质堪忧；城市中的自然水系两侧绿化环境不成系统，缺乏与城市开放空间的整合；历史城区与长虫山、金马山、凤凰山、玉案山之间的视线通廊受到部分高层建筑的阻隔。五是历史街区的保护更新模式值得商榷。目前对于昆明历史街区层面的保护利用方法存在一定问题，尚未形成一套成熟的工作思维。保护工作仅限于重视对文物和历史建筑的保护，而忽略了对整体风貌历史遗存周边环境和非物质文化遗产的保护。对传统街巷和保护主体认识不足，街区的历史文化尚待整理、挖掘和展示。六是传统村镇的保护工作滞后。目前昆明市域内传统村镇总体上虽具有一定规模，但大多各自为政，尚未形成一套科学系统的保护体系，诸如没能在空间上形成明确保护结构，也没能依据不同的民族文化类型以及不同的聚落发展水平进行分类分级保护机制，保护水平还亟待提高。七是历史资源的展示与利用不足。昆明市现阶段对于众多历史资源的展示与利用工作还不足，表现为保护与展示过程中物质与非物质遗产结合不够。名城文化设施建设与文化活动开展工作不足，缺乏对历史文化资源展示和利用线路的合理规划布局。

三、开展新一轮昆明历史文化名城保护的新要求与保护思路

在新时期，应结合新一轮规划与城市发展，按照历史文化名城保护新要求，开展和做好昆明历史文化名城保护工作。

（一）历史文化名城保护的新思路和新标准

1. 新思路

从时间与空间两个维度扩展对历史文化遗产的认识与保护，对城市时间维度的历史沿革与空间维度的历史地理进行关联分析，树立整体性、系统性和时空性观念，加深对名城整体价值的认识。结合文化线路与文化景观等文化遗产类型，对区域内不同级别的、自然与人文的、物质与非物质的遗产进行系统性整合、包装和开发，丰富名城遗产内涵，提升历史文化名城价值。充分认识名城所含各类文化遗产的历史、文化、科学、艺术等价值，注重探索与保护相得益彰的展示利用方式，让文化遗产保护创造更多的社会、经济、文化综合效益。

2. 新标准

国家新出台新的《历史文化名城名镇名村保护规划编制办法》对历史文化名城保护提出一些新的技术标准和要求。主要是要对历史文化名城所在行政区范围内具有历史文化价值的村镇、文物保护单位、不可移动文物、历史建筑、古城的山川形胜等进行综合系统保护。特别应对名城传统格局、历史风貌、空间尺度及其相互依存的地形地貌、河湖水系等自然景观和环境进行保护。

（二）昆明历史文化名城保护规划的目标、原则与框架

1. 保护目标

建构科学合理的保护框架，针对物质与非物质文化遗产特点进行综合保护与利用，进一步对历史文化名城资源进行保护、科学挖掘和可持续利用，擦亮昆明历史名城名片。

2. 保护原则

昆明历史文化名城保护原则主要有六个。一是全面保护。建构系统完整的保护框架，对历史文化名城所涉及内容进行全面保护。二是真实性。深入挖掘、研究历史文化遗产，利用现代科技手段确保文物和遗产历史真实性。三是整体性。

针对昆明名城自然与人文并重的特色，明确对所有遗产要素与环境进行整体保护。四是合理利用、永续利用。对历史文化遗产的利用不能急功近利，过分追求经济效益，应在保护的前提下，对各类历史文化遗产进行合理利用，保证可持续发展。五是科学保护。科学合理地进行保护范围划定、区划协调，提出保护措施。六是公众参与。提升公众参与意识，号召社会各界通过各种途径和形式，主动参与到遗产保护活动中来。

3. 保护框架

从2011到2020年期间，依据历史文化名城名镇名村保护条例、云南省历史文化名城名镇名村名街保护条例、昆明历史文化名城保护条例等国家、省、市相关法律法规，对昆明市域范围历史文化，划分为全市、环滇池地区面积约2180平方公里、历史文化名城6.8平方公里核心区，分为历史文化名城、历史文化街区和文物保护单位层次三个保护层次，包含历史文化相关的自然环境要素、物质文化遗产、非物质文化遗产，文化线路与文化景观五类保护内容，进行科学合理保护和开发。

四、新一轮昆明历史文化名城保护的主要内容

昆明市开展的新一轮昆明历史文化名城保护工作主要涉及对市域、环滇池地区、历史文化名城、历史文化街区方面的内容。

（一）市域的保护

就是对全市范围内的历史文物古迹进行保护，市域的整体保护结构为“一区、两线、四片、多点”。“一区”是环滇池地区，为整个市域的保护核心；“两线”是古驿道、滇越铁路两条重要文化线路在昆明市域内的段落；“四片”是石林国家级风景名胜区、九乡国家级风景名胜区、阳宗海省级风景名胜区、安宁温泉风景名胜区等四片风景名胜区；“多点”是市域范围内、环滇池地区之外的历史村镇等重要保护节点。市域保护过程中，应明确环滇池地区的核心地位，并加强其与外围文化线路、风景名胜区、特色村镇在保护与利用上的协调互补。通过古驿道、滇越铁路等文化线路的保护，串联起市域范围内部分少数民族特色村镇、历史村镇，进行整体系统的展示利用。石林等四片风景名胜区应要与市域内其他保护要素统筹考虑，其中石林风景名胜区应与古驿道文化线路保护结合，阳宗海风景名胜区的保护应重点考虑其生态环境，以及有别于滇池的景观特色，安宁温泉风景名胜区的保护要重点考虑对其区内历史建筑与环滇池地区的历史建筑进行系统保护与利用。

1. 环滇池地区（“一区”）

环滇池地区是整个昆明市域中心，昆明整个历史的主要活动均在这一区域范

围内发生，对这一区域保护就是对昆明主要有中国特色文化文物古迹的保护。应对这一区域历史文物古迹进行整体研究分析，以滇池北岸的昆明历史文化名城与滇池南岸古滇王国两大中心为龙头，有机地将其他历史文物古迹串联起来，开展环滇池地区历史文物古迹保护和开发工作，打造全国乃至文化旅游中心和休闲度假目的地。

2. **古驿道、滇越铁路两条重要文化线路（“两线”）**

对古驿道文化线路的保护。应对线路涉及的重要遗产资源进行保护修缮，如禄裱清风桥、禄裱驿站会馆、安流桥、化城穿心阁等，加强文化线路周边的生态环境保护，并与昆明周边曲靖、楚雄等地区内古驿道文化线路片段进行衔接，促进文化线路保护的区域协调，逐步增强对古驿道文化线路的宣传与合理利用。对滇越铁路文化线路的保护。应对滇越铁路沿线的相关建筑物、路基铁轨进行抢救性修缮保护，对机车等滇越铁路遗物进行妥善保存，进一步推广已经向社会开放的云南铁路博物馆、滇越铁路西庄站旧址陈列馆，与玉溪、个旧等地区和越南境内滇越铁路文化线路片段进行衔接，促进文化线路保护的区域和国际协调，严禁一切破坏行为，择机对铁路沿线环境尤其是临时建筑进行整治，深入挖掘滇越铁路历史文化内涵和遗产遗迹的文化价值，对相关的铁路建筑和设施进行适当的展示利用。

3. **石林、九乡、安宁和阳宗海等四片风景名胜区（“四片”）**

对石林风景名胜区的保护，加大景区内的岩溶地质资源、新旧石器遗址遗迹、青铜器遗址遗迹、彝族传统文化等重要遗产的保护，借助世界遗产申报成功的有利时机，加大宣传力度，提高知名度，加快发展旅游业，带动区域经济增长。对九乡风景名胜区的保护，在加快法制化规范保护的前提下，应对景区内的溶洞地质资源进行严格保护，适度发展旅游，建设集地学资料、学术研究、自然景观于一体的地质旅游风景名胜区。对安宁温泉风景名胜区的保护，建议结合风景区管理条例，加强基础设施与服务设施建设，提高景区环境品质，打造融娱乐休闲疗养于一体的风景旅游胜地。对阳宗海风景名胜区的保护，加大对保护区内的自然河（汤泉河）湖生态环境，科学系统地进行环境污染整治工作，严格控制周边建设，全面保护阳宗海生态环境，建设使人们回归自然的理想自然旅游区。

4. **历史村镇等重要保护节点（多点）**

加大对保存较完整、内涵较丰富、特色鲜明、体现当地民族传统风貌特征的历史村镇的保护力度，将价值特色特别突出的村镇积极申报为历史文化名镇名村。加强各类基础设施建设，改善历史村镇的设施条件，适度开发旅游项目，避免旅游项目建设对于历史村镇的建设性破坏。控制村镇建设的无序蔓延，宜在老村或老镇区之外另辟新村或新镇区，新村或新镇区的建设在建筑风貌、高度、色彩等方面与历史村镇片区相协调。

（二）环滇池地区的保护

环滇池地区是整个昆明市域中心，保护结构为“四山、六河、一湖、一城、一个特色村镇体系、七片文化遗产聚集区”。其中四山（长虫山、碧鸡山、金马山、白鹤山）、六河（盘龙江、宝象河、马料河、海源河、白沙河、银汁河）为环滇池地区自然环境要素的典型代表；“一湖”指融合了优美自然风光与沿岸丰富人文景点的滇池；“一城”指明清云南府城所在的昆明历史城区，为环滇池地区的文化核心；“一个特色村镇体系”包括环滇池地区内价值与特色鲜明的历史村镇与少数民族特色村镇；此外在环滇池地区内文化遗产较为集中的地区划定七片文化遗产聚集区，即西山文化遗产聚集区、金殿—黑龙潭文化遗产聚集区、官渡文化遗产聚集区、呈贡文化遗产聚集区、海口文化遗产聚集区、昆阳文化遗产聚集区、晋城文化遗产聚集区。

1. 自然山体的保护（“四山”）

山是昆明的精神，对山体的保护，就是坚定、担当、务实那种昆明人精神的一种爱护和保护。要严禁开山采石、挖沙取土等破坏山体景观的行为，重点整治面向滇池区域，加强对影响环境的工厂企业的关停工作力度，对于西山、观音山等山体损毁区域要采用山体修补、梯级绿化等方式进行生态修复，恢复原有的山形山势和林木景观。控制位于山区中村落的建设蔓延，严格保护长虫山、金马山、碧鸡山三大神兽山的山体轮廓线、制高点，严格保护山体之间、山城之间的视线通廊。

2. 河流水体的保护（“六河”）

河流承载着一个地方千古的风情，人们沿河而居，生活、生产，相应风俗、文化、精神等也由此产生。建议从宏观层面认识自然水体在滇池地区甚至更大范围内的生态价值，通过区域内的整体生态环境改善、控制对地下水资源攫取来保证水系统的完整。对于盘龙江、老宝象河等在城市中穿城而过的自然河流，应严格控制对其河道的“裁弯取直”，加强对河道自然岸线、自然河床的保护。对于盘龙江、金汁河等穿过城市建成区的河段，加强两岸景观环境控制，对河道两岸的整体风貌进行景观设计，形成良好的城市滨水天际线，同时对于重要节点进行详细设计，构筑滨水整体景观体系。深入挖掘与新宝象河、马料河等人工河流开凿的历史文化典故与相关遗产，并通过多种手段充分展示人工河流的历史文化内涵。

3. 滇池的保护（“一湖”）

滇池是昆明的母亲湖，是云贵高原上的明珠，是昆明历史文化的源头，保护滇池就是对昆明重要历史文化的保护。建议严格按照《昆明总体规划修编(2008—2020)》中城市生态环境保护规划的要求，改善环滇池地区生态环境，加强对滇池湖滨湿地系统的保护。重点加强对草海北岸与东岸、海口镇滇池出水口周边生态环境的修复，严格控制建设用地侵占现有生态环境。保护滇池湖岸的绿化环境并加强种植，在重要节点营造开敞空间，创造滨水公共活动场所。

4. **昆明古城的保护（“一城”）**

昆明古城已淹没在正在崛起的昆明现代新城市之中，昆明古城的保护就是要在正在加快城市建设中，尽可能多的保留昆明古城有中国特色文物和风韵。通过城市设计勾勒并加强古城轮廓（明清云南府城）的整体可辨识度，强调古城与周边自然环境的联系，集中布置高层建筑，重点保护从长虫山、金马山、凤凰山、西山、玉案山等周边山体观看古城的视线通廊，通过计算自然山体和古城之间的直线距离与自然山体高度的比例关系，同时结合建筑层高要求，对山城视线通廊范围内的建筑高度加以分段控制，以保证周边山体观看古城的视线通畅。

5. **特色村镇体系的保护（一个特色村镇体系）**

对少数民族特色村镇及历史村镇应加强保护，严格保护各民族传统民居形式，研究并继承其空间布局以及构造方式的特色，要求新建民居必须继承其传统风貌，避免对于村落整体风貌的破坏，建议保护高桥村彝族民居与彝族传统文化，重点保护与古驿道文化线路有关的历史文物遗址。严格保护大东冲村、乌龙村、石寨村等村寨周边的山水环境，避免其生态环境遭到破坏，同时进行合理的景观设计，更好的展示山水景观的秀丽景色。深入挖掘与官渡古镇、海晏村等村镇形成相关的古码头、古渡口的历史典故，同时结合博物馆、文化站、石碑等加以展示，开展相关历史题材的旅游线路设计，大力宣传传统文化。考虑龙泉古镇未来建设与北部新城建设相结合，对村镇内文化遗产坚持“应保尽保、系统保护”的原则。深入挖掘与抗战时期中央研究院历史语言研究所、营造学社等重要学术机构相关的历史文献以及对应的实物遗存，加大进行梁思成、林徽因故居、中央研究院历史语言研究所旧址等文物保护工作。

6. **文化遗产聚集区的保护（“七片文化遗产聚集区”）**

西山文化遗产聚集区保护重点为“山、海、寺、墓、楼”，一山指西山，一海指草海，一寺指筇竹寺，一墓指聂耳墓，一楼指大观楼。金殿—黑龙潭文化遗产聚集区的保护，重点为“一观两宫、一园两山”。一观两宫指以太和宫、龙泉观、黑龙宫为重点的传统宗教寺观，一园指黑龙潭公园，两山指太和宫、龙泉观、黑龙宫所处的鸣凤山、龙泉山。海口文化遗产聚集区的保护，重点为“一镇、三点”，一镇指海口镇，三点指海口川字闸、磊楼、观音寺三处重要文物保护单位。昆阳文化遗产聚集区的保护，重点为“墓、园、街”，具体为国家级文物保护单位马哈只墓碑、郑和公园、昆阳老街。呈贡文化遗产聚集区的保护，重点为四个文化保护主题，包括近现代文化保护主题、遗址文化保护主题、特色村镇文化保护主题以及花卉文化保护主题。官渡文化遗产聚集区的保护，重点为“一镇、一河、一山”，一镇指官渡古镇，一河指宝象河，一山指凤凰山。晋城文化遗产聚集区的保护，重点为三个文化保护主题，即古滇国文化保护主题、佛教文化保护主题、遗址文化保护主题。

（三）历史文化名城层次的保护

昆明历史文化名城保护范围包含历史城区与历史文化景观带。历史文化景观带包括大观公园和大观商业城、篆塘公园、大观路两侧的范围，具体为北至西安马路、大观路、白马庙路南至西坝路、新闻路，共计 6.8 平方公里，可概括为"三山绕一湖、城轴带相连"，"三山"指五华山、圆通山、云大山；"一湖"指翠湖；"一城"指原明清云南府城的城郭，旧址为青年路、南屏街、东风西路、圆通公园内道路与云大东门内道路；"一轴"是正义路、三市街、文庙直街、文明街以及沿线历史文化遗存要素形成的城市轴带；"一带"指圆通山、翠湖、篆塘、大观河、大观楼形成的"山、湖、城、河、楼"的历史文化景观带。昆明古城城池变迁区域相对集中于城市一环范围内，中庆城与云南府城是昆明古城城市格局历史文化价值的最集中体现，中庆城与云南府城范围是昆明历史文化名城历史文化遗存分布最为集中的区域。昆明历史文化名城的保护应正视现状，坚持从规划控制的角度入手，坚持应保尽保，将历史城区以及具有一定规模、保存文物较丰富、反映一定历史时期或者具有地方历史、民族特色的历史地段纳入保护名录进行保护。继续实施"疏散古城、发展建设新区"的战略，从整体上协调昆明古城的保护与发展，同时对于重要地区进行重点控制和塑造。

1. 山水形胜，古城选址（"三山绕一湖"）

古城特别是云南府城选址时选取金马山、长虫山、玉案山、碧鸡山与滇池围合的中心平原，依山面水，气势宏大。古城选址相关的山水形胜，尺度控制在以丽正门为核心，6000 米为半径圈层内；总体形成了环山面水的古城选址意象，圈层内部分山水与古城营建有着一定的对位关系。中庆城、拓东城选址依五华山、濒临滇池；云南府城的选址从规避水患以及军事攻防角度出发，选取了较高地区，几乎集中于高程 1892 以上的地区；城墙的修建亦顺应了地形，多修建于坡地上，易守难攻。应保护历史文化名城内"小三山一湖"为主的山水城市空间格局，严格保护圆通山山体轮廓线、制高点，严格保护圆通山自然山体、植被等生态环境，对于已破坏的山体，通过生态修复手段恢复自然山形山势和植被；严格保护云大山特别是云南大学内云大山南坡地形，保护现状坡地绿化，结合云南大学校本部历史地段的保护，强化云大校园自然与人文并重的景观格局；严格保护五华山山体地形，保护山体绿化植被，远期省政府搬迁后，适当植入文化展示功能，强调其作为城市轴带重要节点的核心地位。对以大德寺双塔为中心的原祖遍山周边进行环境整治，适当恢复历史地形，严格控制新建建筑的高度与密度。保护翠湖的湖体与岸线形态，保护水体、植被等形成的自然景观及生态系统，重点保护翠湖水源，改善水质环境，保持自然湖底，营造完整的环翠湖开敞空间，创造滨水公共活动场所。保护盘龙江水体与岸线形态，重点保护盘龙江水源，禁止向盘龙江排放污水，改善水质环境，整治盘龙江西岸环境，打造宜人的滨水空间，连通盘龙江市区沿线的开放空间，强调其作为昆明重要自然景观带的地位。

2. 城垣型制的保护（城轴带相连）

现状城址仅余圆通公园和云大校园内两处遗存，其余现状皆为城市主、次干道：西段城墙（青年路）、东南城墙（南屏街）、西、南部城墙（东风西路）。北部城墙，特别是拱辰门，经现场调研，结合民国时期编纂的《云南市志》插图，可确定为云大东门、北门街、圆西路交叉口处。中庆城、云南府城城墙是昆明古城型制的重要佐证，为体现昆明古城的完整性，应针对不同区段提出相应的保护措施。保护沿河街的走向、宽度与尺度不变。严格保护玉带河的走向、宽度，整治水系沿线污染源，保证水质；加强沿线的滨水景观建设，勾勒中庆城东侧城垣段轮廓。保护青年路南段的走向、宽度与尺度不变，勾勒南诏城西侧城垣段轮廓。统一规划沿河街、青年路、南屏街、东风西路行道树树种、绿化隔离带、人行道铺地、道路设施外观、标识牌等，以区别于其他道路，勾勒原云南府城城郭轮廓。可结合现状开放空间采取适度的方式恢复城门和钟鼓楼，形成节点空间系列，强化云南府城的城郭展示：于近日楼广场、小西门广场、圆通公园门前广场、北门街与圆西路街心绿地，以城市设计手法恢复原有古城门意象，于原大东门、大西门附近做出标识；于护国纪念标所在小广场与景星苑公园，以城市设计手法恢复鼓楼与钟楼。

3. 城市轴带的保护（城轴带相连）

昆明古城的城市轴带是由传统中轴线、文庙轴线与胜利堂轴线共同构成的城市传统空间系统。它包括正义路、三市街、文庙直街、文明街、甬道街等南北向传统街道及其串联的天开云瑞坊、忠爱坊、金马坊、碧鸡坊、东寺塔、西寺塔、文庙等历史文化遗存要素。

4. 历史文化景观带的保护

历史文化景观带是圆通山、翠湖、篆塘、大观河、大观楼等串联形成的古城至草海之间的特色景观通廊。

（四）历史文化街区

随着昆明城市建设进程的加快，昆明市历史文化街区层面的资源也面临改造更新的境地。另一方面，随着人们对历史文化认识的不断提高，历史文化街区层次的保护与利用逐渐成为社会各界关注的焦点。加强对历史文化街区层次的保护，切实解决城市发展过程中历史保护与现实生活及当前经济利益的矛盾，对指导快速发展时期的昆明城市建设的同时，保护好城市历史文化特色具有重要意义。昆明市历史文化街区层面的资源丰富、类型多样。相对于零散分布的文物古迹，历史文化街区层次的资源更能够更加集中地反映城市的历史风貌和文化记忆，是历史文化名城氛围的重要空间载体。重点要加强文明街历史文化街区等七个文化街区、地段保护工作。

1. **文明街历史文化街区**

作为古城轴线的重要组成部分，文明街历史格局、街巷尺度、整体风貌均保存较完整，文物保护单位、挂牌保护建筑、传统风貌建筑、历史环境要素集中，具有较高的科学、美学和研究价值。

2. **南强街历史文化街区**

南强街在清代为南校场，是驻军练武、阅兵、行刑示众的地方。清中叶之后逐渐形成经营珠宝、玉器、毡子、木材、竹器等行业的聚集地。在昆明城市发展历史上，南强街及其周边地区曾经起着较为重要的作用。南强街周边现存民国时期的历史资源较为丰富，现存南强街及其背巷位置、走向、尺度基本与历史上保持一致，延续了历史格局，具有较高历史价值。

3. **晋城古镇上、下西街历史文化街区**

古镇内格局保存较完整，是由上西街、下西街、关井街等八条主要街巷组成的田字形附以数十条小巷的格局。晋城古镇的整体风貌较昆明主城和官渡古镇等地有明显的差别，具有一定的地域性和独特性，尤其是沿主要街巷现存历史风貌较为完整。作为战国至唐时期云南省的政治、文化、经济中心，在昆明城市发展历史上曾经起着极为重要的作用；现存各个时期丰富的历史资源、完整主要街巷格局，尚存的历史风貌、丰富的非物质文化遗产充分体现了古镇深厚的历史文化底蕴和价值。

4. **官渡古镇历史地段**

官渡古镇作为历史上重要的渡口和驿道节点，在昆明城市发展历史上曾经起着非常重要的作用。现存大量的古寺庙、道观、楼阁和传统民居构成具有官渡特色的建、构筑物景观风貌，具有较高历史价值、科学价值和艺术价值。文化活动兴盛，目前镇内伴随民俗节庆和集贸活动进行的花灯、滇戏、龙舞、狮舞等文化活动，是古镇文化繁荣的见证。

5. **祥云历史地段**

祥云历史地段内有护国桥、南屏电影院、宝善街 178 号、179 号以及若干传统风貌建筑，建筑遗存主要为民国风貌。片区部分保留了民国时期形成小网格城市格局和较有特色的建筑风貌，具有一定的历史价值、美学价值和研究价值。

6. **震庄历史地段**

昆明市震庄宾馆是云南省接待规格最高的国宾馆。前身是二战时期德国驻云南领事馆，1919 年转为龙云私家花园别墅。目前建筑遗存丰富，具有一定的历史价值、美学价值和科学价值。

7. **云大历史地段**

云南大学是1922年云南省都督唐继尧创办的私立东陆大学基础上建成，其前身为清末云南贡院，至今保留了丰富的文物古迹和历史建筑。有会泽院风节亭、李广田熊庆来故居、贡院考棚、至公堂、怀周楼、泽清堂、映秋院、钟楼、云南第一天文点、蛟腾、凤起牌坊等，具有较高的历史价值、美学价值和科学价值。

8. **翠湖周边历史地段**

翠湖周边地段是自昆明城建成以来，昆明城市政治、文化重要事件发生的核心区域，目前仍然保存有云南陆军讲武堂、云南省科技馆、卢汉公馆、袁嘉谷旧居等重要历史遗存。从元代平章政事赛典赤于山顶建五华寺到明代镇守云南总兵沐英在湖西建柳营驻军，从明末李定国迎永历帝在此居住到清朝吴三桂在此营建宫室，从轰动全国的云南讲武堂到卢汉谋划的云南起义，这些深远而重大的历史事件件相连成为昆明城市历史的缩影。虽然时过境迁，很多重要的历史遗存已经不再，但翠湖在昆明人心中的重要性还是难以磨灭，翠湖周边地段至今仍然是展示昆明历史文化内涵、民俗和社会生活的重要窗口，具有重要的历史价值。

9. **龙泉宝云历史地段**

昆明近郊山水、人居、民俗文化底蕴深厚的传统村落。由于近年来城市的扩张，地段周边逐渐被城市包围，不久的将来必然成为城市建成区的一部分，一般历史村镇的保护方法已经不适用于这个片区的保护。昆明作为抗战时期西南大后方的集中遗存地之一，作为“中国文化之都”的历史见证，西南联大及顶尖学术机构繁荣昌盛的第二故乡。海内外学术、文化同宗同源的重要联系纽带，中华民族抗战精神集中体现的空间场所。昆明文化的重要品牌、昆明创建国家级历史文化名城的重要组成部分、昆明建筑泛亚文化名城及博物馆名城的重要载体。

（作者单位：昆明市委办公厅）

昆明对外文化传播路径建设展望

尹　峻

文化是人类沟通交流的产物，是民族和国家的灵魂，是城市进步发展的重要支撑。随着对外开放的深入，对外文化传播已经成为文化事业建设的重要任务之一。党的十八大报告指出，文化建设是五位一体总体布局的重要组成部分，要让“中华文化走出去迈出更大步伐”。山川同脉、河流同源的地理地质因素造就了昆明与东南亚国家各民族的历史亲缘关系，昆明与缅甸、老挝、越南、泰国、柬埔寨等国家的文化交流源远流长。同时，昆明作为中国面向东南亚、南亚“桥头堡”的核心城市，与周边国家主要城市如仰光、曼谷、河内等在文化交往领域较为频繁。在国际、国内新的发展形势下，对外文化传播面临着重大的机遇，对昆明对外文化传播路径建设进行分析和展望显得重要且迫切。

一、当前昆明对外文化传播的主要特点

（一）民间对外文化传播历史悠久

昆明是一个多民族聚居的城市。傣、苗、瑶、哈尼、拉祜、佤佬、景颇、阿昌、傈僳等民族历史上与缅甸、老挝、越南、泰国、柬埔寨等国家的一些民族具有较深的渊源，语言、生活习惯、宗教信仰同宗同源，文化背景相似。昆明自古以来与越、缅、老、印等国文化交往不断，成为中华文化向外传播的重要窗口。

（二）对外文化传播精品迭出

昆明市投资4700万元，建立了昆明市文化艺术生产基地暨昆明文化产业基地，通过推进文艺团体、影院、传媒业事改企激发了文化创造力。《云南映象》《高原人》《日月星火》《红土山花》《阳光下的美丽》《秘境云南》《青铜魂》《有一个美丽的地方》等一批民族歌剧、大型民族梦幻歌舞艺术精品相继走向国际演艺市

场，文化传播足迹遍及美国、法国、英国、德国、澳大利亚、新西兰、日本、印尼、菲律宾、泰国、肯尼亚、南非等国家和中国香港地区。众多的文化精品不仅把独有的民族风情展现给了国内外观众，也为昆明的对外文化传播交流增添了亮点，并成为昆明对外文化传播的有效载体。

（三）"汉语热"成为昆明对外文化传播的重要媒介

随着中国经济的腾飞，世界兴起了"汉语热"。近年来，凭借独特的民族、人文资源以及毗邻东南亚、南亚的地缘优势，在昆高校如云南大学、云南师范大学、云南民族大学、云南财经大学等均已在孟加拉、泰国、斯里兰卡、柬埔寨、马来西亚等国建立了汉语培训中心。随着汉语国际推广能力的不断加大，中国文化逐渐通过电影、武术、美食、文学、艺术等媒介对当地民众产生了影响，中国文化逐渐得到认识、认知和理解、认同。

（四）展会成为昆明对外文化传播的窗口

昆明举办的"泛亚国际民族民间工艺品博览会""文博会"等展会紧扣"文化昆明"主题，集中展示了雕刻、雕塑、编织刺绣、服饰染织、民族民间乐器、珠宝奇石、民间收藏、民间制陶等不同类别的民族文化产品和现代文化产品，乌铜走银、烙画、微雕、面塑、剪纸、彩扎、民间绘画、滇式风筝、编织、刺绣、官渡粑粑等"文化名片"、非物质文化遗产成为国内外文化消费者认知昆明的媒介。昆明市是云南省会展产业的中心，会展产业集聚了大量的国内外客商和参观者。各种形式的文化产品通过展会实现了文化价值理念的传播和交流。

二、面临的有利形势和存在的主要困难

（一）面临的有利形势

1. 实现中华民族伟大复兴需要昆明加强对外文化传播

党的十八大报告指出"建设中国特色社会主义，总依据是社会主义初级阶段，总布局是五位一体，总任务是实现社会主义现代化和中华民族伟大复兴。"加强对外文化传播是昆明市贯彻党的十八大精神的客观需要。文化建设是"五位一体"不可或缺的重要组成部分之一，文化交往是文化建设工作体系中的一个重要方面。昆明市是一个拥有近800万人口的中国西南部区域性中心城市，同时在云南省内也是工业大市、经济大市和政治、文化中心，是中国西南部全面推进经济建设、政治建设、文化建设、生态文明建设的重要城市之一。中华民族是一个历史悠久的民族，拥有灿烂的文化，胡锦涛同志指出"文化越来越成为民族凝聚力和创造力

的重要源泉”。这表明文化在实现中华民族伟大复兴中的地位和作用鲜明而突出。为加快实现中华民族的伟大复兴，昆明市需要提升综合发展实力和文化软实力，通过对外文化传播，走出云南、走出西部、走向世界，增强中华民族的文化影响力。

2. 美好幸福新昆明建设将推动对外文化传播

美好幸福新昆明建设将加速“文化昆明”的发展。通过美好幸福新昆明建设和“文化昆明”多个项目的推进，一是能使昆明获得国内外对昆明文化资源的了解和认同，从而增进文化领域的友谊与合作；二是通过向国内外市场输出昆明的文化产品，能帮助昆明实现文化传播；三是昆明的文化资源具有得天独厚的优势，通过美好幸福新昆明建设，昆明传统文化的精髓将得到发扬光大，势必会影响到全国和世界，可以提升昆明市甚至云南省的文化软实力，从而促进昆明市开展对外文化交流与传播。

3. 对外文化传播的客观条件日趋成熟

昆明是云南省建设民族文化强省的枢纽、核心，肩负着面向东南亚、南亚国家开展对外文化传播的任务。中越、中缅以及中国经缅甸至南亚的出境国际铁路通道与贵昆、成昆、南昆、内昆等铁路相连，并在昆明汇集；云南省通往东南亚的所有公路干线均以昆明为起点，直接连接国内省市区和周边国家；昆明长水机场是国内名列前茅的国际机场之一，航空线路覆盖面较大。这些客观因素都为昆明开展对外文化传播创造了良好的条件。

（二）存在的主要困难

当前，昆明市对外文化传播领域存在的主要困难表现为以下四个方面：

一是对外文化传播意识不强。部分领导干部简单地认为对外文化传播仅仅是一种对外宣传，认识不清、意识不强，对相关工作重视不够，难以有的放矢地针对市场和受众方设计对外文化传播产品。

二是对外文化传播力度不足。就目前来看，昆明市对外文化传播的载体、手段、方式、内容等均存在或多或少的问题和不足。这些问题和不足毋庸置疑地降低了昆明对外文化传播的影响力。

三是对外宣传多，对外传播少。按照国际惯例，对外宣传具有“强行灌输”的含义，含有一定的贬义。“传播”是国际通用的词汇，词义属中性，易于为世人所接受。与国内众多的文化传播机构一样，昆明的文化传播机构习惯于充当“代言人”角色，喜欢以宣传的方式来表达观点和诉求，在进行对外文化传播时总是想方设法对文化传播活动进行解释、说明，而所起到的效果适得其反。昆明市的对外文化传播如果走不出对外宣传的模式，传播效果定会欠佳。

四是对外文化传播难以找到切入点。当前，昆明的对外文化传播企业所传播的文化内容具有明显的自我意识，大多单方面地从我们所习惯的文化视角去传播文化信息，很少能够站在不同文化受众的角度上去选择文化表达方式，从而造成所传播的文化信息与文化受众口味不对路，这样就使得对外文化传播效果大打折扣。

三、发展展望

断绝文化传播的民族不可能是朝气蓬勃的民族。昆明市要实现“五位一体”的发展格局，必定要加强对外文化传播，以此弘扬民族优秀文化，汲取人类文化成果的精华。发展文化事业，加强对外文化传播将成为昆明市贯彻“十八大”精神、建设美好幸福新昆明的重要举措。对外文化传播的主要方式有：人际传播、群体传播、组织传播、大众传播和口头传播、书面传播、综合传播等。中华文化对外传播在历史上出现过多种形式和途径，主要包括各种形式的人员往来、文化产品贸易等。昆明市将抓住党和国家促进文化大发展大繁荣的大好时机，认真整合本地传统文化，挖掘有益基因，提炼传统文化精髓，充分利用现代信息技术方便、快捷、覆盖面广、成本低等优点，将最新、最具有时代气息、具有引领作用的文化产品通过多种渠道进行传播。结合对外文化传播的特点，以昆明市文化工作会议精神和对外文化传播的现实基础为出发点，对建设昆明对外文化传播路径作如下展望：未来 5 至 10 年，昆明市的对外文化传播路径建设将呈现新的特点，昆明市将通过构建三大平台，完善三大体系，充实四支队伍来建设、完善对外文化传播路径。具体为：

（一）对外文化传播将呈现新的特点

一是对外文化传播与经济发展相适应。文化在经济建设和构建和谐社会中具有重要作用，对外文化传播将成为昆明实现全面、协调、可持续发展的重要方面，对外文化传播将纳入昆明经济社会发展的总体布局之中，与经济发展同步规划、同步建设、同步管理，成为促进昆明经济发展的重要支撑。

二是对外文化传播将实现社会效益和经济效益的统一。对外文化传播是昆明市大力弘扬社会主义先进文化，坚持文化为人民服务、文化为社会主义服务的重要领域；同时，昆明市大力发展文化产业，培育文化市场，提高文化在经济社会发展中的贡献率将充分体现文化的经济属性。可以预见，对外文化传播项目将实现社会效益与经济效益的双丰收。

三是继承借鉴和发展创新相衔接的格局将会出现。继承弘扬优秀的民族及地方文化资源，合理利用昆明市丰富的历史文化资源，广泛吸收和借鉴优秀的外来文化成果，生产富有时代精神、地方特色的对外文化传播产品将为昆明市加强对外文化合作交流提供源源不绝的内生动力。

四是政府引导和市场运作将成为推动昆明对外文化传播的主要力量。昆明市将根据文化事业与文化产业的不同性质，进一步明确政府与文化市场的关系，处理好繁荣文化事业与发展文化产业的具体工作。政府将加强对文化发展的政策引导、投入扶持和宏观管理，促进文化事业和文化产业的健康发展；社会主义市场经济将充分发挥市场对文化资源配置的基础性作用，充分调动文化市场各类主体参与对外文化传播。

（二）三大平台将陆续得到建设

随着昆明市经济社会的发展和改革开放步伐的加快，对外文化传播园区、相关政策和信息平台将得到建设和发展。

1. 对外文化传播园区将成为昆明传播文化的载体和平台

昆明市正处于产业园区化的建设发展时期。建设对外文化传播园区，有利于集中相关的文化产业项目，提高对外文化传播产业的集聚度。扎实推进对外文化传播园区建设，构建相关产业发展的平台是提高昆明市对外文化传播水平的必要条件。可以预见，昆明市将认真考虑文化事业发展与经济建设的协调关系，建设具有经济效益和社会效益的对外文化传播产业园区。

2. 研究、制定和出台的相关政策将成为支撑平台之一

对外文化传播涉及面广、环节较多。研究、制定和出台相关政策，能从政策层面系统整合对外文化传播资源，健全对外文化传播机构功能、提升专业水平，保障对外文化传播项目高效运行，从而形成系统、综合、高效的对外文化传播格局，提升昆明的文化影响力。昆明市对外文化传播相关政策拟由对外文化传播财政保障及社会投入政策、对外文化传播项目管理办法等部分构成。

3. 对外文化传播信息平台将发挥重要作用

信息是文化的一种表现形式。为让文化更易接受、更为人所喜闻乐见，昆明将广泛运用影像信息和网络技术，构建对外文化传播信息平台。未来几年，昆明市极有可能通过建设对外文化传播信息技术标准、对外文化传播信息数据库、对外文化传播信息网络来提高文化的传播能力。对外文化传播信息平台将整合文化产业链上的有关数据，实现信息数据的交互和共享，同时也为社会提供对外文化传播项目审批信息。

（三）三大体系将得到逐步完善

随着对外文化传播工作的推进，对外文化传播评价体系、对外文化传播责任体系、对外文化传播服务体系、对外文化传播反馈体系将得到建立和完善。具体为：

1. **对外文化传播评价体系**

该体系将在总结前期昆明市对外文化传播工作目标完成情况的基础上，与时俱进、因地制宜地设定能科学、系统、完整地评价对外文化传播工作的指标或标准。该评价体系拟对对外文化传播各项具体工作应当达到什么程度进行科学界定。

2. **对外文化传播责任体系**

对外文化传播是一项涉及面较广的系统工程。为落实好相关工作，昆明市必定要建立、健全对外文化传播责任体系。该体系将明确涉及对外文化传播各部门的工作职责，并按照责任和权利一致的原则匹配相应的事权和财权，做到各职能部门分工不分家，以此保障各项对外文化传播工作得以顺利推进。

3. **对外文化传播服务体系**

服务体系的构建十分重要，是昆明市在对外文化传播领域亟待加强的工作之一。昆明市将通过建设对外文化传播服务体系来实现提高公共文化产品、公共文化服务质量的目标。该体系拟为社会公众的对外文化传播活动提供保障、创造条件，并以此争取得到广泛的社会支持。

（四）充实四支队伍

随着昆明市对外文化传播范围的不断扩大，文化经纪人才、民族文化人才、文化产业人才、国际文化交流人才才等四支人才队伍将得到进一步的充实。

1. **文化经纪人才**

为保障文化传播、文化交流的顺利进行，昆明市必定要培养、引进一批文化经纪人才。这些文化经纪人才具有丰富全面的文化艺术专业知识，能与国际、国内文化市场进行紧密的联系沟通，能通过演出、出版、影视、娱乐、美术、文物展览等国际、国内文化活动进行文化传播活动。

2. **民族文化人才**

昆明具有丰富的民族文化资源，“民族的也是世界的”，民族文化是昆明进行文化传播的重要载体。在此背景下，昆明市势必培养、引进一批具有深厚的民族文化素养、较高的审美情趣与艺术修养，精通民族文化专业知识、专业技能，熟悉民族文化传播的人才队伍。

3. **文化产业人才**

文化产业是昆明市对外文化传播的基石。昆明市有望通过文化产业人才队伍建设来促进对外文化传播。文化产业人才将通过挖掘昆明本土传统文化价值，把抽象的文化意识转化为具有高度经济价值和国际化品位的文化产品，并结合文化产品的特征策划、设计文化传播的各个环节来促进昆明的对外文化交流与传播。

4. **国际文化交流人才**

在建设区域性国际城市的大背景下，昆明市加强面向国际的文化传播将成为文化事业发展的重点。一批具有文化融合观念和国际视野，能适应昆明对外文化传播和国际文化交流需要，具有较高理论素养和良好社会主义品德修养，熟练掌握第二外语（如越南语、泰语、马来语等）的国际文化交流人才才能加快昆明的文化传播步伐，增强昆明的文化活力。

四、对策建议

（一）加强对外文化传播的组织保障及监督考核工作

要加强对外文化传播工作的领导。要充分认识对外文化传播对推动昆明经济社会全面进步的战略意义，切实把对外文化传播工作摆在昆明各级党委政府全局工作的重要位置之上。要充分发挥党委宣传部门的领导作用，加强对对外文化传播重点工作、重大项目的指导、协调和督办。发改、工信、科技、财政、教育、旅游等部门要切实履行职责，发挥职能作用，与文化行政管理部门共同积极承担对外文化传播的重要使命。其他职能部门和人民团体要各司其职、各尽其责，激发昆明的文化创造活力，为昆明的对外文化传播提供丰富的题材。

要建立健全工作责任制和对外文化传播重点工作考核制度，完善奖励措施，把对外文化传播成效纳入文化行政管理部门的干部评价体系之中，并作为衡量领导班子和领导干部工作业绩的重要依据。要建立健全对外文化传播统计指标体系和统计制度。建议昆明市委、市政府、市人大、市政协每年对市直有关部门和各县（市）区、开发区对外文化传播工作进行督促检查。

（二）以国际视野挖掘昆明本土民族文化资源的市场价值

一是要整合昆明的本土民族文化资源。可以从同根民族文化资源、山水文化资源等方面来进行整合。同根民族文化是东南亚、南亚地区传统文化的主要特点之一，是凝聚、联结海内外华人、华侨的纽带，是进行文化传播的有效载体。昆明市要充分运用这一文化资源优势，不失时机地向外传播文化价值理念。昆明市拥有众多的历史文化遗迹、国家级风景名胜区、国家首批5A级旅游景区和全球首批世界地质公园。昆明要充分地利用这些资源，通盘考虑，打造并推出一批能代表昆明的文化旅游产品。

二是要挖掘昆明本土民族文化资源的精髓，把这些文化精髓与当代社会的物质生活、精神生活和消费方式等紧密联系起来，让昆明的民族文化资源成为生动、活跃的文化产品，让国内外的文化消费者读懂昆明本土民族文化的内涵，力争通过文化消费使昆明的民族文化得到广泛的传播并形成一定的影响力。

三是要利用文化产品的关联效应，开拓衍生产品，形成产业群。可以考虑将高科技与民族文化、民族艺术相结合，对昆明现有的文化产品进行深度加工，提升其附加值，延长产业链，形成包括影视、网游、饮食、服装、玩具、出版物等在内的一系列文化产品群，提升传播效率。

（三）广拓投融资渠道，加大投入力度

要健全完善经费投入保障机制。必要的经费保障是有效实施对外文化传播的基础要件。上海、深圳、苏州等城市在文化传播、文化交流领域的财政投入每年都在亿元以上，这是这些城市文化影响力、竞争力得以快速提高的关键。相比之下，昆明市需要进一步加大公共财政在相关领域的投入。在年初财政预算中，昆明市必须加大对外文化传播相关项目的投入力度，要在三至五年内明确对外文化传播支出在年度财政预算中的比率。

同时，要逐步改变以往对外文化传播主要靠财政拨款，有多少钱，办多少事的模式。要用产业经营的观念和市场经济的办法来筹集对外文化传播项目建设资金，要积极开辟多元投融资渠道，鼓励民营资本进入对外文化传播领域，力争实现昆明市对外文化传播项目的自我积累、自我滚动、自我发展。

（四）切实加强对外文化传播领域的智力支撑

随着昆明和北京、上海、广州等城市及东南亚、南亚、西亚文化交流的加强，文化传播势不可挡，昆明必须加强智力支撑，以适应形势发展的需要。

一是建立对外文化传播专家库和专家咨询委员会。要完成好对外文化传播工作，没“智囊”出谋划策就没有出路。要建立对外文化传播专家库暨专家咨询委员会，将平时相对分散的专家有机地组织起来，立足昆明市情，进行专题性研究，加强昆明市对外文化传播工作的理论指导。专家咨询委员会成员可以参与制定昆明市文化产业相关行业技术标准和行业规范，并为政府有关决策提供咨询服务。同时，专家咨询委员会成员要为昆明各县（市）区及相关部门、单位、企业和重点文化产业项目的总体规划、策划立项、功能设置、招商引资、开工建设、生产经营、衍生产品开发等方面提供技术支持及智力支撑。

二是加快文化传播人才的交流培训。昆明要顺应人才发展的客观规律，推出文化传播人才交流项目，选拔和培养一批走在前沿、具有国际化交流能力的专家学者。通过理论文化研讨、经济往来等实现昆明文化传播人才交流的国际化，扩大昆明文化传播机构在西南地区的影响力，以此培育昆明文化传播的“软实力”。

三是加快文化传播人才的智力输出。随着经济全球化进程的不断推进，昆明市要加强文化传播领域的人才输出。要依托云南大学、昆明理工大学、云南师范大学、云南民族大学、云南财经大学等教育机构，抓住泰国、缅甸、越南、老挝、印度等国家正在进行文化变革的机遇，借助国际化趋势，不断完善文化传播人才

输出模式，通过知识、理念的传播来促进文化的传播。

（五）扩大对外文化传播的覆盖面

昆明市要加快文化“走出去”的步伐，加强昆明市与东南亚、南亚国家的文化交流合作，组织开展面向东南亚、南亚国家的特色文化交流活动。

一是昆明市要在发展文化产业的前提下，站在南亚地区文化传播中心的高度上，以满足不同文化心理习惯及不同族群的社会需要为出发点，在文化传播中进行文化碰撞和文化交流，赢得更为有利的发展地位，从而强化中华民族文化的声音，增强中华文化的凝聚力。

二是在行政管理层面，昆明市要积极出台具体可行的对外文化传播指南和工作方案，要充分调动隐藏于民间的文化潜力和群体性的文化力量，并组建相应的对外文化传播管理机构，出台相应的鼓励政策，将对外文化传播工作纳为政府的年度重点工作，强化政府及相关机构的服务能力，加大弘扬中华文化的力度。

三是要为民间的文化传播交流搭建平台。要巩固既有的文化传播成果，要充分鼓励有热情、有思路、有理想、有办法、有追求并热衷于弘扬中华文化的昆明市民担任昆明对外文化传播形象大使，要允许民间文化传播高手以合理合法的身份加入到文化交流与传播的事业中，从而实现资源共享、成果共享。要充分发挥现代技术在传播、交流和沟通中的作用，不断提高昆明市民对外文化交流的实际效果和影响力。

四是要在文化传播过程中做到主流文化与当地人文的有效对接和合理渗透，进一步扩大文化受众的数量。

（六）构建多维对外文化传播架构

文化传播能力是昆明市文化生产力和文化软实力的重要构成元素。昆明市要提升文化传播理念和方法，提升对外文化传播力。为此，昆明市要创新传播方式，构建多个维度的对外文化传播架构，形成官方、民间、商家共同开展对外文化传播的局面，探索出一条由政府主导扶持、文化企事业单位按市场运作规律进行对外文化传播、文化交流的新路，以此积极推动昆明市的主要对外文化传播机构进入国际传媒市场，充分利用国内、国际两大传播渠道来传播昆明的文化风采。

（七）精心培育对外文化传播产品

昆明市要坚持正确的文化产品创作方向，加快构建科学、合理的文化产品创作、生产机制，培育对外文化传播品牌。要加强对昆明本地少数民族和历史题材文化产品的创作，着力培育在全省、全国都有较高知名度的文化精品。要安排专项资金优先扶持具有昆明特色、云南气息的文化演出，力争新推出5—10台在全国甚至全世界有较大影响力的大型文化展演剧目，持续提升昆明文化的品牌效应。同时，要创作一批具有国际化审美情趣和昆明特色的现代文化产品；要鼓励和扶持农村题材及少儿题材的文化产品走向全国、走向世界；要加大对书法、美术、摄影展览、民间文艺展演等文化传播活动的扶持力度。

（八）加快文化产业发展的国际化步伐

首先，昆明要大力扶持具有国际竞争力的外向型文化企业，要鼓励、支持外向型文化企业开展艺术精品演出和昆明非物质文化遗产展示活动，要支持昆明的外向型优势文化企业开拓省外、境外商业演出市场，推动民族歌舞、滇剧、图书影视、非物质文化遗产成果、滇池流域民间工艺品等文化产品的出口。

第二，要扩大昆明对外文化贸易。要认识到文化贸易是国际贸易中的重要组成部分和提升昆明城市竞争力、影响力的重要元素；要努力打造与对外文化传播相适应的文化交流及文化贸易平台；要积极组织文化企业参加文化产业博览交易会等国内知名的重点文化会展，扩大昆明市文化产品和文化服务的出口。

第三，要大力健全现代文化市场体系。昆明市要加快建设统一、开放、竞争、有序的现代文化市场体系的步伐；要加快建设大型文化流通企业和文化产品物流基地，构建以昆明市为中心、滇中城市群其他城市相呼应的文化产品传播网络。

（九）积极推进对外文化传播产业园区的建设

要依托昆明市丰厚的民族文化生态和丰富的历史文化资源，加强对产业园区的统筹规划，要在基础设施建设、土地使用等方面给予支持，要充分发挥园区对文化传播企业的培育、集聚、示范和推动作用，加强文化与现代服务业的融合，为文化传播企业搭建优质服务平台，着力打造具有地域和民族特色的文化产业集群。

（作者单位：昆明市社科院）

建设区域性国际城市背景下昆明构建“文化特区”的构想

李 佳

一、昆明建设区域性国际城市背景下的文化建设

（一）区域性国际城市建设与泛亚国际文化名城建设

2008年昆明市委九届四次全会提出把昆明建设成为面向东南亚、南亚的区域性国际城市，2011年昆明市九届七次全会进一步明确，要加快建设中国面向西南开放的区域性国际城市，可以说，昆明在中国扩大沿边开放的布局下重新确立了自身定位。

昆明要实现国际城市梦想，重现往昔“壮丽大城”辉煌，提升文化软实力的重要性显得尤为重要。2008年，市委九届四次全会提出了“文化昆明”的发展战略，作为“五个昆明”当中富强昆明、活力昆明和生态昆明、和谐昆明之间的纽带；2009年，全市文化建设工作会进一步将目标细化为“加快建设中国西部乃至泛亚地区极具竞争力的历史文化名城、民族文化宝库、国际文化枢纽、文化产业基地和文化共享家园”；2010年，昆明提出要做“民族文化强省的枢纽”；2011年，市委九届七次全会明确了“提升国际文化影响力，打造泛亚文化名城”的宏伟目标；2011年4月，在昆明市文化建设工作会议上，昆明市委、市政府提出，将着力构建民族文化强省的枢纽，努力打造中国西部最具竞争力的历史文化名城、民族文化宝库、国际文化枢纽、文化产业基地、文化共享家园，加快把昆明建设成为泛亚文化名城。作为中国对外开放的门户，对外交流文化先行决定了昆明的文化建设也必须有一个国际化的定位。昆明建设泛亚文化名城建设是与区域性国际城市建设同步推进的，目标是到2015年，在基本建成中国面向西南开放的国际

化门户和重要桥头堡城市的同时，基本建成民族文化强省的枢纽；到2020年，在基本建成中国面向西南开放的区域性国际城市的同时，基本建成泛亚文化名城；远期，再用10年左右的时间，全面建成泛亚文化名城。

（二）区域性国际城市建设中的昆明城市文化资源开发

昆明在向着区域性国际城市这个目标迈进时，不仅需要实现经济发展，还包含了昆明需要逐步形成的民族特色和区域特色的文化目标。在国际化的进程中，发掘昆明城市文化资源也是建设区域性国际城市的内在动力和精神需求。文化是城市发展的重要组成部分，也是推动经济发展的杠杆之一，文化产业在GDP中所占的比重提高对经济结构的调整、资源节约、节能环保都具有积极意义。昆明在国际化的进程中，文化领域将是未来区域竞争重要阵地。昆明本身所拥有的悠久的历史和丰富的民族文化资源，为城市的文化产业发展提供了土壤和机遇。

目前，昆明市已经初步建立了门类相对齐全的文化产业群体，文化产业发展的软硬件环境逐步改善，形成了以广播电视、出版发行、电影、文化艺术为主的核心层，以网络文化、文化休闲娱乐服务等为主的外围层，以文化用品、设备及相关文化产品销售的相关层，三层联动发展的格局。昆明的文化及相关产业增加值也从2005年的71.1亿增加到2010年的180.44亿，占2010年GDP的8.5%，文化产业已经成为昆明的新兴支柱产业和新的经济增长点，在西部地区处于领先地位。2011年10月，党的十七届六中全会审议通过了《中共中央关于深化文化体制改革推动社会主义文化大发展大繁荣若干重大问题的决定》，在全国文化产业全面振兴和新一轮西部大开发的背景下，昆明市的文化体制改革也逐步推进，昆明剧院、长春剧院、春城剧院由事业单位改制为国有企业；昆明交响乐团、昆明市花灯团等五个剧团整合重组；图书馆、文化馆、博物馆等公益性文化事业单位也继续深化改革；组建了报业传媒集团、广播电视集团等五大文产集团。昆明市第十次党代会上还提出，昆明要建立文化产业发展基金、创业投资基金、风险投资基金，这些文化产业资源和政策对于支持昆明建设区域性国际城市的文化发展具有重要意义。

（三）国内构建“文化特区”的探索

1. 珠海以经济特区为载体，拟设立文化特区

2010年珠海根据中央对经济特区的新定位、新功能、新使命，在文化发展领域对特区功能和精神进一步深化和丰富，提出构建中华及广东文化形象展示区，依托珠海特色历史人文、现代文明元素，把特区打造成中华文化和广东文化的集中展示、传播基地的战略构想。这是珠海特区发展新优势的战略举措。在特区原有特殊政策体制作用逐步淡化的新形势下，相应的发展经济特区的特色内涵，增创发展新优势。具体内容：一是要在落实科学发展观方面走在全国前列；二是进一步发挥全面深化改革的“试验田”作用；三是进一步提高对外开放水平，率先形成符合国际通行规则的制度环境。设立文化特区，就是经济特区承担改革、开放、发展新使命在文化领域的具体探索和实践。

2. 曲阜创建“文化经济特区”

2012 年山东省在文化建设方面实施“突破曲阜”战略，充分发掘曲阜及周边地区深厚的文化资源优势，编制文化经济融合发展规划，实施文化经济特殊政策，加强对该区域文化改革发展的指导与支持，谋建中国首个“文化特区”，意在打造中国文化和精神的圣地。国家文化部出台了《推进山东文化强省建设框架协议》，与山东省共同探索在曲阜创建“文化经济特区”，《框架协议》提出，文化部将山东曲阜及周边文化资源富集地区的文化建设作为一个特别地区对待，与山东省共同探索在传统文化资源富集地区推动科学发展的新理念、新路径，统筹文化传承保护与经济社会发展，充分发挥文化资源优势，加大体制机制和政策创新力度，以文化引领、融合、催生经济转型发展，共同建设文化经济融合发展创新示范区。

文化部对该区域内创建公共文化服务体系示范区、实施系列公共文化服务示范项目、文化产业与相关产业融合发展、农村文化建设创新、文化遗产研究和保护传承、举办孔子文化节等给予重点支持，对曲阜国家级文化产业示范园区建设，济宁、泰安、枣庄文化产业基地建设等项目，从政策和资金上给予重点扶持。山东省立项规划建设孔子博物馆，文化部及国家文物局将给予重点支持。

二、昆明构建“文化特区”的意义

（一）抓住桥头堡战略机遇大力开展文化建设

2011 年 10 月，国家文化部与云南省政府就加快推进云南桥头堡文化建设签署了合作协议，协议围绕国家关于云南桥头堡建设的战略部署，实施五大方面合作：大力发展云南民族文化事业、建立健全公共文化服务体系、加强民族文化的传承和保护、加快推进云南民族文化产业的发展、深化与东南亚和南亚国家的文化交流。云南省将加大文化建设的投入，文化部将加强对云南文化工作的指导，在项目安排、资金支持、人才培养等方面给予云南支持和倾斜。尤其支持云南在面向东南亚、南亚文化交流合作方面大胆探索，先行先试，并协调国家有关部门，对合作领域和项目给予优先安排和重点支持。在此背景下，昆明要紧紧抓住这一机遇，依托于桥头堡建设的各项基础设施建设，依托与云南与东南亚、南亚各民族文化之间密切交流，加强文化建设。尝试建立“文化特区”，在民族文化发展根基上，搭建国际化的文化交流平台，创新文化发展模式，落实科学发展观，提高对外开放和交流的水平，为实现并持续发展云南的大开放格局提供支持，为昆明国际化城市建设转型升级实现战略突破。

（二）提升城市文化软实力

作为国务院首批公布的历史文化名城，昆明市对城市文化软实力建设一直非常重视，昆明拥有独特的民族文化优势，也是城市的文化发展优势，随着近年来昆明文化体制改革的推进，文化产业综合实力得到提升，公共文化服务体系也逐步建立。2011 年 4 月，昆明全市文化建设工作会议上为“文化昆明”建设提出更高的目标：“要像重视经济工作那样重视文化建设，像狠抓产业项目那样狠抓文化项目，加快把昆明建设成为泛亚文化名城。”在昆明建设泛亚文化名城的发展目标下，提升城市文化软实力，为云南建设文化强省提供支持，昆明需要在文化发展上有新举措。昆明构建“文化特区”，一方面是继续深化文化体制改革的新思路，重点在于提升改革的系统性和整合性，有效推进改革，提升城市文化的竞争力；另一方面尝试在贯彻“面向西南开放桥头堡战略”中探索文化发展的新模式，尝试在更广阔的视野和平台上推进昆明城市文化的发展，同时也是提高昆明国际化发展水平的重要组成部分。

（三）探索区域开放的新领域

2011 年 4 月，昆明市委、市政府安排部署新形势下对外开放工作时提出：“开放的空间决定着发展的空间，开放的水平决定着发展的水平，开放的程度决定着发展的速度、质量和后劲。”扩大开放领域、拓展开放空间，是昆明建设区域性国际城市的基础。建设“文化特区”是昆明实现对外开放领域的拓展，打造中国—东盟互联互通的先行实验区、参与国际区域合作的先行先试区的优势，也是建成区域性国际城市和促进区域一体化的战略需要。昆明构建“文化特区”有利于充分利用云南地区与东南亚、南亚国家在文化资源上的相似性、文化产业发展上的互补性，拓展东南亚、南亚文化产品、文化要素和文化消费市场，对于推进文化交流与合作具有重要的纽带和链接作用。

（四）深度挖掘城市文化资源提升城市竞争力

昆明通过建设“文化特区”有利于深度挖掘昆明富有悠久历史的城市文化资源，同时有利于昆明建设文化强市，提升以文化经济为主导的城市竞争力。自公元前 277 年楚人庄蹻开滇以来，昆明城市经历了近 2400 年的历史变迁，丰富的城市文化资源有待深度挖掘，同时长期以来多元文化在昆明的“杂交”，使得昆明城市文化中具有较强的开放性和包容性，更寓意着这座城市具有“海纳百川、包容天下”的城市文化底蕴，这为今后高水平的协调发展积累了丰富资源和优势，建设“文化特区”正是昆明立足于自身资源和优势，把经济增长的重点逐渐从资源依赖转变到更多依靠文化资源和文化创新能力，以加快转变文化发展方式推动加快转变经济发展方式，提升城市竞争力的同时，也开辟出昆明经济社会发展的新途径和新空间。

三、昆明构建“文化特区”的优势和机遇

（一）有开文化风气之先的历史传统和对外文化交流的基础

云南与南亚、东南亚接壤，历史上就有与外民族的文化交流，从昆明的地理位置上看，昆明位于“南方丝绸之路”和“茶马古道”的重要节点，是汇聚中西方文化、中原文化与滇文化、汉文化与少数民族文化的交融聚汇点。同时昆明本身就是少数民族开创的城市，在长期的发展历史中积蓄了罕见的文化多样性，中华文化、印度文化与东南亚文化在这里交会，形成独具特色的多元化复合文化。由于这种文化交流与共生的传统具有悠久的历史并得到演进，昆明的人文精神本身就包含着开放、平等和民主的倾向，同时由于昆明在地理位置上地处边疆，有着较少的文化束缚，少数民族朴质和外来文化的开放之风，使得昆明城市文化有一种“敢为天下先”的气质，另一方面，由于与中原地区的相对隔绝，使昆明文化对外界新思潮和新事物有着较强的接纳能力，这种自由开放的意识与现代新昆明城市文化发展的精神是契合的，是昆明城市文化发展和开放的基础。

由于云南与南亚、东南亚国家在历史、民族、文化、经济社会等多方面广泛与深远的联系，昆明作为云南的省会，与这些国家的文化交流有着丰富的经验，通过中国昆明进出口商品交易会、昆明世界园艺博览会、第二届南亚商品展、中国—南亚商务论坛等一系列活动的举办，以及云南与越南北部四省经济走廊建设合作机制、云南—泰北工作合作机制、中国—老挝北部9省合作机制等的建立，昆明面向南亚、东南亚的文化交流平台已经初步建立。另外，昆明已有泰国、老挝、缅甸、越南、柬埔寨、马来西亚的国家总领馆，289家外国（地区）企业常驻代表机构，与30多个国家和地区在文化和教育领域开展了合作和交流。另外，坐落在昆明的云南大学、昆明理工大学等38所高等院校，在开展与国外教育机构学者互访、学生互派、共同研究、合作办学和举办国际学术会议方面已经具有较为丰富的经验和成果。昆明地区的14个省、市文化艺术表演团体代表国家出访40多个国家和地区，已经成为云南文化艺术对外开放的一个窗口。上述会展、教育、文化都为昆明开展进一步的对外文化交流奠定了基础。

（二）区位优势

昆明是我国唯一能从路上沟通东南亚、南亚，具有“东连黔贵通沿海，北经川渝进中原，南下越老达泰柬，西接缅甸连印巴”独特区位优势的省会城市，向东与珠三角、长三角经济圈相连，向北通过四川与中国中西部腹地相连，向南通过建设中的泛亚铁路可直达河内、曼谷、新加坡和仰光，向西可经缅甸经孟加拉吉大港联通印度洋。同时昆明也是亚洲地理中心，是正在构建的南北方向国际大通道和东西方向第三座亚欧大陆桥的交汇点，也是中国—东盟自由贸易区、大湄公河次区域经济合作圈和泛珠三角区域经济合作圈的交汇点，具有独特的区位优势。这一区位优势为昆明建设“文化特区”，对外开展文化交流、沟通，提供了天然的条件。

（三）桥头堡战略的政策机遇

桥头堡战略为云南省在国家对外开放格局中创造了历史机遇，在逐步扩大的经济贸易，文化、区域合作等对外合作中，合作的战略都是以昆明为核心来制定的。昆明实施国际文化合作交流中同样在桥头堡战略中起着支撑和核心的作用。在随着文化部与云南省政府就加快推进云南桥头堡文化建设，助力云南文化强省建设合作协议的正式签署，对云南建设中国面向西南文化交流的重要窗口、文化贸易的重要通道、文化合作的重要平台、文化信息的媒介中心、国际和谐文化建设示范区等五个方面提供了有力的政策和项目支撑，有利于深化昆明与东南亚、南亚国家的交流合作，积极发展与西亚、东非国家的交流，为“桥头堡”建设奠定思想基础，提供文化支撑。

四、昆明构建“文化特区”的基本构想

（一）基本目标设置

昆明建设“文化特区”的基本目标设置：立足西南桥头堡和三“亚”（东亚、东南亚、南亚）中心，以创建“文化特区”为载体，通过城市文化资源发掘，城市文化建设和对外文化交流，在文化创新体系建设、文化传播能力提升和文化发展领域拓展等方面有所作为，逐步形成与建设区域性国际城市需求相适应的城市文化体系，实现昆明作为西南地区核心城市地位相匹配的文化软实力和影响力，除了保持昆明的文化事业和文化产业在云南建设文化强省的重要地位，也能逐步走在全国城市文化发展的前列。

（二）主要内容

首先，以桥头堡战略为指导，在建设区域性国际城市目标下，探索具有民族特色，开放兼容的文化发展模式，开辟试点区域，作为提升昆明城市文化发展水平和城市文化竞争力的平台，转变文化发展方式，以文化发展激发昆明城市经济、政治、社会、生态等各领域的发展，使昆明在制度、管理、环境、文化等方面的“软实力”得到提升。

其次，继续深化文化体制改革，创立综合配套先行区。以试点的方式，建立文化体制改革的综合配套先行区。在文化市场准入、管理审批、投融资、文化事业改革、公益文化运营、人才引进和培养、国际化交流、监管等方面改革创新。在昆明构建一个承接内地资源，面向西南开放，在西南乃至全国，以及南亚、东南亚地区具有影响力的文化发展高地。

第三，尝试创新文化开放合作模式。在法律和政策范围内，保障文化安全和文化主权的前提下，在文化开放合作方面创新合作模式，在多个层面，多个领域营造文化开放合作的格局。探索建设跨境文化合作区、文化产品出口基地等先行先试区。

第四，依托昆明独具特色的民族文化和历史人文元素，把昆明打造成中华民族文化的集中展示区。

（三）主要任务和发展目标

1. 主要任务

目前昆明建设“文化特区”的主要任务是：以深化文化体制改革为主线，贯彻落实《中共云南省委关于贯彻落实党的十七届六中全会精神加快建设民族文化强省的意见》，以文化项目建设为抓手，坚持发扬民族文化特色、深度挖掘昆明城市文化资源、在面向南亚、东南亚的文化交流中敢于创新，在建立昆明城市文化形态、文化体制改革、文化事业和文化产业发展、文化对外开放和地方文化品牌打造等方面，有所作为。

2. 发展目标

依据《昆明“十二五”规划纲要》和昆明建设“文化特区”的目标，到2020年，昆明文化产业增加值占地区生产总值比重达13%。保持昆明城市文化软实力在西南地区的领先水平，成为我国西部地区具有影响力的文化体制改革窗口和文化对外开放试验区。到2030年，文化产业增加值占地区生产总值的比重达到15%以上，文化产业成为昆明国民经济的支柱产业之一，建成具备深厚历史内涵、民族特色、区域性多元文化兼容，具备较强竞争力的文化强市，成为国际知名的“文化名城”。

五、昆明构建“文化特区”的路径构想

（一）依据十八大精神树立新的文化发展理念

根据十八大精神，要建设社会主义文化强国，关键是要增强全民族文化创造活力。要深化文化体制改革，解放和发展文化生产力，发扬学术民主、艺术民主，为人民提供广阔的文化舞台，让一切文化创造源泉充分涌流，开创全民族文化创造活力持续迸发、社会文化生活更加丰富多彩、人民基本文化权益得到更好保障、人民思想道德素质和科学文化素质全面提高、中华文化国际影响力不断增强的新局面。在此思想指导下，昆明建设“文化特区”首先必须用社会主义核心价值体系引领社会思潮、凝聚社会共识，在实践中要把社会效益放在首位，社会效益和经济效益相统一，促进文化事业的繁荣和文化产业的发展。用创新精神和试点的方式，在哲学社会科学、新闻出版、广播影视、文学艺术事业等领域创新思维，开创新的发展模式和对外合作模式。加强公共文化工程和文化项目建设，促进文化和科技融合，发展新型文化业态，提高文化产业规模化、集约化、专业化水平。扩大文化领域对外开放，积极吸收借鉴国外优秀文化成果。

（二）创造开放的城市文化形态

构建具有昆明特色的城市文化形态。昆明的城市文化本身就包含了开放和兼容的精神内涵，昆明的城市文化形态应体现这种开放、兼容的内核，将中外交融、民族特色和自由创新的要素相结合。中外交融主要体现昆明文化开放性和多样性的特征；民族特色是昆明现代城市文化独具特色和与世界接轨的特征；自由创新是昆明城市文化具有自由灵动，充满创意的特征。要创新昆明城市文化和民族文化遗产的保护与开发模式，充分挖掘昆明两千多年悠久城市文化渊源和历史，树立昆明文化形象打造昆明文化品牌。在文化发展和对外文化交流中，营造“宽松，多元兼容和国际化”的发展氛围和政策环境，扩大文化领域对外开放的层面与领域。增强昆明市民对于城市文化的归属感与认同感。

（三）创新文化体制形态

在建设区域性国际城市目标下，营造具有开放和活力的文化体制环境。进一步放宽市场准入，尝试以试点的方式允许审批合格的民间资本进入部分报刊社、出版社、网络视听服务等文化领域；创新准入机制，争取在文化领域行政许可权方面出台政策，进行行政许可事项改为“注册制”“登记制”或“备案制”的改革试点；实行区域准入制度，允许国内电台、电视台、报刊社等文化单位在昆明

设立分支机构。在文化组织管理方面，改革文化社会组织的审批注册制度与双重管理制度。改善民间文化企业的发展环境，制定有利于企业发展的政策。深化昆明与南亚、东南亚的文化合作，设立开放合作区，促进人员往来、文化产品进出口和文化活动交往，在对外文化交流活动方面争取更大的审批权和文化交流自主权。逐步实现昆明与西南地区周边城市在文化资源、文化分工、文化市场的共享与合作。

（四）加强城市公共文化服务体系的构建

昆明目前已经开展了“创建国家公共文化服务体系示范项目”的建设，并将逐步建立“有设施、有人员、有内容、有经费、有机制、有考核”的公共文化服务体系。建设“文化特区”要继续提升公共文化服务体系建设水平，由项目支撑，逐步建立“全国公共文化建设示范区”，建设与区域性国际城市文化需求相配套的公共文化设施，建立区域性国际城市相适应的优质公共文化产品与服务供给体系，实施文化精品生产和公共文化服务工程。探索公共文化服务多元供给主体，出台鼓励非营利性民间文化组织发展的政策。大力发展教育事业，争取国家和省的政策支持，将昆明逐步建设成为“教育国际化实验区”和“南亚、东南亚高等教育合作基地”，使昆明在教学、科研和对外学术交流方面成为西南地区的新兴教育基地。

（五）发掘昆明城市文化内涵

城市文化是具有鲜明城市特点的一般文化。昆明应当逐步建立具有鲜明特色的标志性的或者内在的价值，使昆明的城市文化具有独特性，这也是发掘昆明城市的文化内涵的价值所在。城市文化的内涵是十分丰富的，包括建筑文化、城市公共文化、城市科技文化、城市自然文化、城市制度文化与城市精神文化等。是自然文化与社会文化的结合，是物质文化、制度文化与精神文化的统一。昆明要深度发掘昆明城市文化内涵，应当结合昆明经济、环境、历史、技术、地理、地域、民族等要素，通过一系列社区、城市和对外文化建设工程、建筑规划、环境建设等，逐步形成包含昆明悠久历史、民族特色文化、与南亚东南亚长期交流合作要素的城市文化。

（六）打造城市文化品牌

城市的文化品牌就是用来区别和展示城市文化而特有的名称和标记。昆明的城市文化品牌应当体现昆明城市内在的历史底蕴和外在品味特征。昆明素有“春城”和“花都”的美誉，城市历史文化和民族文化发展历史悠久。打造昆明城市文化品牌可以通过建设生态之城、民族文化之城、博物馆之城、对外文化交流之城、艺术品出口交易之城、文化赛事活动之城等来打造昆明的城市文化品牌。

（七）争取国家和云南省的政策支持

要建设“文化特区”，昆明需要得到国家和云南省的政策支持与保障。在国家政策和法规范围内，先做战略规划，争取使建设“文化特区”的构想和计划获得国家战略的支撑和特殊的文化政策。在文化产业方面加大扶持力度，制定扶持和鼓励文化产业发展的产业政策。创新融资平台，对文化企业提供信贷支持服务。

（作者单位：昆明市社科院）

对创新昆明市网络文化建设与管理的思考

姜剑波　李　飒　陈　涛

网络文化是一种全新的文化表达形式，它以人类最新科技成果的互联网和移动终端为载体，依托发达而迅捷的信息传输系统，运用一定的语言符号、声响符号和视觉符号等，传播思想、文化、民俗风情，表达看法观点，宣泄情绪意识，筑垒起一种崭新的思想与文化的表达方式。[①] 网络文化建设与管理辩证统一，加强网络文化建设和管理，充分发挥互联网在中国特色社会主义文化建设中的重要作用，有利于提高全民族的思想道德和科学文化素质，有利于增强国家文化竞争力，必须以积极的态度、创新的实践，大力发展和传播健康向上的网络文化，把网络文化建设好、利用好、管理好。

一、昆明网络文化建设与管理现状

（一）昆明市互联网发展现状

据初步统计，昆明市互联网网站数量和网民规模增长迅猛，网站数量和网民数量超过全省的四分之一。全市共有登记备案网站 3091 家，互联网接入服务单位（ISP）18 家；网站论坛（包括新闻网站论坛和商业网站论坛）交互式栏目 138 个，其中“彩龙论坛”等有影响的论坛 4 个，每天参与网上讨论人数近 3 万人次，日发帖量最多达到 1.5 万条，部分网民网上发表意见踊跃，网下表现互动活跃，参与公共管理的意识很强、热情很高。全市 132 个市级主要单位和部门中，共有 123 个开通网站，其中有 119 个在昆明信息港“中国昆明”政务平台

① 尹韵公：《论网络文化》，《新闻与写作》2007 年第 5 期

站群开设政务网站。

（二）昆明市互联网基础设施建设现状

自2011年提出“智慧昆明”战略构想后，昆明市先后与IBM、中国电信、中国移动等大型企业签署战略合作协议。至2012年，全市社会经济各领域信息化建设成效显著，数字昆明建设工程、电子政务建设工程、智能化交通工程、城市一卡通工程、农业信息服务工程、社区信息化示范工程、社会信用体系建设工程和行政新区电子政务网络基础设施建设工程等信息化八个重点工程取得了重大成果。文化信息资源共享工程服务网络迅速覆盖，已建成14个县级支中心、95个乡镇基层站点、1050个社区、村基层服务站点。

（三）昆明市网络文化建设现状

昆明高度重视网络文化建设工作，成立了市互联网信息工作领导小组办公室和昆明互联网新闻中心。主要做法有：一是以新闻网站昆明信息港为窗口和平台，组织实施主题网络宣传，仅2012年一季度即组织策划网络宣传专题19个，其中大型重点专题9个，重要采访报道10余次，内容涵盖昆明政治、经济、社会、文化，以及省内外重大新闻等各个方面；二是广泛联系和协调人民网、新华网、新浪网、腾讯网、云南网、云南信息港等中央、省级主流网站，建立良好的合作关系，对涉及昆明的宣传信息和相关新闻进行登载、转载报道；强化正面舆论宣传，突出宣传重点，提升网络传播力和影响力；三是围绕市委、政府中心工作，重点做好“三个发展”大讨论、“爱我昆明　美在春城”主题实践活动、“书香昆明”等重大活动的网络宣传推广，营造良好的网上舆论氛围。四是积极利用新兴网络平台扩大宣传覆盖面。在2011年3月于新浪网开立市委宣传部官方微博“昆宣发布”的基础上，2012年继续在腾讯网、网易、搜狐、人民网、新华网开设官方微博，微博拥有粉丝近40万人。2012年“昆宣发布”入选人民网2011年最有影响力十大微博评选。五是积极发挥行业协会的作用，成立了昆明市网络文化协会，将在昆的网络媒体、意见领袖和写手、网络文化企业、相关领域学者专家和职能部门纳入其中，借助社会力量整合全市网络宣传和网络文化资源，促进行业自律，推动网络文化产业的繁荣和发展，共同营造健康向上的网络文化环境。

（四）昆明市网络文化管理现状

以依法管理互联网文化为原则，全市网上舆论引导工作体系初步形成，网络的行业自律和公众监督成效明显，网络文化信息传播秩序进一步规范。一是建设互联网舆情综合管理系统，利用网络新技术提升工作能力，改变过去靠人工收集舆情信息的方式，使网上舆情监测更加全面、及时。二是调整和创新网上舆情刊物的编制和报送范围，丰富舆情信息量。三是根据社区论坛的影响力和网民数，积极指导和帮助市级部门、县区和社区做好舆论热点或事件的应对处置工作，努力为全市推动科学发展、促进社会和谐营造友好的网络环境。

二、昆明网络文化建设与管理中存在的问题

（一）互联网信息基础数据不全

全市互联网络基础数据缺失的负面影响正逐步凸显。科研、决策咨询机构因数据缺失无法开展针对创新虚拟社会管理、促进互联网跨越发展等方面的研究，对政府政策的制定带来较大困扰；互联网企业因数据缺失无法针对性的制定发展战略和产品创新计划，容易造成决策失误，进而对相关产业带来不利影响。互联网基础数据缺失已成为阻碍全市经济社会发展的重要因素之一。

（二）网络文化建设总体水平偏低

全市网络企业总量偏少，从事网络文化产业的企业更少；网络基础设施与先进地区存在明显的数字鸿沟；互联网的普及率、应用状况、对国民经济的贡献及企业国际竞争力还有差距。网络文化建设发展不平衡，仅以网络供应商为例：主城区成为各网络供应商的扎堆之处，电信、联通、移动、长城宽带、铁通等商家云集，促销手段多样，价格及产品多元，有的地方甚至出现重复建设，而在偏远县区特别是山区，要么没有此类服务，要么供应商仅一到两家。主城区、城镇聚集区网络文化资源获取简便、快捷，偏远地区获取较为困难。

（三）网络文化管理体制机制不健全

全市网络管理体系存在多头管理、职能交叉、职责不明、力量分散，宣传、公安和文化等多个部门都涉及互联网信息管理，针对网络文化管理的分散性大，执法力度降低，在舆论引导工作中存在信息共享不足、协调机制不顺的问题，以致热点应对和舆论引导难以真正到位，难以有效控制整个网络文化环境。虽然成立了互联网信息工作领导小组办公室，但实际工作是指导和协调，很难对拥有管理权的部门形成实际的影响力，如近年来，昆明市陆续制定下发了《关于建立网络发言人制度的实施意见》等多个文件，但落实情况不理想，执行不力，存在网民在网上反映的社情民意得不到及时的收集和有效的回复，政务信息公开更新迟缓等问题。

三、国内外网络文化建设与管理经验借鉴

（一）国外网络文化建设和管理的有效做法和成功经验

以法律法规为依据主导网络文化。美国自 1978 年以来先后提出 130 项法案，成立了全美电脑安全中心对本国互联网进行管理。美国有关互联网联邦立法及其他相关法律涉及范围广，条款具体，构成了对互联网文化建设与管理全方位的法律体系。除美国外，英国、日本、法国、德国、芬兰、韩国、印度、新加坡等国家都对互联网的管理制定了各类详细的法律和法规。

重视网民自律、行业自律和公众监督。为营造较好的道德氛围，政府不仅向互联网的社区成员进行宣传呼吁，还借助于社会团体组织和国家的力量来保证得到的自律作用。如美国政府一直倡导的有关互联网行为道德标准“摩西十戒”就是由美国计算机伦理协会制定的关于计算机道德的十条戒律。又如美国、英国等网络供应商与网民签订君子协定，明确实行有害信息“通知删除”和“删除免责”机制。再如英国网络服务提供商自发成立半官方行业协会组织，鼓励从业者自律并要求网站必须承担相应社会责任，该协会代表整个行业向违规者施压，迫使其改正甚至采取严厉措施使其失去发展机会，经过十几年的努力，英国网上源自本土的非法内容仅占 0.2%，在被举报的网上非法信息源中来自英国本土的只占 1.6%。

依法打击网络犯罪，依法严格管理政治言行。保障儿童权益、保护个人隐私、打击色情犯罪等是各国互联网立法的重点，在网络上传播色情、暴力，教唆犯罪等在各国都属违法行为。严格管理政治性网站及网上政治性言行，西方主要国家的媒体网站很少开设论坛和设置新闻跟帖权限，据有关部门对 20 多个国家 60 多个知名英文媒体网站的逐个调查，允许新闻跟帖的只有 5 家，开设论坛的只有 9 家，基本不向普通网民提供博客服务并有着严格的监管制度。

（二）国内网络文化建设和管理的有效做法和成功经验

深入开展网络活动，凝聚网络民心民力。镇江、宁波、杭州等城市坚持组织网站、协调版块，常年策划开展爱心募捐、志愿服务、环保行动、捐资助学、摄影征文、文化巡访、全民健身、网友互助、主题讨论、建言献策、自治公益等网络主题实践活动，吸引了数以万计网民的积极参与，起到了提高网民认知水平，消解消极文化的作用。

大力扶持网络公益爱心群体发展。如镇江市广泛开展“大爱镇江”主题创建活动，先后组建形成“黄丝带”网络志愿者、“社会妈妈”“社会儿女”“0511 爱

心家园”“镇江文化之旅”等10多个网络活动品牌，40多个网络群体，50多个QQ群常年活跃在爱心公益活动的第一线。

集中力量打造网民节活动品牌。自2009年中国互联网协会举办首届中国网民文化节后，国内多个城市连续策划举办“网民节”活动，着力打造网络文明建设品牌活动，推出一系列网上网下活动，成为全市网民热切期盼的网络盛会，有力营造了大爱、和谐、公益的网络环境。

以互联网文化协会为载体促进网络文化建设管理。各城市网络文化协会开始试点承担部分网站备案的日常审核工作、增值电信业务经营许可证年检工作；承担“网站备案信息真实性核验”、网站实名认证、安全认证、可信网站认证、网络淫秽色情专项整治、互联网新闻信息规范清理等工作；组织本地新闻网站、论坛网站的编辑、热点版主等网络从业人员参加网络信息安全培训、政治业务培训等，提高网站从业人员的综合素养水平。

发布互联网发展状况调查报告白皮书。广州、杭州、深圳、宁波、镇江、舟山等城市相继发布各城市互联网发展状况报告，对网民数量、互联网资源、网民结构特征、网民上网方式以及网络应用情况等信息进行了全面摸底，全方位地反映了城市互联网发展的现状，受到社会各界广泛好评。

四、进一步加强昆明市网络文化建设和管理的对策建议

（一）着力推进网络文化领导体系建设

建立领导小组。在市、县两级分别成立互联网管理工作领导小组及办公室，由党委分管副书记担任组长，宣传部等部门为成员单位，领导小组负责指导全市、全县（市）区互联网建设与管理部门开展工作，研究带有前瞻性、战略性、全局性的互联网管理措施，处理涉及意识形态安全的网上重大问题，指导和协调各管理部门有序开展工作。

明确职责分工。尽快明确宣传部、文体广局、工信委、公安局等部门在管理网络文化发展中的职责，争取在市一级设立通信管理局。在加强分工管理的同时，建立由宣传部牵头、各有关部门参与的网络文化建设与管理联席会议制度，建立以会商协作、齐抓共管为平台，以舆情研判为重点的联动管理模式。

多中心治理。积极依靠昆明市网络文化协会开展网络文化建设与管理，提高其自我管理与自律能力，通过协会的号召、组织和推动网民在创造和发展网络文化的过程中自主自觉地遵守相关法律规范与道德要求，进一步提升网民参与的主动性，促进网络文化的健康发展。

重视舆情引导。建立从舆情发现、舆情研判到应对方案制定、网上引导实施

的一系列工作机制，进一步形成以宣传部门为主导、实际工作部门相配合、网上报道与网上评论相结合的网上舆论引导格局。进一步完善各类新闻发布制度，改进对重大突发事件和群体性事件报道，及时准确发布权威信息，最大限度地压缩小道消息和谣言在网上传播的空间。切实提高引导水平和技巧，善于运用网言网语与网民交流，在潜移默化中通达社会民意，疏导公众情绪加大督查力度。探索建立网络文化建设和管理绩效评估体系，明确各级各部门的量化工作任务，对各县（市）区、各开发（度假）区、市级各部门政务网站的政民互动、政务信息公开等事项建立严格的考核体系，明确奖惩。

（二）重点打造网络文化内容品牌

制定网络文化发展规划。明确今后一个时期网络文化的发展目标、发展重点和发展战略；制定网络文化产业振兴计划，确定网络文化建设的重点行业、重点企业和重点项目，制定相关优惠扶持政策。

壮大网络文化产业。调动传统文化单位、网络文化行业参与昆明地域特色网络文化建设的主动性、积极性和创造性，开发具有高质量的网络文化产品，集中力量支持重点产业和重点项目，不断提高网络文化产业的规模化、专业化、国际化水平，努力形成一批“立足中国、放眼世界、社会责任感强”的网络文化骨干企业，增强网络文化产品对东南亚、南亚的影响力。

创新文化服务方式。以中华文化、西南边疆少数民族文化及东南亚、南亚文化融合为重点，大力加强数字图书馆、博物馆、文化馆、艺术馆、信息化共享工程建设；打造网民节活动品牌，推出系列网上网下活动，大力扶持网络公益爱心群体发展，努力形成一批具有昆明气质、体现时代精神、品位高雅的网络文化品牌。

实现互联网基础数据调查工作的常规化、制度化。参照上海、天津、广东、黑龙江、江苏、四川等省，以及广州、杭州、深圳、宁波等城市，组织力量开展互联网发展状况调查，发布“昆明市互联网发展状况调查报告”并建设和完善以IP 地址信息为主要内容的全市网站信息数据库。

（三）积极营造健康网络文化氛围

依法规范网上行为。加大法规制度建设，尽快将昆明市网络文化建设管理相关制度列入市级人大立法计划，加强对网络新闻、论坛、贴吧、短信彩信、博客、播客、视频、手机报等网络传播形态的依法监督管理，严格管理政治性网站及网上政治性言行，严肃查处网上违法违规行为，依法严厉打击网络犯罪行为。

正面舆论引导。在把握时代主题、体现时代特征上下功夫，在丰富内容、创新形式上下功夫，在贴近生活、贴近实际、贴近群众上下功夫，在增强宣传的吸引力和感染力上下功夫，以社会主义核心价值体系引领网络多元化思潮。打造一批如“昆宣发布”一类的网络宣传品牌，组织网站、协调版块策划开展爱心募捐、志愿服务、环保行动、捐资助学、摄影征文、文化巡访、全民健身、网友互助、主题讨论、建言献策、自治公益等网络主题实践活动。发挥网络及时、互动、点播以及多媒体传播优势，运用并实现手机短信、移动电视等新兴传播工具与互联网的互动传播，扩大宣传覆盖面。推动传统媒体和网络媒体的良性互动，实现网上网下同频共振，增强主流舆论的影响力。

重视网民自律、行业自律和公众监督。发挥行业协会作用，激励和引导更多的网站举办者、网络从业人员和广大网民自觉参与到文明办网、文明上网的行动中来，引导业界自觉遵守法律法规和社会公德。强化大众传媒的正确评价和引导，如报刊、杂志、电视广播、网络等对正确的网络价值观念、活动方式、行为规范等进行宣传报道，对一些应予批判的网络文化现象以及事件加以积极的评论、分析，主流网站带头严格按照相关法律法规进行运作、管理等。强化社会教育和监督，把互联网法制和道德教育纳入精神文明建设的总体布局，发动各级党委和工、青、妇组织以及城市社区，积极开展网络法制和道德教育，切实提高网民的法制意识和道德素养，促进公众监督。

倡导绿色上网。加强青少年的网络法制和道德教育，把网络法制和道德教育纳入学校思想道德教育课程，努力引导广大青少年积极参与到文明办网、文明上网活动中来，推动形成有利于青少年健康成长的网络文明新风。在各级图书馆、文化馆、社区文化活动站等，开展公益性绿色上网服务，帮助青少年远离非法网吧。积极推广运用在用户终端过滤有害信息的技术防护新产品，采取赠送或低价等方式加大向社会和家庭宣传、普及和推广的力度，使青少年学会自我防护，抵御网上有害信息侵蚀。

（作者单位：市委宣传部、市社科院）

精心打造文化昆明
建设幸福美好城市

白 易

昆明市委九届六次全体（扩大）会议提出“把昆明建设成为绿色经济强省的龙头，民族文化强省的枢纽、中国面向西南开放的国际门户和桥头堡城市”。2012年2月，昆明市出台了《关于加强建设文化强市的实施意见》，并批准印发了由市文化广播电视体育局拟定的《昆明市“十二五”文化、广电及体育事业发展规划》，对繁荣文化事业、发展文化产业进行了具体部署。规划要求要建设一个枢纽，即到2015年，把昆明基本建成民族文化强省的枢纽；实施四大战略，即提升历史文化名城战略、民族文化资源转化战略、拓展国际文化交流战略和构建文化共享家园发展战略；打造“三城”：博物馆名城、图书馆名城和昆明高原国际体育名城；构建“三大体系”，公共文化服务体系、公共广电服务体系和公共体育服务体系。

一、加强宣传发动，进一步营造文化强市良好氛围

昆明市按照科学发展观和建设“桥头堡”战略的要求，充分认识文化强市战略的重要意义，大力宣传文化强市战略，不断提高文化自觉、增强文化自信。通过广播、电视、报纸、网络等媒介，不断向广大市民和群众宣传昆明市文化强市建设的相关政策和举措，加深认识、形成合力，努力营造全市各族人民群众积极参与实施文化强市战略的良好氛围。同时，深入构建社会主义核心价值体系，牢固树立“刚毅执着、敢于担当、追求不凡、崇尚实干”的精神，始终把文化建设贯穿到建设现代化昆明和区域性国际城市的各个领域，始终把文化建设的立足点和出发点放在满足人民群众日益增长的精神文化需求上，深入开展“科学发展、和谐发展、跨越发展”大讨论活动和“爱我昆明、美在春城”主题实践活动，强

化社会公德、职业道德、家庭美德、个人品德，营造“爱文化、学文化、传文化、兴文化”的浓厚氛围，增强市民文化素质，提高城市文明素养，提升城市文化品位，为建设美好幸福新昆明提供强大的精神动力和文化支持。

二、加大投入，完善公共文化服务体系

按照文化强市战略的目标要求，结合文广体事业“十二五”规划，昆明市不断加大财政投入，在全市形成布局合理、功能完善、覆盖城乡、人均拥有公共文化设施数量和质量达到全省先进水平的公共文化服务体系。

一是继续加大对公共文化场所被挤占挪用问题的督查工作力度。每月向市委目督办、市政府目督办汇总报告清理进度情况，由市委市政府目督办专项督查公共文化场所挤占他用问题的查处整改。

二是建立健全文化强市财政保障机制。坚持以公共财政为支撑，创新融资渠道，确保公共文化经费投入逐年增加。2012 年度昆明市文化项目经费投入达 3300 余万元，较 2011 年度 2900 余万元增长了 13%，同时积极向省体育局提出申请，提高体彩公益金返还比例。

三是积极开展基层文化基础设施建设。文化馆建设方面，2011—2012 年，在保持原有各项投放的基础上，中央、省市专门投入 100 万元补助资金用于嵩明县图书馆、宜良县图书馆、晋宁县文化馆的维修改造，切实加大了对县级文化馆和图书馆的投入工作力度。昆明市现有达标文化站 105 个，6 个乡镇文化站上报为 2013 年中央预算内投资计划草案。2012 年度的 311 个农家书屋的建设任务已于 6 月底完成并通过省新闻出版局验收，标志着“十一五”规划的 1587 个农家书屋建设任务全面完成，并对已建成的 1276 家农家书屋开展了自查、复查、督查工作。目前，昆明市已投入农家书屋建设地方配套资金近 1778. 73 万元，选配图书 2376500 册，完成 1233 个文化信息资源共享工程站点建设任务。正在建设中的文化站（室）公共电子阅览室有 107 个，11 个公共电子阅览室市级试点已启动服务。已完成了 14 家第四批省级文化惠民示范村的申报工作。实施了“两馆一站”的免费开放，全市所有文化馆（站）、公共图书馆均实现了面向社会全部免费开放。

四是加快重大公共文化基础设施项目建设。2012 年，昆明市的各项公共文化重点基础建设项目继续稳步推进，科学规划、扎实推进“十二五”时期十大公共文化基础设施重点项目建设，打造城市文化新地标。自昆明市人民政府办公厅下发了《关于加快推进公共文化基础设施重点项目建设的通知》以来，昆明市积极推进，已确定了昆明市文化馆、昆明市中心图书馆、昆明文苑、昆明市妇女儿童中心、昆明市青少年活动中心等五个项目的建设选址；初步确定了市民族民俗博物馆、市民族文化宫、泛亚艺术中心等三个项目的选址方案；编制完成了昆明市

文化馆、昆明市图书馆、昆明泛亚艺术中心等三个项目的《项目建议书》；文庙复原修建项目一期工程已于2012年7月正式启动；昆明市体育学校暨全民健身中心项目将于2013年3月31日前完工。

五是抓好公共文化服务均等化工作的落实。2012年，昆明市按照《昆明市人民政府关于印发建立健全基层公共文化服务运行机制逐步实现公共文化服务均等化实施意见的通知》要求，召开了“建立健全基层公共文化服务运行机制推进会”。一方面切实抓好国家公共文化服务体系示范项目创建工作，推动公共文化服务城乡一体化建设，规划建设一批省级文化惠民示范村。另一方面要求各县市（区）、各国家级省级开发（度假）园区认真贯彻落实2号文件，对工作落实情况实施“一月一报一通报”工作机制，并将其纳入市委目督办2012年动态目标考核，创新服务理念、充实服务内容、提升服务层次，全力推进公共文化服务均等化工作，加快“公共文化服务包”项目开展。由市文广体局不定期对其进行专项工作督查。目前，大部分县（市）区实施方案均已细化、分解、下发，按照年人均6元标准，市级补助资金881.22万元的50%已拨付到位，剩余的50%待考核结束后再行拨付。昆明市被列为第一批国家公共文化服务体系示范项目的“社区文化沟通机制建设”项目已顺利通过文化部及省文化厅组织的中期考评，此项工作得到了中央领导同志的肯定，并批示要积极总结经验下一步在全国进行推广。

六是着力解决广播电视收听收看难问题。市文广体局加快推进三网融合试点、“文化惠民乡村影像库”建设，全面完成广播电视“村村通”工程，启动“户户通”工程，推进农村电影放映工程建设。目前，市政府已批准了“十二五”期间昆明市广播电视村村通直播卫星覆盖工程实施方案，第一批8664套直播卫星接收设备已经全部到货并已完成安装调试，第二批设备正在招标。与省政府签订了云南省直播卫星“户户通”工程目标责任书，草拟了《昆明市直播卫星公共服务“户户通”工作实施方案》。拟在全市范围内实施农村有线广播“村村响”工程，该项工程已列入市委目督项目，实施方案征求意见稿已上报市政府。

七是大力开展全民健身工程。进一步打造群众性文化体育活动品牌，发挥基层业余文艺团队作用，改善基层文化工作者待遇，培养基层文艺辅导员、社会体育指导员、基层文化管理人员，开展涉及人多、参与面广、覆盖率高、影响力大的群众文化体育活动。

八是把文化建设的重心向农村转移，文化乐民、文化育民、文化富民。2012年，昆明市以村级“农民演艺协会”为抓手，开展“欢乐乡村大家乐”系列文化活动，实现“文化乐民”。首创成立了村级“农民演艺协会”，对自发的、分散的农民业余演出队进行有组织的引导和帮助，开展了“欢乐乡村大家乐”创建活动，实现广大乡村（社区）“天天有歌舞、月月有电影、季季有比赛、年年有演出、人人有书读、家家有电视看”的目标，让广大乡村群众“活动起来、欢乐起来、和谐起来、先进起来、富裕起来、文明起来”。目前，全市有1000余支农民业余演出队伍常年开展“文化广场”“文化晒场”活动，成为广大农村宣传政策法律、倡导文明风尚、抵制落后文化、建设和谐农村的主力军。以发展文化产业为依托，实现“文化富民”。利用昆明特有的文化资源，全市大力发展乡村特色文化产业，包括刺绣、雕刻、节庆、文化旅游、商业性文艺演出、有特色的农家乐、其他文化经营服务等多种文化经营活动，直接用文化的方式实现“富民”的目的，对传统文化、民族文化和非物质文化遗产进行“生产性保护”，从业人员近2万人，年收入3.5亿元。

三、推动文化创新，促进文化产业融合发展

文化产业发展是推动文化强市建设的一个重要支撑。昆明市高度重视文化的经济价值，充分发挥市场机制作用，用经济手段做文化，用市场力量推文化，大力发展创意设计、现代传媒、动漫游戏、新闻出版、演艺娱乐、广播影视、文化旅游、广告会展、艺术培训等重点文化产业，实现文化产业与旅游、会展、高新技术等产业融合发展，增加相关产业文化含量，延伸文化产业链，提高产业附加值，推动文化产业成为昆明市国民经济支柱性产业，到2015年，文化产业增加值将力争达到400亿元以上，占GDP比重达到11%以上。

一是全面实施文化产业创新。在挖掘民族民间文化、宗教文化、历史文化、农耕文化等方面下功夫，以旅游为载体、文化为灵魂，推动文化与旅游、科技的深度融合。2012年6月，七彩云南·古滇王国项目在昆明正式签约，该项目以深度挖掘古滇国文化，探寻云南精神的文化脉络，集文化体验、旅游观光、休闲度假、商务会展、旅游购物等功能为一体，是集云南文化大成的综合性文化旅游城市项目。

二是大力扶持重点文化企业。打造一批外向型骨干文化企业和知名民族文化产业品牌，培育一批文化产业集群，推进一批文化产业集聚园（区）建设。根据《文化部关于做好第四批国家级文化产业示范园区和第五批国家文化产业示范基地申报命名工作的通知》要求，市文广体局对符合条件的云南民族村有限责任公司等8家企业进行了申报。在今年的云南省优秀文化企业评选活动颁奖典礼中，昆明市15家企业荣获省文化厅颁发“最具影响力文化企业奖”，30家企业荣获“最具创意性文化企业奖”，35家企业荣获“最具成长性文化企业奖”。另外，在今年的国家文化出口重点企业和重点项目的申报工作中，昆明市共有70于家文化企业进行了申报，目前正在等待审批。

三是继续加大文银合作和为企业服务力度。积极尝试“政府引导、文化做媒、银企联姻”的投融资模式，鼓励和扶持文化企业发展。2012年一共为237家文化

企业提供了多项金融服务，如减免企业开户费、账户维护费等20余项金融服务手续费。为有贷款需求的151家企业开展贷前调查、资料搜集等工作。现已对文化企业投放贷款1.65亿元，并为昆明广播电视网络有限公司等69家参选企业进行贷款申报和贷款审批，预计授信总额将达20亿元。同时，昆明市认真做好国家文化出口重点企业和重点项目的申报工作，为70余家企业进行了申报；力推昆明市动漫企业——云南美瑾奇奥传媒有限公司制作并在CCTV少儿台播出的20集3D动画连续剧《彩云南》到国家广电总局参加评选；组织了50余家文化企业代表参加4月在昆明世纪金源大酒店举行的第7届中国义乌文化产品交易博览会推介会。开展了全市高尔夫球场综合清理整治工作。

四、满足文化需求，推动文化艺术精品创作

昆明市坚持“传承优秀文化传统”和“把握时代主旋律”相结合，制定完善的文艺创作扶持激励机制，以昆明独特的历史文化、民族文化、宗教文化、生态文化和现代时尚文化资源为土壤，创作出更多具有时代风格、民族元素、云南特色和昆明气派的文艺精品。在文化部主办的2012年全国优秀剧目展演活动上，云南省参演的3台优秀剧目之一、荣获云南省新剧（节）目展演特别奖的昆明市民族歌舞剧院的大型民族歌舞《有一个美丽的地方》，作为入选优秀剧目2012年10月23日、24日在北京解放军歌剧院上演，受首都观众好评。整台演出由序《山花烂漫》、第一场《红土先民》、第二场《山林之恋》、第三场《收获时节》、第四场《绿野仙姿》和尾声《香格里拉》组成。由昆明市民族歌舞剧院整合省内外优秀导演、编剧、灯光、舞美和演员的大型歌舞音乐剧《孔雀树》正在排演中，力争在年内进行公演。昆明市还成功举办了第二届昆明聂耳音乐节暨纪念聂耳诞辰100周年系列活动；举办了由中央电视台、昆明市委、市政府联合主办，云南省广播电视台、市文明办、昆明广播电视台联合承办的、展现“春城”昆明美好形象的“千里共婵娟·壬辰年七夕”昆明大型公益性电视文艺演唱晚会。文艺晚会在CCTV-3进行了直播，央视为昆明量身订制了以“大美滇池、花样春城、浪漫昆明”为主题的城市宣传片，第一次在昆明进行了文艺晚会航拍、在不同时间从空中俯瞰昆明全貌，集中展示春城昆明的变化。大力宣传了现代新昆明的建设成就，树立了昆明良好的城市形象。

2012年10月18日，昆明市文学艺术界联合会第六次代表大会在昆明举行。来自全市各民族、各门类的文艺家们汇聚一堂，对过去5年市文联的工作进行了回顾、总结，并为昆明未来的文艺发展建言献策。市文联通过坚持组织开展各种形式的采风活动，举办笔会、年会、培训班、研讨会等，为昆明文艺家深入生活、潜心创作创造条件、搭建平台，培养锻炼出一大批各门类德艺双馨的文艺人才。

其中，诗人雷平阳荣获第五届鲁迅文学奖；作家存文学荣获上海第十三届国际电影节金爵奖和台湾第47届金马奖最佳编剧入围奖等多项大奖；儿童文学作家吴然荣获第八届“全国优秀儿童文学奖”。昆明市文艺家创作的小说、诗歌、散文、戏剧等新作，形成了广泛的社会影响，收到良好效果：迄今为止，云南有4人获“鲁迅文学奖”，昆明作家协会的诗人于坚和雷平阳两位名列其中。作家何群创作的32集电视剧《那些迷人的往事》在央视8套黄金时段播出，受到广泛关注；昆明电视剧制作中心拍摄制作的36集电视连续剧《长河东流》登上央视且收视率较高；昆明电视台制作的电视剧《乐事拐拐小楼上》播出后反响强烈；嵩明作家李文明的中篇小说《枯藤老树》改编成数字电影《老树》在央视电影频道播出，为昆明市数字电影文化工程项目闯出新路子。“昆明市民间文艺调演”已连续举办了七届，成为展示民间表演艺术最有影响力的活动之一；“‘笑咪乐呵新昆明’——曲艺、小品、小戏大赛”创作、排练、演出了一批思想性、艺术性、观赏性、娱乐性相统一的优秀作品；“聂耳杯少儿音乐大赛”“星海杯全国钢琴大赛”已成功举办了三届，在音乐界引起较大反响；市文联下属的12个协会全面完成了换届工作，新成立了昆明文艺评论家协会和昆明收藏家协会。14个县（市）区文联全部成立，昆明公安文联的成立，迈出了昆明市行业文联建设工作的第一步。人民文学出版社与昆明儿童文学研究会在昆明挂牌成立了“儿童文学·生态文学”创作基地；儿童文学研究会为培育文艺新人，打造了“文艺苗圃”。在昆明市第六届茶花奖的文艺类作品评选中，张庆国的中篇小说《如风》以极大的关注度进入复选。这部小说首发以来，已被《小说月报》《新华文摘》等多家刊物转载。冉隆中的代表作《底层文学真相报告》影响广泛，成为一种独特的批评文体。书法家协会用书法展示“经典昆明”，鼓励书法家们书写历代歌颂昆明的诗词、发生在昆明的历史事件和历史人物，美术家协会在绘画中挖掘昆明资源等，从多方面满足群众的文化需求。

五、重视人才培养，打造文化人才培育工程

昆明市高度重视文化人才培养和引进在文化强市战略中的关键作用，通过举办各类培训班和“以奖代补”的方式不断提升文化人才的素质，激发文化人才的工作热情。2012年以来，昆明市继续加强对文化人才的培训工作，组织了2012年文化站站长培训班，对全市135名文化站站长及相关工作人员进行了业务培训；组织各县（市）区分管村村通建设和维护管理工作负责人、村村通技术工作人员参加了省广电局举办的“十二五广播电视村村通第一期直播卫星覆盖技术培训班”；完成了全市250名社会体育指导员培训任务。另外，还完成了2012年度昆明市文学艺术创作“茶花奖”评选活动和广播电视“金孔雀”奖评选活动，提升了文化

工作者的工作动力。

六、加大交流力度，增强城市文化的影响力

2012 年以来，昆明市紧紧围绕云南“桥头堡”建设战略目标，成功举办了“昆明国际文化旅游节”“昆明国际旅游交易会”“郑和国际文化旅游节”“东川泥石流国际汽车越野赛”“昆明高原国际半程马拉松赛”“环滇池高原自行车赛”等有影响力的大型活动。通过演艺娱乐、文化旅游、文物博物、民族民间工艺、文化创意、文化会展、文艺人才训练、数字内容和动漫、网络游戏等为重点领域，采取合资、合作的方式，充分利用两个市场、两种资源，推动国际文化交流合作，促进国内外区域文化交流合作互动发展。举全市之力、集全市之智、行务实之举，抓好第十三届亚洲艺术节各项筹备工作，把第十三届亚洲艺术节打造成为昆明文化盛事、中国文化盛会、亚洲文化盛宴，为推动中国与亚洲其他国家的文化交流作出贡献。另外，昆明市还完成了昆明与苏黎世互派艺术家的公选工作，选拔出的两位艺术家已派往苏黎世，也安排接待了来到昆明的苏黎世艺术家。

加快文化强市建设已成为全市上下的共识。在下一步的工作中，昆明市将在进一步理清思路、明确发展目标，从文化素养提升、抓文化惠民覆盖、文化产业繁荣、文化精品创新、文化人才培育、文化交流拓展等方面继续努力，凝聚全市之力，全力开创文化发展的生动局面，继续推进文化强市建设，促进昆明市文化大发展大繁荣。

七、大型活动精彩纷呈，群众性文广体活动丰富多彩

一是成功举行了系列活动。如第二届昆明聂耳音乐节暨纪念聂耳诞辰 100 周年系列活动。先后在昆明、北京、上海、玉溪等地举办了纪念聂耳诞辰 100 周年音乐会巡演和纪念活动，受到社会各界高度评价。

二是组织画家进行以大观楼长联为主题的国画精品创作。昆明市在大观楼启动了大观楼长联联意国画创作活动，来自中国国家画院的 10 余名著名画家在大观楼以大观楼长联为主题进行国画精品创作，并将创作完成的国画精品移交昆明市。其中，画作的原作将由昆明市博物馆永久收藏，复制品将悬挂于大观楼，供市民游客参观欣赏。

三是举行了第 13 届亚洲艺术节旗帜交接仪式。2012 年 3 月 23 日，在云南海埂会堂举行了第 13 届亚洲艺术节旗帜交接仪式，文化部及省、市领导出席了会旗交接仪式。第 13 届亚洲艺术节各项筹备工作正式启动。

四是举办了大巡游活动。如 2012 昆明国际文化旅游节、昆明狂欢节广场歌舞

展演及开幕式大巡游活动等。

五是赴南美慰侨访问演出大获成功。2012 年 1 月 26 日，昆明市民族歌舞剧院参加了由中国国务院侨办和中国海外交流协会率领的赴南美洲进行“文化中国·四海同春”春节慰侨演出活动。整个演出活动历时 20 余天，正式演出 6 场。昆明市民族歌舞剧院带去的精品晚会《七彩云南》，获得了海外观众的热烈欢迎和喜爱，让南美地区的人民认识了云南的文化魅力。

六是举行了世界行走日活动。在呈贡区洛龙公园举行了“无限级 2012 世界行走日”活动，近万名市民参加了本次行走 5 公里的活动。

七是推出了一系列文化活动。2012 年元旦、春节期间，昆明市积极开展丰富多彩的群众文化活动，推出了新春舞台音乐会演出、传统民俗活动、文博书画展览、数字电影放映、群众文化活动、“文化下乡”等 50 余项、1000 多场文化活动。在安宁八街街道举行了春节文艺展演及踩街活动；在嵩明县兰茂广场举办了“龙腾虎跃闹元宵”全国龙狮大联动昆明分会场——“昆明市龙狮比赛”活动；在云南艺术客厅参加了云南省首届农民工文化节活动之一的农民工歌手演唱比赛。在西山区举办了“三月三，耍西山”首届昆明西山民间民俗艺术节活动。市文广体局还成立了电影放映工作领导小组，印发了《关于认真组织开展 2012 元旦春节期间电影放映活动的通知》。电影院线公司统一制作了 120 条“欢庆 2012 元旦、春节电影放映活动”宣传横幅，供每支放映队在放映现场悬挂。活动期间城市广场社区放映电影 100 多场，农村放映电影 1200 多场。1 至 4 月，全市共放映农村公益电影 4495 场。4 月 17 日，云南卫视《云南新闻联播》报道了昆明市农村数字电影放映实现全覆盖的消息。

八、文化遗产保护取得新进展

昆明市有计划、有重点地指导并监督各县（市）区和直属单位做好文物维修工作。指导县（市）区实施了曹溪寺宝华阁等 5 项文物保护单位的保护和修缮。开展了第五批市级文物保护单位的“四有”工作，完成标志碑、说明碑设计和“四防”安全责任书签订工作。经过积极组织项目申报，2012 年 1 月，昆明市共有 20 个项目被省政府公布为第七批省级文物保护单位。指导禄劝县公布县级文物保护单位 24 项。市文广体局起草并上报市政府下发了《关于加强不可移动文物申报公布的工作方案》《昆明市人民政府关于加强文物保护工作的通告》《关于进一步加强文物保护与利用工作的通知》。联合昆明市公安消防支队下发了《关于加强各级文物保护单位、古建筑消防安全工作的通知》。指导市博物馆考古部配合各类基础设施建设工程，开展了云天化草铺建设项目、昆明恒隆广场等 4 个考古调勘工作。积极配合市住建局开展争创人居环境奖迎检前期准备工作；协助市园林局完成创建国家级园林城市复查工作。积极配合市住建部门在全市范围内开展传统村落调查。认真做好第三次全国普查后续工作。指导市博物馆编辑出版《昆明文物集萃》。

非物质文化遗产保护方面。积极做好第三批市级非物质文化遗产代表性项目名录和代表性传承人的申报、推荐和评审工作。举办了昆明官渡第二届全国非物质文化遗产联展。编撰了《中国非物质文化遗产普查报告·云南卷》昆明部分的总结，启动了《昆明市非物质文化遗产普查报告》编撰工作。开展非物质文化遗产论文征集工作。认真开展国家级和省级非物质文化遗产代表性项目保护工作的自检自查工作。下发了《2012 年昆明市非遗保护工作要点》。组织专家对《昆明市十二五时期非物质文化遗产保护发展规划》再次进行论证。抓紧准备昆明市的第七个全国文化遗产日宣传活动。配合省人大教科文卫委做好对《云南省非物质文化遗产保护条例》的征求意见工作。积极稳妥做好市级名录——东川汪家箐石板房的保护工作。

博物馆工作方面。继续发展挂牌博物馆，组织专家完成润德翡翠博物馆、昆明翼比航空博物馆的挂牌评审工作，全市博物馆总量达到 112 家。对注册博物馆运营情况进行复查，完成 2011 年度昆明市 26 家注册博物馆年检初审工作。从年检结果来看，各注册博物馆运营基本正常。全市对各县市区文物库房现状进行了调查统计并上报省市相关部门，积极争取资金对昆明市文物库房进行维修改造。“5·18 国际博物馆日”，昆明还开展了宣传活动，拉近博物馆与市民的距离。

九、文化市场健康有序

昆明市坚持“一手抓繁荣、一手抓管理”的方针，从人民群众最关心，各级领导最关注的问题入手，突出网吧、电子游戏经营场所专项整治，不断规范经营行为和经营秩序，提高文化市场管理工作水平。根据文化部和省文化厅的统一部署，结合昆明市文化市场的实际，开展了文化市场今冬明春专项整治行动；开展了“两会”和春节期间的文化市场集中整治行动；开展动漫市场专项整治行动。市文广体局制定下发了《关于在省市“两会”及“两节”期间开展文化市场集中整治行动的通知》。举办了“3·8”全国文化市场法制宣传日活动。向社会公布了“12318”文化市场举报电话。2012 年 1 月至 5 月，全市共出动执法人员 4153 人（次），车辆 1926 台（次），检查网吧 1960 家（次），查处违法违规经营的网吧 104 家，停业整顿 16 家，取缔“黑网吧”6 家；检查电子游戏室 1269 家（次），查处违规经营的电子游戏室 47 家，责令限期整改 28 家，取缔无证经营的电子游戏室 12 家，收缴电子游戏赌博机 1092 台、电路板 125 块；检查歌舞厅、夜总会、卡拉 OK 厅（KTV 量贩）1861 家，查处违规经营的歌舞厅、夜总会、卡拉 OK 厅

（KTV 量贩）46 家；罚款 56.21 万元。市文广体局联合市公安局、市工商局等部门，在全市举办首届有 60 家文化企业参加的文化市场“十佳知识产权保护企业”“十佳阳光娱乐企业”“十佳文明网吧”等“三个十”评选活动。评选出 30 家文化市场先进单位。

在“扫黄打非”和版权管理工作方面，昆明市认真贯彻落实中央和省、市“扫黄打非”工作部署，及时落实市委市政府领导重要批示精神。拟定了 2012 年“扫黄打非”集中行动方案，对全市“扫黄打非”集中专项行动作出了部署。端掉了 4 个非法出版物销售、仓储的黑窝点。在市体育场举行了侵权盗版制品及非法出版物集中销毁活动，公开销毁各类非法出版物 12 车共 30 万余册（片、盒）。组织了“加入绿书签行动”签名活动，向学生和市民发放“拒绝盗版、助力创新”的绿书签 15000 余张，开展了为期 12 天的“绿书签优惠购书活动”。市文广体局起草了《昆明市版权交易第一批配套管理办法》《昆明市使用正版软件工作领导小组各成员单位职责（讨论稿）》；起草并由市政府办公厅下发了《昆明市推进企业使用正版软件工作实施方案》；统计汇总了市政府 42 个委办局现有软件配置情况及拟采购正版软件的情况；接待全国软件正版化工作第七督查组到昆明市督查政府机关使用正版软件工作；向社会发布了《关于申请昆明市计算机软件著作权登记资助的通知》，接到并审核完毕昆明市辖区内各计算机软件开发商和个人的资助申请材料 280 件；完成《昆明市计算机软件著作权登记资助办法》宣传册和昆明市计算机著作权登记资助申请流程图 10000 册的制作工作；与云南省版权局联合组织开展了“拒绝盗版，助力创新”万人签字活动，发出《昆明市计算机软件著作权登记资助办法》3000 份宣传册和昆明市计算机著作权登记资助申请流程图；完成了《昆明市知识产权促进与保护条例（草案）》起草工作。

十、文化体制改革进一步深化

按照中央十七届六中全会、全国文化体制改革工作会议精神和省文化体制改革相关文件要求，由市委宣传部、市财政局、市人力资源和社会保障局和市文广体局四部门联合印发了《关于昆明市加快国有文艺院团体制改革的实施意见》。按照文件要求，市文广体局积极推进全市国有文艺院团体制改革工作。其中，昆明聂耳交响乐团已列入中宣部、文化部确定保留的国有文艺院团，继续实行事业体制；昆明市民族歌舞剧院已由差额拨款事业单位转为国有文化企业；石林彝族自治县阿诗玛艺术团已改为石林彝族自治县民族文化工作队；撤销了昆明人民曲剧团、宜良剧团、禄劝民族歌舞剧团、东川区歌舞团。至 2012 年 5 月 31 日止，昆明市文艺院团体制改革工作已圆满完成。全市十四个县（市）区完成了文化市场综合执法改革任务，组建了文化市场综合执法机构并挂牌，编制从改革前的 101 人增加到了现在的 181 人。全市 15 个文化市场综合执法机构中，有副处级 1 个（昆明市文化市场综合执法支队），占 7%；有副科级 8 个（盘龙区、五华区、官渡区、西山区、呈贡区、宜良县、石林县、禄劝县），占 53%；有股所级 5 个（东川区、安宁市、晋宁县、富民县、寻甸县），占 33%；未定级 1 个（嵩明县），占 7%。有参公管理 15 个，占 100%；工作经费纳入当地财政预算的有 15 个，占 100%。2012 年，中宣部、文化部、广电总局、新闻出版总署对 32 个全国文化体制改革工作先进地区、296 个先进单位和 198 名先进个人进行表彰，昆明市博物馆作为先进单位榜上有名。

十一、大力加强并完善昆明文化建设，共建幸福新昆明

（一）增强文化整体实力和竞争力

文化实力和竞争力是国家富强、民族振兴的重要标志。要坚持把社会效益放在首位、社会效益和经济效益相统一，推动文化事业全面繁荣、文化产业快速发展。发展哲学社会科学、新闻出版、广播影视、文学艺术事业。加强重大公共文化工程和文化项目建设，完善公共文化服务体系，提高服务效能。促进文化和科技融合，发展新型文化业态，提高文化产业规模化、集约化、专业化水平。构建和发展现代传播体系，提高传播能力。增强国有公益性文化单位活力，完善经营性文化单位法人治理结构，繁荣文化市场。扩大文化领域对外开放，积极吸收借鉴国外优秀文化成果。营造有利于高素质文化人才大量涌现、健康成长的良好环境，造就一批名家大师和民族文化代表人物，表彰有杰出贡献的文化工作者。

（二）历史保护要延续历史与文化的脉络

老百姓既是当地历史文化的传承者，也是受益者。因此在在历史文化古迹的保护和发展中，应当尊重市民的利益和愿望。这是中国城市规划设计研究院教授级高级规划师赵中枢对于古街区等历史文化古迹的保护和发展的独到见解。不能把老城作为包袱推出去，不能把现代生活中所有的基础设施和公共服务设施都放到历史文化街区。昆明并不缺那些千篇一律的现代化楼房，缺的是体现城市文化神韵的老街区、老建筑。政府应当完善老街区的基础设施，逐步改善原住地居民的生活条件，让老街区百姓的生活延续下去，从而完成一个城市历史文化的延续过程。在延续历史与文化的脉络方面，要反对肆意破坏，拒绝以假乱真。像平遥、丽江那样保留着相对完整的传统风貌的历史文化名城已经不多，甚至有些历史文化名城连像样子的历史文化街区都看不到，历史的东西消失，几乎完全丧失历史的氛围。昆明在保护历史文化名城的同时也存在部分重要传统格局或视廊遭到破

坏等问题。因此，做好昆明历史文化名城的保护，必须加强对昆明历史地理研究，从时间与空间两个维度扩展对城市文化完整性的认识，如把龙泉历史文化街区和南强历史文化街区的价值挖掘出来，成为历史文化名城的支撑。

（三）积极探索昆明文化与旅游深度结合之路

昆明市在着力打造“美丽春城、幸福昆明”，把昆明建设成为全国乃至世界知名的旅游目的地，建设成为市民心中极具幸福感、归属感和安全感的令人向往的魅力城市。如何在文旅结合上下功夫？一是在文化多样性的保护、旅游产业繁荣发展方面，树立良好形象，提供更加有说服力和可资借鉴的实例。二是通过文旅结合，使昆明市民的精神境界不断提高，形成良好的、和平安宁的社会风气和淳厚朴实的人际关系，增加市民的幸福感。三是把民族文化资源优势转变为经济优势，积极推动文化资源与旅游资源相结合，文化形成旅游的灵魂而促进旅游，旅游的发展则反哺文化，把文旅产业作为带动致富、发展经济的切入点，在西部乃至全国形成一定影响。四是保持昆明发展绿色经济、低碳经济、良好生态环境和生物多样性方面的魅力和优势，把昆明建设成为一个文化和生态良性互动、文旅一体化发展的示范区。

（四）建设有个性有特色的现代新昆明

在已公布的“2012 年中国最具幸福感城市排行榜”中，昆明以 87.46 分排名第 15 位，较 2011 年的第 30 位有较大幅度提升，且与前十位的城市差距不大，但失分较多的地方包括满足感指数项下的个性品质指数等，也就是缺乏一些个性魅力。目前，昆明正在按照建设现代新昆明和区域性国际城市的要求，以产城一体化、文旅一体化、城乡一体化的思路，计划用 3 年时间实现老城靓丽转身、新区拓展崛起，将建设成为最具魅力，最有幸福感、归属感和自豪感的宜居宜人新都市。

（五）切实解决公共文化服务方面存在的问题

一是解决文化馆的问题。如昆明市还有晋宁县、富民县、禄劝县、东川区等 4 个不达级的文化馆；经开区、高新区、滇池度假区、阳宗海度假区、倘甸两区管委会五个开发区没有文化馆；14 县（市）区文化馆部分馆舍面积不达标，有的无馆址（借用办公）等。应力争在“十二五”期间解决这些问题。二是解决图书馆的问题。如基础设施薄弱，全市 15 个馆中，未达标二级馆的有 6 家。有的馆舍面积狭小，至今未开设阅览室；有的馆舍被长期占用；有的是危房；有的被拆迁待建。经费短缺，发展困难。自动化服务程度较低，专业技术人才奇缺。免费开放需要政策和资金的扶持，需要社会各方面的关爱与支持。因此，必须加大投入力度，完善基础设施建设，争取社会各界的支持，加强馆际间的协作联合，实现资源共享，借鉴成功经验，尽快建立以市馆为龙头的集群化管理，实行上连市馆下连各社区及各乡村图书室的总分馆制服务。以实现图书馆事业的可持续发展。

幸福应当是关系老百姓衣食住行的、看得见摸得着的好事。除了温和如春的气候和独特的高原风光之美、民族风情之美和边陲风貌之美，一条条各具特色的景观大道、遍布居民区的小游园、绿地正在改变“秃城”“村城”“堵城”形象，连续 5 年优良率达 100%、2011 年优级天数达到 117 天位列全国第二位的主城空气质量；从“全国绿化模范城市”到“国家园林城市”等外，今天的昆明，还有独具魅力的传统文化和现代文明交相辉映、耀眼夺目的文化建设成就。

（作者单位：昆明市文化广播电视体育局）

Ⅱ 社会主义核心价值体系建设

建立三大载体 推进“四群”教育活动

“四群教育”课题组

省九次党代会提出开展“四群”教育、实施干部直接联系群众制度后，市委、市政府审时度势，围绕昆明发展大局，创造性地提出开展幸福乡村、和谐社区、服务企业三大建设工程，作为贯彻省委决策的载体工程，并在机关单位和行业系统开展“和谐单位”建设活动，服务好三大建设工程，推进“四群”教育活动取得实效。

一、主要做法

（一）领导重视，强力启动

省第九次党代会后，市委及时召开常委会，专题研究部署，成立领导小组，组建办公室，迅速启动全市“四群”教育工作。2011年12月9日，省委常委、市委书记张田欣同志深入禄劝县翠华镇兴隆村开展“四群”联系，举行了昆明市“四群”教育活动启动仪式。2012年2月17日，市委召开“昆明市开展‘四群’教育活动实施‘幸福乡村’建设工程暨基层组织建设年动员大会”，对全市“四群”教育活动进行再动员再部署，把昆明市“四群”教育活动推向深入。活动开展以来，先后制定出台了“四群”教育《实施方案》和幸福乡村、和谐社区、服务企业等50余个配套文件，完成18万余字的《“四群”教育资料汇编》，形成以《实施方案》为统领，配套文件为支撑，领导干部为重点，各方力量协调推进的“四群”教育活动工作格局，保证了活动有序推进。全市上下采取个人自学、集中辅导、专题培训、案例教育、民情体验、专题学习生活会、党课教育等多种形式开展学习，截至2012年9月底，全市共发放学习资料5万余册，市、县、乡各级班子共召开专题学习生活会1353次、集中学习3745次、参加学习7万余人次。

（二）点面结合，全面部署

在“四群”教育活动中，结合昆明实际，点面结合，全面部署，启动实施“幸福乡村”建设工程，在全市60个乡（镇）1025个村派驻2673名“四群”教育工作队员，市级财政每年安排3亿元、融资1亿元用于“幸福乡村”建设。实施中，在细化全市“扶贫攻坚”和“新农村建设”两个“三年行动计划”及2012年实施计划的基础上，整合市级挂钩联系部门驻村“四群”教育工作队员力量，使人员、资金、项目向占总数三分之一的年度项目建设重点村集中，突出重点，优化布局，明确责任，完善制度，建立适应推进“幸福乡村”建设工程需要、科学合理的工作机制，确保全市“幸福乡村”建设工程每年三分之一以上目标任务的圆满完成。同时，市委“四群”办结合驻村工作，组织暗访督查，督促项目进度。各驻村工作队发挥优势，整合资金，积极帮助各地争项目、办实事、解难题。启动实施“和谐社区”建设工程，在全市71个街道603个社区派驻“四群”教育工作队员4754人，其中，省级驻社区工作组55人，市（县）级驻社区工作组2895人，街道驻社区工作组1804人。驻社区工作中，“四群”工作队与党团员进社区开展志愿为民活动紧密结合，通过设立民情责任区、党建网格化管理、社区为民服务站“联系群众”窗口、志愿为民活动等方式，做好社区居民联系和服务工作，积极推进和谐社区建设；启动实施“服务企业”建设工程，从市级相关部门抽调部分人员，组建了5个服务企业“四群”教育工作组和1个服务企业督导组，重点服务我市19个县（市）区、开发（度假）区的785户规模以上企业。工程开展以来，及时建立和完善企业内培工作机制，突出重点、选定培育企业名单、搞好企业内培动态监测，主动上门服务，帮助企业理清思路、找准困难、解决问题，促进企业加快生产，良性发展。在服务方式上，建立重点问题联席会办机制，对11户规模企业25个重点问题进行了联席会办，支持帮助企业发展壮大，增强综合实力和市场竞争力。全市广大机关干部和教育、卫生、科技和工青妇行业系统通过实施“和谐单位”建设活动，紧紧围绕加快推进现代新昆明和区域性国际城市建设，履职尽责创先进、立足岗位争优秀、比学赶超创一流，倾力打造富强昆明、开放昆明、文化昆明、生态昆明、和谐昆明、幸福昆明，认真践行“刚毅执着、敢于担当、追求不凡、崇尚实干”的昆明干部精神，努力投身幸福乡村、和谐社区、服务企业三大建设工程，有力地推动了科学发展、促进了社会和谐、密切了党群关系、夯实了基层基础。

（三）突出重点，彰显特色

市委把开展“四群”教育与推进“幸福乡村”“和谐社区”“服务企业”“和谐单位”建设工程有机结合起来，各地各单位围绕全市中心工作，积极创新活动载体，突出重点，彰显本地特色。高新区积极推行“四合一”公共管理服务模式，推进和谐社区达标建设；五华区探索建立“四三二一”群众工作模式和“84510”为民服务体系，推进“四群”教育活动深入开展；盘龙区建立深化一套模式、建好两个场所、抓好三个全覆盖、培育四支队伍、落实五项保障措施的“一二三四五”操作模式，推进“四群”教育工作；西山区强化领导，坚持“三覆盖三率先”，采取签订《和谐社区建设工程目标责任书》的形式，统筹推进“和谐社区”建设；官渡区以“发挥社区优势，拓展社区服务”为重点，全面推行“党建共建理事会”工作机制，提升和谐社区建设；呈贡区落实领导联户，进一步强化服务理念，推动和谐社区建设；东川区乌龙镇在“幸福乡村”建设中，将情况类似、性质相同的4个村民小组321户1260人的易地搬迁与幸福乡村建设紧密结合，按照村庄布点规划，采取“三统一、三分类、三结合”模式集中迁并到乡镇安置，做到了统一户型风格、统一规划建设、统一搬迁地点，实现项目建设与新区建设两促进两结合；官渡区大板桥街道立足空港新区优势，在推进“幸福乡村”建设中，全区38位区级领导在该办事处建立了挂钩联系，并选派63名优秀“四群”工作队员进驻街道的20个社区，把“四群”教育工作重心和力量向基层集中，项目资金向基层倾斜，形成上下协力促发展的良好局面。

（四）宣传发动，多方参与

市委“四群”办专门组建了“四群”教育活动宣传办公室，为实施“四群”教育广泛发动群众营造良好的舆论氛围。截至9月份，市级媒体在主要版面、时段开设专栏专题，陆续推出系列报道，共刊播稿件500余篇（条），中央级、省级新闻媒体（包含网络媒体）共刊播我市“四群”教育稿件约100余篇（条），有力地扩大了“四群”教育在全市乃至全省、全国的影响力。做到了多方参与、群众知晓、共同推进的目的，使“四群”教育活动成为建设幸福美好新昆明的助力器。

（五）多措并举，督查促进

市委“四群”办采取电话督查、列表督查、调研督查、通报督查、派出明察暗访督导组等方式，加强督促检查。督查内容围绕人员是否在岗、项目是否推进、村情民意是否熟悉、联系群众是否落实等，通过定期不定期的明察暗访，确保“四群”教育活动不流于形式、不走过场。同时，加强正面引导，广泛运用电视、广播、报纸、网络、手机短信等媒体，加大督查工作的宣传力度，营造良好的舆论氛围。

二、主要成效

（一）深入基层联系群众，干部受到了教育

紧紧围绕“四群”教育要求，在城乡基层党组织全面建立第一书记（常务书记）制度，夯实基层工作力量。以突出干部直接联系群众为重点，市领导带头示范，各级干部深入基层、深入群众，开展蹲点联户、挂钩联户、结对联户、建卡联户等，全市1025个村603个社区共选派7427名“四群”教育工作队驻村（社区），直接联系群众40余万户。通过驻村（社区），广大干部深入基层走访慰问困难群众，进一步接触基层、了解基层、深入基层、融入基层，通过开展形式多样、类别丰富的“四群”教育活动，广大党员干部普遍接受了一次群众观点、群众路线、群众利益、群众工作的再教育，为民服务意识大大增强，工作作风明显转变，直接联系群众成为广大党员干部和“四群”工作队员的自觉行动。

（二）深入基层转变作风，为群众解决难题

全面推行干部直接联系群众“三深入”“四联户”工作，全面建立市级机关“挂乡包村联户”、县（市）区机关和五个开发（度假）园区“挂村包组联户”、乡镇（街道）机关“住村包组联户”的“三联”群众工作机制，组织各级干部深入实际、深入基层、深入群众，接待群众来访、记录民情日记、撰写民情报告、收集和反映重要民情事项，为群众办实事、做好事、解难事。在实施“幸福乡村”建设工程中，启动实施了第一批25个以宜居农房建设为主的整村推进项目；按照“一通六有”目标要求，启动实施了100个省市重点贫困村建设项目；按照“六带八化十有”目标，完成60个新农村示范村的选点布局和实施方案的编制，启动实施了以“滇池西岸至螳螂川及昆楚公路沿线”示范带为代表的28个示范村项目建

设；精心挑选10个都市农庄项目参与全市幸福乡村建设工作；在“和谐社区”建设中，派驻社区的“四群”教育工作队累计共为社区解决实际问题2292件；在服务企业建设中，通过发放邀请函、召开座谈会、收集企业调查表、深入企业上门服务、组织相关职能主管部门召开服务企业工作协调推进会等形式，共收集、梳理、汇总488户企业提出的问题和困难683条，梳理出重点问题234条，已帮助企业解决了83个问题，正在协调解决的67个，需要进一步核实的问题32个。根据统计，自开展“四群”教育活动以来，截至9月底，全市直接联系群众253295户，发放民情联系卡790501张，召开民情恳谈会11341场（次），收集意见建议12139条，为群众解决难题9679个，协调争取项目1610个，落实资金43739万元。

（三）深入基层为民办实事，群众得到了实惠

把解决民生问题作为“四群”教育的首要任务，访民情、解难题、办实事，让群众得到了看得见摸得着的实惠。在全市重点选派2673名“四群”教育工作队员进驻省、市级贫困村，占全市选派“四群”教育工作队总数的45%，重点围绕贫困村建设实现“一通六有”目标和新农村建设实现“八化十有”目标要求，以农房和村庄道路建设为突破口，整合资源、合力攻坚，全面推进“幸福乡村”建设。从市、县、乡选派优秀干部到村（社区）担任“第一书记”，从2012年起，在全市建立农村（社区）党组织第一书记制度。抗旱救灾期间，各工作队集中力量为旱区解决抗旱资金、项目、物资，共建立抗旱责任区2687个，组建抗旱服务队2956个、2.5万余人，投入抗旱资金1.84亿元，协调抗旱项目985个，制定抗旱措施1408条，打井1831口，新建、维修水渠629.06千米，送水56.6万立方。

三、存在问题和下步打算

（一）部分地方直接联系服务群众不实

部分地区片面追求联户覆盖率，个人联系户数过多，联户效果不实，部分干部与联系户没有见过面，有些干部只给联系对象打个电话，联户还停留在纸上。个别干部发放的联系卡，电话不通，号码不对，联系不上；有的地方联户统计数据有“水分”，与实际情况不符。

（二）部分“四群”教育工作队员驻村不实

部分“四群”工作队员只注重争取项目和资金，忽视了住村联系群众；有的工作没有完全脱钩，住村时间不能保证；有的只在村里挂了个名，放了套铺盖行李，人却被派出单位抽回工作，没有实际住村；有的管理不到位，游离于派出单

位和派驻单位之外，失去监管。

（三）部分单位对“四群”工作重视不够

在开展“四群”教育实行干部直接联系群众制度中，有的派驻部门认识不到位，重视程度不够，“四群”联系流于形式，干部下不去，住村走过场，联户不实在；有的地方和单位热衷于打造“盆景”，重视抓点，忽视抓面，点好面差；有些地方满足于给点资金、要点项目，忽视了工作队、指导员、联户干部综合作用的发挥。

（四）部分建设项目推进不力

“幸福乡村”建设工程方面：《昆明市扶贫攻坚三年行动计划宜居住房建设办法（试行）》《昆明市动员社会力量参与扶贫攻坚三年行动计划建设的实施方案》《昆明市实施“幸福乡村”建设工程项目资金筹措整合分配和操作使用方案》《昆明市扶贫攻坚三年行动计划宜居住房建设银行融资若干意见》等还未正式下发，缺乏指导性意见，全市村庄规划成果下发运用实施不到位。“服务企业”建设工程方面：一是宣传不深入，企业认知度不够。由于宣传的力度不够，企业对市委、市政府开展服务企业建设工程工作了解不多，有的工作组到了企业后，企业不知道工作组是什么性质的、是来做什么，企业不理解、不了解。二是企业点多面广，难以全覆盖。各服务企业工作组到达划分县区后，根据组内分工各自深入到服务的企业中去，但由于企业较为分散，又受交通工具的影响，没有办法直接上门服务，很多时候只能以电话、邮件、QQ 等形式来开展工作。三是工作条件保障不到位。在工作开展中，各工作队员仍在原单位办公，到企业服务时才临时集合，不利于工作的衔接和统一部署，用车、经费等方面保障困难。

下一步，将继续深入实施“四群”教育联系制度，积极拓展深化活动内容，把“幸福乡村”建设、“和谐社区”创建、“服务企业”建设以及“和谐单位”建设有机结合起来，上下联动、多方参与，全面推进昆明市“四群”教育活动的深入开展。

一是进一步提高认识，深化学习，把“学、查、改”工作贯穿于活动始终，着力在深化“学”字上做文章、在深化“查”字上下功夫、在深化“改”字上求实效。将“学、查、改”工作贯穿于“四群”教育活动的全过程，使学习进一步深入，认识进一步提高，工作进一步落实，成效进一步显现，作用进一步发挥。

二是努力扩大干部直接联系群众工作覆盖面，坚持高标准、严要求，进一步加大统筹力度，加强督促检查指导，督促各职能部门各司其职、各负其责，督促各级干部进一步转变作风，认真抓好工作落实。积极探索城市社区联系居民群众的新办法、新举措，以社区网格化管理为基础，完善片、组、户民情联系网络，做实干部直接联系社区群众工作，确保各项工作深入开展、有序推进。

三是继续将着力点放在服务人民群众，促进各项工作发展上，继续抓好事关群众利益问题的解决和落实，确保“四群”教育活动的针对性和实效性。

四是加大“四群”教育活动宣传工作力度，加大对工作经验的总结，对典型事迹的宣传，使“四群”教育活动深入有效开展。

（作者单位：市委组织部）

昆明市依托民族文化创新基层党建工作的分析展望

李　敏

为深入贯彻落实科学发展观，服务昆明“稳中求进、创新推动、跨越发展”主题，建设社会主义先进文化与优秀民族文化互为补充、相得益彰、互相繁荣的新机制，探求民族地区的党建规律，实现党的建设与民族地区经济社会同步发展，昆明市近年来高举各民族“共同团结奋斗，共同繁荣发展”的旗帜，积极开展依托民族文化创新基层党建工作，同时又以基层党建促民族文化建设的浪潮，夯牢民族地区基层党组织建设，极大地促进了全市民族地区经济社会持续、快速、协调、健康发展。

一、昆明少数民族分布概况

昆明地处我国西南边陲，是云南的省会城市，是中华、东南亚和印度“三个文化圈”的交汇区，是我国西南对外开放的国际化门户和桥头堡城市，同时也是一个多民族聚集生活地区。昆明少数民族具有成分多、人口多、分布广、大分散、小聚居、交错分布的特点，现今共居住有25个民族，其中有9个（彝族、回族、白族、苗族、傈僳族、壮族、傣族、哈尼族、布依族）为世居少数民族，有3个自治县，4个民族乡，47个少数民族村委会，2196个民族杂居村，少数民族人口81.57万人，分布面积达1.1万平方公里，另外，还有约25万居住在城中村的少数民族流动人口。“十一五”期间，昆明在民族地区投入专项资金1.9亿元，在800多个村实施整村扶贫开发，在3个自治县完成7.2万劳动力培训和6万人转移输出，使部分少数民族群众的生存条件得到了总体改善，但3个自治县当中仍然有2个属于国家级贫困县，少数民族聚集地区总体上比较贫困的状况尚未得到根本性转变，已成为“十二五”时期昆明市率先实现“十八大”

全面小康社会建设目标的短板。

二、昆明市依托民族文化创新基层党建工作的重要意义

党的基层组织建设是党的全部工作和战斗力的基础，是推动我国经济社会发展的领导核心和战斗堡垒。结合民族文化来创新基层党建模式，既是全面提升民族地区党建工作科学化水平的重要手段，更是推动民族地区思想政治工作，增强民族团结、促进经济发展、构建和谐社会的重要途径。

（一）有利于增进文化凝聚力引领力

民族地区党的建设是党的建设理论、马克思主义民族理论与各民族人民群众生产生活相结合的生动社会实践，是十分宝贵的党建资源。开发民族地区党建资源，是马克思主义普遍原理在民族地区的普遍运用和重要实践，也是提高民族地区党建水平的重要途径。马克思主义中国化的过程必然与优秀的传统文化相结合，这是一个历史的、辩证的、渐进的过程。优秀的民族文化是各民族长期发展过程中形成的共同价值取向和理想追求，是凝聚人心、团结力量的重要基础，是创造社会主义现代化事业的重要精神力量，也是党的思想建设取之不尽、用之不竭的力量源泉。民族地区党的思想建设，不能脱离民族文化传统的土壤，相反，只有与民族文化密切结合，并代表先进文化的前进方向，才能使基层党建真正生根、开花、结果，才能更好筑牢各民族“共同团结奋斗，共同繁荣发展”的思想基础。

（二）有利于促进矛盾化解，增进社会和谐

拉萨“3・14”、新疆“7・5”事件警示我们，维护民族团结是各民族的共同责任，保持社会稳定是各民族的共同任务。当前，昆明正处于社会关系与民族关系交融复杂时期，结合民族文化创新基层党建，能充分发挥基层党组织贴近群众、扎根基层的优势，是我们新形势新任务下提升民族地区基层党建工作科学化水平、切实把基层党组织打造成维护民族团结、增进社会和谐的坚强战斗堡垒的重要内容。

（三）有利于发挥桥梁纽带作用，促进昆明对外开放

昆明是中华文化圈、东南亚文化圈和印度文化圈的交汇区，昆明少数民族与东南亚、南亚的少数民族一衣带水、同根同源，具有血源联系和深厚的渊源。多民族的城市造就了城市文化的多元性，增进了城市的包容性和开放性，结合民族文化创新基层党建工作，是发展民族文化、增强党组织凝聚力的有效途径，也是昆明加强对外交流、扩大对外开放、丰富文化内涵、提升文化软实力的重要途径。

（四）有利于昆明实现科学发展、可持续发展

为扭转区域经济发展的不平衡，特别是努力改善少数民族地区生活生产落后的状况，昆明在狠抓少数民族地区发展实施“3447”（3个自治县、4个民族乡、47个少数民族村委会）和“2196”（2196个民族杂居村）经济振兴工程，推进北部崛起战略、整乡整村扶贫推进工程的过程中，可通过进一步挖掘文化资源潜力，大力发展民族文化产业，来激发民族地区基层党组织和广大党员的生机活力和文化自觉自信，促进其更好地融入、服务于昆明经济的科学发展、可持续发展。

三、昆明民族地区基层党建创新的思路目标

近年来，昆明市将民族文化全方位地植根于乡村规划建设、产业发展、城镇拆迁改造、旅游产业等建设发展之中，努力推进“民族文化植根行动”，特别是实施植根民族文化抓党建工作。

在这一探索过程中，昆明市明确了以“构建全面推进民族地区经济振兴发展的基层战斗堡垒”为目标，以“共同团结奋斗，共同繁荣发展”为主线，立足民族地区实际，扎根民族文化沃土，着力依托民族文化丰富党建载体，大力实施共有历史文化名城建设工程、民族文化宝库建设工程、国际文化枢纽工程、文化产业基地建设工程、文化共享家园工程、结合民族文化创新基层党建工程，力争以文化的内驱力凝聚力推进推动新时期新形势下民族地区基层党的建设，凝结昆明107万少数民族智力智慧投身于昆明科学发展、跨越发展和和谐发展之中，全面推进民族地区经济振兴发展。

四、昆明市依托民族文化创新基层党建的探索与实践

在民族地区基层党建工作创新过程中，昆明市一方面增强结合民族文化创新基层党建的针对性，完善和丰富结合民族文化创新基层党建工作的方式方法，另一方面，以民族地区基层党建工作的创新为契机，不断丰富党建工作内涵与载体，来助推昆明民族文化建设，从而推动昆明经济可持续发展，达到一举双赢的目的。

（一）创新实践

1. 建立具有民族文化特色的基层党建服务软环境

以团结和谐凝结力、热情服务高效力、经济发展执政力“三力提升”为核心，大力实施首问首办制、行政问责制等系列制度，减少行政审批内容、优化办事程序、缩短办事时间、提高办事效率，优化民族地区软环境，建立具有民族文化特

色基层服务软环境，积极推动民族地区加快服务型政府建设工作。通过软环境建设，增强和提升了民族地区基层党政组织服务意识、服务能力、服务水平，畅通少数民族地区人民群众上访和诉求通道，有力的维护和促进了民族地区民族团结、社会和谐，为民族地区文化产业发展创造了条件。

2. 建立和完善民族地区干部培养机制

加大民族地区领导干部和各类人才的培训力度，培养选拔一大批民族干部走上地方主要领导和关键领导岗位，促进了民族地区管理水平和党建水平的整体提升，积极开展领导干部竞争上岗活动，以“鲶鱼效应”激活民族地区人才竞争和人才发展工作，选拔任用一大批年轻有为、知识丰富、具有管理能力和市场经济经验的人才充实到民族地区参与发展建设当中。昆明市目前有少数民族公务员5472人，占全市的15.1%，处级领导干部204人，占全市15.8%，专业技术人员11478人，占全市总数的7.8%。各级各类少数民族干部、人才在推动民族地区的经济社会发展中发挥了不可替代的作用，为昆明市的跨越式发展提供了组织和人才保障。

3. 建立和完善民族地区基层党建的体制机制

根据经济发展形势需要，促进民族地区与非民族地区区域之间的资源整合，以经济区域为单元设立托管制度，创新解决民族地区自治区域与行政地区融合机制；完善民族地区领导干部推荐任用和竞争上岗选用制度，完善选拔人才公平长效机制，建立和完善打破区域壁垒选才用才机制；发挥领导带头作用，建立城镇拆迁城中村改造、道路修建、水库移民、河流治理、招商引资、产业园区、生态绿化、保障房建设等领导首长负责制，促进项目实施和工程建设推进；建立重大项目督查机制，将重大项目和重大决策列入基层党委政府目标督查，确保党委政府决策顺利执行；建立重大项目纪检跟踪监察机制，确保事关民族地区经济社会发展和人心向背，事关民族地区团结和谐的大项目、大工程和重大工作实现“八个百分之百”；建立和完善领导干部一岗双责，党政领导专题述职述廉、主要领导述职述廉工作，抓实党建第一责任人责任，使基层党建工作责任制得到全面落实。

4. 基层党建创新着力于民族地区经济社会发展

围绕实现民族地区经济社会又好又快发展这一要务，民族地区积极谋划新一轮民族地区跨越发展，禄劝彝族苗族、寻甸回族彝族两个国家级贫困自治县积极推进北部崛起，推进县城“543倍增”计划、四个集中、民族特色新型集镇建设、产业园区建设、社会主义新农村建设，加快生态绿化，推进民族特色文化的保护、传承与创新。石林彝族自治县，依托石林旅游风景名胜区和台湾农民创业园，主打阿诗玛品牌，加快彝族特色城镇和特色文化建设，推进石林工业、现代农业和现代物流园区建设，努力推进石林的工业化道路。其他的4个民族乡、47个少数民族村委会、2196个民族杂居村，已依托自身民族文化特色产业，积极投身于新一轮的大发展大建设之中，加快迈向全面小康社会目标。可以说，民族地区经济社会发展特色纷呈，激流勇进，是昆明经济社会发展的一道亮丽风景。

5. 积极开展民族地区创新基层党建示范

在3县4乡47村2196杂居村所涉及的机关、企业、学校、城镇社区和村委会中，积极开展民族地区创新基层党建示范点工作，对党建工作取得实效、民族文化特色浓重、民族文化产业发展、民族地区团结和谐的基层党组织给予大力表彰。积极开展社会主义新农村建设活动，按照“乡风文明、村容整治、民主法治、社会和谐”的要求，结合民族地区民族文化和民族建筑形态要求，推进社会主义新农村建设。对社区和农村居民家庭开展以“尊老爱幼、邻里和睦、团结和谐、勤劳致富、爱家爱业”为主要内容的具有民族特色的五星评选活动，推进和谐社区、和谐村寨建设。由市委组织部、市文化局、市民每年开展“结合民族文化创新基层党建工作”征文征稿，加大结合民族文化创新基层党建工作调研活动，促进对结合民族文化创新基层党建工作的深入研究。

（二）依托民族文化丰富党建载体，带来民族地区文化发展积极效应

依托民族文化创新基层党建，一个关键的内容就是找好民族文化与基层党建的结合点和着力点。依托民族文化创新基层党建，以党建创新促进民族文化发展，既是新时期丰富党建工作的重要内容，也是民族地区经济发展应有之义。

1. 以党建促进民族文化对外发展

民族的就是世界的，擦亮昆明民族文化品牌就是打造昆明文化世界品牌的重大举措。昆明积极推进滇池泛亚合作、中国—东盟自由贸易区、大湄公河次区域合作、泛珠三角合作、中国西南地区三省一市合作，举办泛亚合作文化系列峰会、国际人类学与民族学联合会第十六届世界大会、昆明国际旅游狂欢节、昆明国际泼水节、石林彝族国际火把节、广场民族歌舞展演等民族特色活动，促进昆明民族文化走向世界，为做好民族历史文化保护、承接和创新工作，昆明积极修建金马碧鸡坊、官渡古镇、龙头街古代马帮驿站古镇、石林彝人古镇、威远街回族现代城、寻甸回族温泉小镇、安宁小镇、真庆观等一系列历史民族文化的重要标志性载体，通过开展擦亮民族历史文化工程，进一步塑造和提升昆明历史文化名城品质，在推进昆明城镇化建设、新集镇建设行动、城中村改造、社会主义新农村建设过程中，昆明也积极开展历史文化镇村认证工作，对具有民族和历史文化特色的村镇，要求在城市建设推进过程中，必须保留民族和历史文化特色，做到民族和历史文化保护与现代化建设相得益彰。基层党组织的重要作用始终贯穿其中。

2. 以党建促进民族文化产业发展

文化产业是文化软实力最具体的表现形式。昆明积极实施大项目带动战略，

通过地方党组织和企业的共同努力，总投资28亿元的昆明玉器城、30亿元的文化空间等一批具有民族特色项目正在加紧推进，福天宝地、阿诗玛玉石城等一批项目已建成运营，大型项目成为加快推进昆明民族文化产业发展的重要载体。通过激活机制、转换体制、整合联姻、规范发展等措施，已建成民族文化休闲娱乐业、民族文化用品设备和产品销售业、民族出版发行和版权服务业等民族文化产业，在昆明市文化产业发展中的支撑作用十分突出，通过引导、引资，形成了昆明老街云南文化展示传播交流基地、创库等一批具有民族文化特色产业基地（园区），深入发掘历史民族文化资源经济价值和社会价值，涌现了刺绣“撒尼挑花”、集民族工艺品特色为一体的雄达茶城、熔铸云南多元文化的“吉鑫宴舞”等一批在省内乃至国内具有一定知名度的民族文化品牌。

3. **以党建促进民族文化共享家园建设**

昆明一直积极促进依托民族文化特色建立民族文化平台，以党建促进民族文化共享家园建设，构建多民族和谐文化精神家园：推进“文化惠民工程”，在3县4乡47村2196杂居村，完成民族地区乡综合文化站和村文化室建设，完成广播电视村村通（直播卫星）工程建设任务，大多数建立“农家书屋”，解决了民族地区收听收看广播电视难的问题，为民族文化发展提供基本条件；积极开展民族地区群众性文化活动，积极组织傣族泼水节、彝族火把节、苗族社节、回族古尔邦节，开展云南花灯、滇剧和各类少数民族剧目；大力开展非物质文化遗产保护，组织专人制定了昆明市现有的禄劝彝族自治县“秧草墩苗族文化保护区”“寻甸回族彝族自治县法嘎彝族文化保护区”、石林彝族自治县“月湖彝族文化保护区”、晋宁县“新寨彝族文化保护区”等四个少数民族文化保护区的部分民族民俗民居的修缮维修方案；开展第五个“文化遗产日”主题活动，举行了民族民间歌舞和手工艺“非遗”名录展演展示等系列活动；按照“高起点、高标准、高品位”的要求，广泛吸纳社会资金，“十二五”期间计划投资56.6亿元，完成泛亚艺术中心、昆明民族民俗博物馆、昆明文苑和呈贡新区国际文化交流中心、群众文化活动中心、民族文化宫等标志性文化设施，为民族文化发展构筑硬件平台。

4. **以党建凝结各民族智力智慧**

把民族地区学习型党组织建设与创先争优活动、“三个一”、党员密切联系群众活动相结合，组织举办各种形式的报告会、知识竞赛、技能比赛、参观红色遗址等，不断把民族地区学习型党组织建设引向深入。积极开展民族地区党员培训教育活动，聘请国内专家学者开展知识讲座，提高民族地区基层党员知识文化水平。建立和完善“支部+民族文艺表演队+民族党建工作文艺宣传队”民族宣传队伍，全方位、多角度地开展党建文化宣传活动。利用传统民族节日，通过举办民族节庆活动，将党的政策法规、党建知识编排成通俗易懂的“本土”民族歌曲、小品等，以群众喜闻乐见的文艺活动方式传递到群众身边。聘任大学生“村官”作为结合民族文化创新基层党建工作宣传员，积极宣传民族地区党的建设。实施《昆明市回族等少数民族殡葬管理办法》《昆明市清真食品管理条例》等法规政策，加快了民族工作法治化进程。开展民族地区基层领导干部“五好五带头”活动，进一步增强民族地区基层党组织服务大局、服务基层、服务群众的能力和水平。经过十多年的探索与发展，昆明逐步探索总结出“以基层社区为载体，以创建民族团结示范社区（街道、小区、楼院）为基本方法，以构建和谐民族关系为目标”的昆明民族地区工作的思路。2009 年 7 月 26 日，胡锦涛同志一行到五华区顺城社区调研视察时，对创建民族团结示范社区工作给予了充分肯定，并嘱咐“要努力把顺城社区建成民族团结和谐示范社区，让民族团结之花在这里开放得更加绚丽”。

五、昆明市完善民族地区基层党建工作模式的发展展望

昆明通过依托民族文化，持续推进结合民族文化创新基层党建工作，在巩固和提升民族团结、发挥和提高民族地区基层党组织的战斗堡垒作用、促进民族地区文化发展、进而带动民族地区经济社会发展方面取得了一定的成绩。而随着国家沿边开放政策的深入实施，中国—东盟自由区的建成，桥头堡战略的深入推进，昆明经济社会发展迎来了难得的重大机遇，“十二五”时期是昆明充分发挥昆明多民族桥梁纽带作用，实现多民族开放发展，加快国际化拓展，加快把昆明建设成为中国面向西南开放的区域性国际城市、加快建设美好幸福新昆明打基础夯实力的重要时期，要推进民族地区基层党建工作再上一个新台阶，需考虑从以下四个方面予以发展创新。

（一）结合民族地区实际，用好民族文化资源，促进民族发展第一要务

民族地区有自身特殊的地域、社会、文化环境，要进一步结合民族地区的特点和优势，突出增强党的执政意识、领导意识和法治观念，充分利用好民族文化资源，依托民族文化创新推进民族地区党建创新，切实让少数民族群众听到党的声音、听懂党的政策、体会到党的温暖。按照“围绕经济抓党建、抓好党建促发展”的思路，充分发挥基层党组织的组织优势，凝聚广大党员干部智慧和力量，引领广大群众解放思想、团结协作，促进民族经济社会又好又快发展。

（二）依托民族节庆活动，丰富基层党建载体，维护民族团结和谐

应把党的建设植根于深厚的民族文化沃土，丰富和拓展基层党建内容，创建切合民族地区实际的党建载体：进一步找准民族地区基层党建促进民族团结和促

进经济社会发展的切入点，采取多渠道、多形式，开展党建宣传、政策法规推行、科学文化知识普及工作，切实让少数民族群众领会得到党的政策、掌握得了科技知识、走得上致富道路；充分发挥基层党组织贴近群众、扎根社会的优势，认真做好团结各族群众、维护民族和谐的工作，积极组建民族党建文艺宣传队，以火把节、泼水节、古尔邦节等民族节日为载体，开展富有民族特色的文艺表演，有效传承保护民族文化资源，促进民族文化基层党建工作紧密联系起来。

（三）突出民族地区特色，培植特色文化产业，创新党建工作抓手

把结合民族文化创新基层党建工作融入产业培植之中，围绕民族文化来推进旅游产业发展，创新载体，把民族文化与旅游业发展、基层党建工作紧密联系起来，推进民族小镇、民族民俗旅游村寨、民俗生态公园、民族文化制品、民族文化表演等特色文化产业发展。走特色的民族文化与基层党建工作的结合之路，开展“云岭先锋”、创先争优、“三个一”等系列活动，开展世居民族基层党建示范点创建活动，鼓励和支持基层党建，不断创新党建工作抓手和载体，提升基层党党建整体工作水平。

（四）扩大党组织覆盖面，加强班子队伍建设，构建党建工作新格局

围绕“哪里有群众哪里就有党组织，哪里有组织哪里就有战斗堡垒”的要求，全面推进民族地区各领域党的基层组织建设，完善建制村和村民小组党组织设置，适应新型合作组织和新型农业社会化服务组织快速发展的需要，推广在农民专业合作社、专业协会、产业链、外出务工经商人员相对集中点建立党组织的做法，建立和完善“村村联建”“村企联建”“村居联建”等党组织设置模式，扩大党组织的覆盖面和影响力。注重从基层和社会选拔优秀党员担任村党组织书记，建立和完善村干部激励保障机制，选好配强带头人队伍，加强班子建设。扎实做好发展党员工作，把村组干部、致富带头人、优秀青年、外出务工优秀人员发展到党的队伍中来，提高党的基层组织活力和战斗力。

总之，昆明市民族地区基层党建要不断适应新形势、新任务、新要求，以改革创新为切入点，以民族文化为突破口，增强党建工作的针对性，创造出经得起历史和人民检验的工作业绩，不断夯实党在民族地区的执政基础，巩固党的领导地位。

（作者单位：昆明市社科院）

Ⅲ 昆明历史、民族、特色文化建设

昆明市“古滇王国”文化旅游名城建设展望

赵 龙

桥头堡战略带给云南昆明文化、旅游的发展机遇空前，但昆明市文化发展观念思路亟待进一步更新，发展手段亟待创新及“十一五”期间昆明五大主要旅游经济指标占全省的比重呈现出逐年下降趋势等现实，使得探索昆明文化、旅游发展新思路新战略成为必需。文化是旅游的灵魂，旅游是文化的载体，因此，不论是加快昆明文化发展，还是加速昆明旅游市场开发，都离不开文化与旅游的融合与互动。“七彩云南·古滇王国文化旅游名城”，正是云南省委省政府确定全省将重点打造的十大历史文化旅游景区之一，昆明市委张田欣书记在调研该项目时强调“昆明市应转变发展方式、调整产业结构，促进文化与旅游深度融合”。作为古滇文化发祥地、古滇国都邑所在地，对晋宁古滇文化进行开发，把晋宁打造为古滇文化旅游的新高地，再造一个“古滇国”，对促进昆玉旅游经济带的形成、推进昆明文化旅游一体化、助推云南民族文化强省建设，具有极其重要的现实意义。

一、“古滇国”的文化溯源

两千多年前，滇池沿岸有过一个古老的王国，司马迁在《史记》中称之为“滇”。然而，就在司马迁将其载入典籍后不久，滇国就销声匿迹，无根可寻了，没有传说，像一个亘古的谜，一直吸引人们寻找，直到1955年，这一亘古的谜团才被展现在人们面前。

（一）文献记载的古滇国

最早记载滇的事迹，是西汉司马迁所著的《史记》一书。《史记·西南夷列传》有这样的记述：“西南夷君长以什数，夜郎最大。其西，靡莫之数以什数，滇最大；自滇以北君长以什数，邛都最大，此皆魋结，耕田，有邑聚。”由此可见滇的地理位置大致在夜郎之西、邛都之南，滇人与夜郎以及邛都一样都过着定居的农耕生活。同时，司马迁认为滇国是楚将军庄蹻建立的，“始楚威王时，使将军庄蹻将兵循江上，略巴、蜀、黔中以西……蹻至滇池，地方三百里，旁平地，肥饶数千里，以兵威定数楚，欲归报，会秦击夺楚巴、黔中郡，道塞不通，因还，以其众王滇，变服，从其俗，因长之。”到了西汉武帝时期，为了解除日益严峻的北部匈奴大患，汉武帝派遣使臣从南面探寻去身毒国（今印度）的道路，在探寻的过程中发现和接触过滇国，滇王尝羌对汉使者很友善，但终因滇西地区昆明人的阻碍，未达目的。随着汉武帝统一中国步伐的加快，公元前112年，在征服了盘踞两广的南越割据政权以后，汉武帝先派使节说服滇王降汉，起初滇王仗势没有同意，到了元封二年（公元前109年），汉武帝派遣巴蜀大军压境，滇王不得不归顺汉朝。汉武帝赐予滇王王印，让其继续掌管他的臣民。同时，汉王朝为了加强对这一地区的管理，在滇国的中心区域设置了益州郡，郡治在现晋宁县的晋城镇。

（二）考古发掘的古滇国

古滇国到底是否存在，司马迁的记载是否可信？2000多年来这一疑团一直困扰着人们，现代考古学为其找到了答案。1953年，云南考古工作队成立不久，昆明街头的废品收购站零零星星出现了一些锈迹斑斑的青铜器。这些神秘的器物与学者们所熟知的中原青铜时代的文明毫无相同之处，它们透露出来自一个独立的古老世界的神秘气息。历时三年，考古学家终于在滇池东岸一个不高的小山岗上揭示了云南考古史上最伟大的发现：一个消失千年的王国——古滇国墓葬群。小山岗很普通，东西宽200米，南北长500米，坐落在滇池岸边，远远望去，犹如一头静卧在海边的鲸鱼。这个小山岗叫做石寨山，这里没有碑石，没有封土堆，它平淡到没有一点足以引发盗墓者贪婪的幻想，因而得以安宁两千年。小山岗是一个巨大的墓葬群，源源不断出土的器物，接踵而至的惊喜，不仅让考古学家兴奋不已，更让史学家始料未及。6号墓中出土了一枚金印——“滇王之印”，《史记》对这枚金印有过确凿无误的记载，那是元封二年汉武帝赐予滇王的。“滇王之印”的发现，专家学者普遍认为晋宁石寨山就是滇王及其臣属们的墓葬。从此，沉睡地下2000多年的古滇国文明开始重见天日。随之出土的文物几乎代表了滇国时代青铜文化的精品，有滇国重器贮贝器、铜编钟、带金销的剑、黄金珠、玛瑙、玉、车马饰和造型奇异的铜扣饰，还有大量的金银器、玉器、青铜器和漆器，造型独特、做工精美，是十分珍贵的文物艺术精品。这些出土的器物琳琅满目，美不胜收，价值连城，代表着一个湮没了的云南古史上第一个地方政权——古滇王国的真实存在。自上世纪70年代以来，考古工作者们在滇池盆地及其周围地区，发掘古滇文化的墓地达十五处，清理墓葬2000多座，出土文物达五万余件；曾对星云湖畔的江川李家山墓地进行过两次重大考古发掘，发现了包括为世人所知的“牛虎铜案”在内的珍贵文物数千件。2006—2011年，省考古所对澄江的金莲山墓地和学山遗址进行了发掘，金莲山墓地是目前保存的滇文化葬俗最为丰富和最为奇特的墓地，在全国都十分罕见。古滇国出土文物主要包括兵器、生产工具、生活用具及装饰品等，既有反映滇国物质技术进步的器物，也有反映精神领域的用品，再现了生动形象的古滇国历史文化。古滇文化的青铜器，因其独特的艺术造型、丰富多彩的表现内容、生动活泼的表现形式，精湛的制作工艺和独特的民族风格，被国际学术界誉为世界四大青铜文明体系之一，滇系青铜器，在世界古代青铜文明史上占有重要地位。这些发掘和发现，极大地丰富了我们对古滇国历史文化的认识。

（三）古滇文化的开放兼容性

古滇国文化是公元前五世纪到公元一世纪中国西南和东南亚地区独树一帜的青铜文化。考古发现和研究表明：古滇文化分布以滇池为中心，东到曲靖、西至楚雄、北抵金沙江南岸、南达红河北岸的广大区域。古滇文化是一个开放的文化系统，在该文化的形成和发展过程中，既吸收来自其他文化的先进观念和技术，同时又持续对这些文化产生影响。在古滇文化的形成初期，广泛吸收来自北方草原、南方及周边的文化因素，但古滇文化的铜鼓曾对东南亚大陆和岛屿地区产生过深远的影响，这些民族的后裔至今仍在使用铜鼓，并成为中国南方和东南亚地区古代灿烂文化的代表；云南古代的对外交通是在古滇国时期形成，出土的大量海贝来源于印度洋和太平洋的深海地区，还有一些来自西亚和中东地区的舶来品——蚀花肉红石髓珠和铜盒等奢侈品，代表古滇国曾经与东南亚和南亚国家的古代民族开展贸易往来；在身毒见到的蜀布、邛竹杖等商品则是通过古滇国带到南亚国家的，古滇国虽地处高原，但在沟通南北、连接东西上发挥着极其重要的作用，保持着与周边地区（贵州和两广地区）以及亚洲大陆和岛屿的广泛联系。中国科技大学的研究表明：河南殷墟妇好墓出土的商代青铜器矿料不是产自中原，而是来自云南东川、会泽和巧家一带；有学者对四川成都三星堆的商代青铜器进行了分析，也证明了同一观点。云南自古就有丰富的铜、锡资源，至今仍被誉为有色金属王国，拥有青铜文明赖以产生的物质基础。因此云南应该作为我国古代青铜文明起源地之一，加以探索和重新认知。

二、“古滇王国文化旅游名城”项目的产生及推进情况

2012 年，云南省委九届十二次常委会决定，全省将重点打造十大历史文化旅游景区，其中“古滇王国文化旅游名城”项目位居首位。为认真贯彻落实省委常委会的决定，昆明市委、市政府高度重视，5 月 7 日，省委常委、昆明市委书记张田欣在晋宁县调研时强调，要以古滇国文化为最大的品牌，把晋宁打造为古滇文化旅游的新高地，用 3 到 5 年的时间，再造一个“古滇国”。市委副书记、市长张祖林亲自率晋宁及市属相关部门，专题赴京开展“昆明晋宁古滇国历史文化旅游项目”对外招商推介，市委常委、常务副市长黄云波多次专题研究项目的前期工作。在省市工作领导小组的领导指导下，晋宁县委县政府成立了由县委蔡德生书记为指挥长的晋宁县“昆明晋宁古滇国历史文化旅游项目”建设指挥部，协同省、市开展了项目的策划、历史文化遗迹普查、史料整理汇编和项目选址等工作，着力推进“古滇王国文化旅游名城”项目建设。

（一）确定项目选址，明确项目定位

在云南省、昆明市有关部门和项目建设方多次踏勘和论证后，最终明确项目位于晋宁南城片区昆玉高速公路以西，红山、海宝山片区，该片区位于现代新昆明南城片区的湖滨区域，选址用地 18289.07 亩，将打造成 5A 级旅游景区。项目被定位为文化与旅游融合发展的典型示范项目，其中古滇文化博物馆和石寨山考古遗址公园将作为公益性文化事业，经营性部分主要依托“古滇国”这一重要的文化元素，打造集“文化旅游、民族风情、生态旅游、休闲度假、会展商务、康体娱乐、科考探险、文化演艺、影视拍摄”为一体的全国知名历史文化旅游综合体。

（二）选择开发主体，深化项目包装

在对国内及香港等地区共18家旅游开发投资机构推介考察的基础上，选取省内知名企业昆明诺仕达企业集团作为项目开发建设主体，已正式签订投资合作协议。为使项目做到定位准确、特色鲜明，布局合理、功能配套，省旅游局项目课题组已形成了项目总体规划方案预案，企业方已委托国内知名规划设计单位上海同济大学全权负责该项目的规划设计工作。

（三）加强项目领导，启动征地拆迁

在昆明市协调领导小组的领导下，晋宁县成立“七彩云南·古滇王国文化旅游名城”项目指挥部，下设办公室和征地、拆迁、土地一级开发、规划、财务、文史资料、工程建设协调、监察审计、维稳安保9个工作组，全县13名县级领导和30个职能部门参与其中，举全县之力推进项目建设。2012年7月，按照政府主导、企业参与的原则，由项目方推荐、政府招投标，明确了有较强实力和较高资质的评估公司，着手开展房调工作；召集项目所在地晋宁县晋城镇中层以上干部及项目范围内11个村委会两委班子成员130余人，召开了项目宣传动员会，对相关工作进行动员部署；着手拟定项目涉及范围的征地补偿标准、项目涉及范围的房屋拆迁补偿标准、项目涉及范围内被征地群众社会保障制度及迁坟等工作办法，作为项目征地统一规范的指导性文件。

三、“古滇王国文化旅游名城”的目标定位

“古滇王国文化旅游名城”并不是一个单纯的旅游项目。可以这样认为，“古滇王国”是秉承云南省、昆明市文化旅游深度融合的发展思路，转变昆明文化、旅游发展的观念，整合文化旅游资源，解决昆明文化、旅游发展困境与瓶颈，实现文化、旅游双赢，实现文化旅游经济、社会、环境等各项目标的创新性举措之一。

“古滇王国文化旅游名城”建设目标为：以古滇国文化为主题，以滇池湖光山色为背景，将“古滇王都”建设成为集观光、休闲、度假、体验、科考等功能为一体的国内一流、世界知名的文化旅游名城；成为有效促进昆明区域性国际城市建设的大型城市旅游文化综合体，是正在形成的环滇池旅游圈的重大项目、新昆明南城建设的产业引领项目、昆明市旅游“二次创业”新阶段的标志性项目、云南省文旅融合和城旅融合的典型示范项目。

四、“古滇王国文化旅游名城”的整体策划与蓝图描绘

（一）主题文化

为使古滇国历史文化旅游建设项目便于识别，建议采用石寨山出土的孔雀铜鼓杖头饰青铜器作为项目形象标识，孔雀是民族文化和吉祥的象征，铜鼓是古代越人传统文化和滇王权力的象征，整个构图可传递优美的铜鼓乐声和孔雀闻声开屏的动感场景，匠心独具，栩栩如生。在“古滇国”文化核心统领下，为增强“古滇王都”项目对目标市场的吸引力，可提出“再现古滇国，弘扬滇文明”“世界青铜瑰宝，云南文化名片”“穿越2000年，探秘古滇国”等支撑主题的形象宣传口号。

（二）开发格局

在“古滇王都”核心项目开发建设的同时，按照“一心两园一镇”（一心，即古滇王都，两园即晋宁石寨山—河泊所遗址公园和江川李家山遗址公园，一镇即晋城古镇）的总体格局来进行持续开发，即除“古滇王都”核心外，还要辐射带动“晋宁石寨山—河泊所遗址公园”“江川李家山遗址公园”和“晋城古镇”，串联成古滇国历史文化旅游区，构建滇池南岸文化旅游产品聚集区。

（三）“古滇王都”核心项目功能分区与总体框架

为发挥文化观光、文化娱乐、文化休闲、山水养生、夜经济体验、宜居之城等功能，“古滇王都”将按照“5＋10＋N”即“五个功能片区（即古滇国滨水休闲片区、古滇国休闲运动片区、古滇王宫度假片区、古滇国市井体验旅游区、古滇国置业旅游片区）＋十大旅游项目（即古滇国码头、古滇国花园、生态运动俱乐部、游艇俱乐部、古滇国王宫博物馆、古滇国大剧院、古滇国精品度假酒、滇人部落集市古滇国商业中心、滇国新居）＋N个子项目活动（即古滇国码头、滇池画舫、滇人竞渡活、古滇国花园、湿地公园、生态运动场、俱乐部会所、旅游地产、俱乐部会所、游艇会奢华酒店等）”的框架进行构建。

1. 重点旅游项目

（1）古滇国王宫博物馆。这是整个古滇王国地标性建筑。在出土青铜器反映的古滇国建筑模型基础上，采用现代建筑工艺和建筑体量，选取古滇国干栏式以及井干式建筑风格和色彩，嫁接部分汉唐建筑形式，将古滇文化建筑与国际领先建筑技术完美结合，重塑“滇王宫”的恢弘与神秘。“滇王宫”的建筑风格，将成为本案建筑外观的控制性标准。古滇国王宫博物馆是游客中心、旅游购物综合体

和博物馆功能的完美结合，它打破传统博物馆的严肃氛围和拘谨形式，运用高科技，以动漫、4D影院、雕塑、蜡像等形式演绎、展示古滇社会活态全貌，涵盖古滇国生产（春耕、秋藏、放牧、渔猎、冶铸、纺织、制陶等）、生活（民居、服饰、发饰、椎髻、扣饰、饮食、果酒、赶集、乐舞、羽冠等）、习俗（竞渡、祭祀、斗牛、猎头、文身、打秋千、饰羽翎、穿胸、儋耳、赤口等）、军事（演练、交战等）、政治（庄蹻王滇、会见汉使、滇王受印、设置郡县）以及出土文物精品（滇王之印、贮贝器、铜鼓、铜扣饰、铜葫芦笙、牛虎铜案、铜枕、铜啟、铜锄、铜矛、刻纹铜片等）等六个方面。

（2）古滇国精品度假酒店。深度挖掘古滇国乐器、饮食、娱乐等生活的方方面面，形成古滇国精品度假酒店主题文化元素。配套开发建设滇王乐舞坊、滇王御膳坊、滇王御浴池、滇王御花园等四个涉及娱乐体验、餐饮体验、养生体验的高端度假项目，为入住游客提供全方位的“古滇国贵族”尊享服务。为增强古滇国精品度假酒店的古滇文化元素，建议在酒店内增设滇王议事厅、祖先祭堂等文化场所，采用蜡像、浮雕等手段展现“庄蹻王滇”“滇王会见汉使”“滇王受印”“滇王祭祀祖先”等场景。度假酒店房间设置，以滇王与王后起居室为中心依次布置，房间装饰、用具均应选取古滇文化符号，使游客体验和享受古滇国贵族的尊贵生活。滇王御花园内选择云南本土珍贵花卉连片种植，配以名贵乔木和奇石，形成高贵、独特的园林景观，以出土编钟、铜葫芦笙、铜鼓等创建古滇国乐坊滇王乐舞坊。

（3）滇人部落集市。借鉴成都宽窄巷子街区、丽江束河商住地产商业模式和杭州宋城参与式体验经营模式，发展文化氛围浓郁、民间民俗活动丰富、餐饮发达、购物繁荣的市井街区。以古滇国干栏式传统民居为建筑符号，以滇人服饰及其椎髻发式、戴羽翎、配扣饰等为装饰元素，打造滇国时期集市贸易，建成青铜器作坊、金银器作坊、陶器作坊、珠宝玉石作坊、漆器作坊、编织作坊、服饰作坊、果酒作坊，使用贝币进行商品买卖，让游客亲历古滇国，真情景参与式动态演绎两千年前古滇国的市井生活。

（4）古滇国大剧院。作为位于古滇国王宫博物馆附近的另一座气势恢弘的景观建筑，建议以古滇国出的铜鼓作为建筑元素，以真山真水景观的入景入画为设计原则（古滇国王宫博物馆也成为本项目的景观背景），满足夜间大型实景演艺和白天分时段演出（滇人祭祀活动、滇人斗牛活动、滇人军事演练活动）需要。通过夜晚与白天不同演艺活动的组合，通过定时展演节目的编排，使不同片区中的游客形成多向流动，从而丰富游客旅游体验，延长游客旅游时间。古滇国大剧院的不同表演场地在白天时段是滇人祭祀活动、滇人斗牛活动、滇人军事演练活动的演出场地。滇人信奉“万物有灵”，崇拜多种神灵，经常举行祭农神、祭水神、祭祖先、祭铜鼓、祭铜柱等活动。祭祀场以主题节目的形式定时动态表演相关祭祀场面。斗牛和军事演练，可按照剽牛、斗牛、步兵演练、骑兵演练等编排成10—15分钟的短节目，在全天固定时段展演。祭祀、军事演练等活动中可以设置剧情、角色，让游客参与其中亲身体验“滇人”习俗，并可专门针对青少年学习古滇历史文化知识组织夏令营、冬令营，开展相关主题活动。

（5）古滇国码头。以古滇国渔猎文化为依据，以滇池周边延续至今的渔耕文化为脉络，梳理当代昆明人、云南人治理滇池、亲近滇池、爱护滇池的情感线索，建设古滇国码头，作为大众游客乘画舫游览滇池的“港口”，作为游艇俱乐部会员泊船、启航的“港湾”，作为未来游览滇池水上旅游线路的重要停靠站，从而实现本项目与草海、西山、滇池大坝、海埂—民族村等环滇池项目的一体化。依托古滇国码头，结合滇人竞渡习俗，建议在泼水节、端午节、中秋节等时段，创造性开发滇人竞渡活动，打造成为省内有影响力的水上节事旅游产品。

（6）生态运动俱乐部。生态运动俱乐部由生态运动场、俱乐部会所和配套旅游地产等子项目组成。按照产业上山的精神和要求，结合山地生态恢复和石漠化治理等工程，将长腰山一带荒山荒坡建设成为生态良好的临水、面水坡地，在此基础上开发生态运动项目和相关度假项目。

2. 辅助旅游项目

（1）古滇国花园。在环湖南路以北，结合环湖湿地建设，精选湿生、水生花卉品种，连片种植形成花海景观，将项目湖岸带打造成为四季缤纷、色彩斑斓、花香迷人的有色、有味，有视觉震撼力、能产生旅游经济之外收益的湿地经济带，为环滇池生态湿地的多样性利用提供借鉴。

（2）游艇俱乐部。亲水度假高端旅游项目，由俱乐部会所、游艇会奢华酒店等子项目组成。执行严格的污水处理、中水循环措施，确保项目对滇池水质零干扰。

（3）古滇国商业中心。借鉴南亚第一城模式，在古滇国建筑景观上搭建时尚购物、美食街区。全球品牌直销店、代销店进驻，本土文化品牌、创意产品、旅游商品纷纷呈现，满足各类客户群体的购物需求；引入传统滇味餐厅、传统小吃、时尚餐厅、主题餐厅、休闲吧等特色各异的美食餐厅及休闲吧、SPA、会所等娱乐项目，打造成中高端消费层次的美食、娱乐街区；并在“桥头堡”战略的支撑下，发展艺术品拍卖和贵金属交易等商业活动。

（4）滇国新居。居住地产和旅游地产复合体，向山（南部），承接新昆明南城建设的城市功能，建成集山景、湖景为一体的居住地产；向湖（北部），承接“古滇王都”的旅游功能，建成融山景、湖景为一身的旅游地产。

（四）文化旅游产品的开发运用

“古滇王都”将“吃、住、行、游、购、娱”六大旅游要素与文化创意产业、房地产业、商贸业、加工产业等相互融合、渗透和嫁接，可着意打造：一是文化体验旅游产品，以古滇国民俗街区、古滇国文化苑、古滇国博物馆、古滇国大剧院等项目为支撑，策划创意古滇文化体验游、古滇饮食体验游、滇人民居观光体验游、滇人集市体验游大型实景演艺秀等层次丰富的古滇国文化体验旅游产品；二是休闲度假旅游产品，以古滇国精品度假酒店群、古滇国商务中心、古滇国码头、滇池画舫、古滇国花园、游艇俱乐部、湖钓俱乐部、生态运动俱乐部、马术俱乐部等项目为支撑，策划文化休闲度假游、滨水休闲度假游、滇池生态休闲度假游等大众旅游与中高端旅游相结合的休闲度假旅游产品。

我们有理由相信，不久的将来，滇池湖畔，一个源于历史，而超越历史的"古滇王国"将在此复兴，一座国内一流、国际领先的现代文化旅游名城将在此崛起。昆明市的文化经济化，可以此为契机，通过发掘昆明山川、地貌、风光、气候、物产孕育的人文元素，通过昆明历史文化、民族文化、特色文化的提炼与归纳来全方位地、相对应地提出开发、经营、营销与管理昆明文化旅游项目，实现科学发展、和谐发展、跨越发展。

（作者单位：昆明市委办公厅）

建设民族文化生态村是少数民族传统文化村寨的依托与保护的有效途径

李毅飞

石林是阿诗玛的故乡，有着独特的民族风情文化，自然生态保护较好、环境优美。在绕九—石—阿公路沿线建设一批阿诗玛民族文化生态村，再把村连成片，从而形成阿诗玛民族文化综合示范区，探索少数民族村寨加快经济社会发展与文化保护的路子，是贯彻落实云南省委、省政府加快桥头堡建设和把云南建设成为我国民族团结进步边疆繁荣稳定的示范区的重要举措，对石林县具有特别的意义。

一、民族文化生态村概述

“民族文化生态村”的建设，是云南大学、昆明理工大学等在1997年提出的一个以人类学为主，包括其他学科参与的应用研究开发项目，是一个以地域和民族文化的保护和传承为主旨，由村民、政府和学者等相关群体参与建设的行动计划。作为云南民族文化大省建设的重要内容之一，云南民族文化生态村建设项目于1998年10月立项启动。在美国福特基金会的支持下，项目组在云南省内选择了玉溪新平县南碱村、昆明市石林县月湖村、文山州丘北县仙人洞村等5个村寨作为试点开始进行建设。

云南大学尹绍亭教授是这样定义的：民族文化生态村，是在全球化的背景下，在中国进行现代化建设的场景中，力求全面保护和传承优秀的地域文化和民族文化，并努力实现文化与生态环境、社会、经济的协调和可持续发展的中国乡村建设的一种新模式。

基本思路是选择具有地域文化和民族文化特色的村寨，依靠村民的力量和当地政府及专家学者的支持，制定发展目标，通过机制建设，进行文化生态保护，促进经济发展等途径，使之成为当地文化保护传承的样板。

石林县的月湖村作为全省首批的5个试点村之一，经过几年建设，“民族文化生态村”的理念逐渐得到接受。2005年之后，县政府决定建设一批民族文化生态村，并取名“阿诗玛民族文化生态村”。经过几年的建设实践，取得了一些成效，但也存在不足。

二、建设阿诗玛民族文化生态村的目的和意义

为了较好地解决在城市化和工业化过程中民族文化保护与利用的课题，石林县于2005年开始将保留着浓郁民族传统文化的村寨命名为“阿诗玛民族文化生态旅游村”，其特点是：

第一，民族文化生态村，不同于人为的展馆和设施，它是把一个村落或集镇作为一个整体，在原生地加以抢救、保护和展示的生态博物馆。

第二，文化生态村不像都市博物馆，完全由专门人员建设和管理，它是当地民众的事业，必须有民众的积极参与，并最终实现由当地民众进行管理和依靠自身的力量进行发展的模式。

第三，民族文化生态村的建设目标是在广大乡村建设一批传统文化与现代文明相结合，社会经济、生态协调发展的文化生态示范点。

第四，文化生态村的建设，很重要的一条是与旅游业相结合，努力将民族文化资源优势转变为发展文化和经济的优势。

三、建立阿诗玛民族文化生态村的原则和方法

阿诗玛民族文化旅游生态村既是保护民族传统文化的基地，又是具有现代色彩的民族文化载体，是少数民族安居乐业、富足、和谐、温馨的生存空间，它植根于灿烂的民族本土文化底蕴，又与现代文明相对接，能满足现代民族生活的需要。既有保护民族优秀文化传统的强劲功能，又有使村民接受现代文明的机制。为此，特提出阿诗玛民族文化旅游生态村建设规划框架。主要任务是：

首先，进行环境治理。保护自然生态环境、维护社会治安、美化人居环境、净化湖泊、建垃圾处理及公共卫生设施；规范村容村貌，修建水、电、路设施，改善人居环境，进一步提高农户生产生活条件。

其次，建立民俗博物馆。陈列民族生产工具、生活用具、器皿、工艺制品、文献、经卷、绘画、乐器、服饰及其他文化遗产和生态资源样品。

第三，进行民族文化传承和保护。设立民族民间信仰保护区、民俗传承室、音乐、舞蹈、体育与民俗演示场所、传承人培养、旅游服务设施等。

四、阿诗玛民族文化生态村入选条件及名单

按照阿诗玛民族文化生态村的7条入选条件，石林县命名了7个阿诗玛民族文化生态村。

（一）阿诗玛民族文化生态村入选条件

一是建村历史悠久，民族文化特征单一、特色鲜明、典型或特色突出，民族文化、民间习俗保存完整；

二是村中有一批农民文化人、文化传人、艺人及组织者，具有弘扬本民族文化的志向和传统；

三是村落整体具有“文化特性”或“文化底蕴”；

四是有特殊自然生态环境景观或文物古迹；

五是正常开展民族民间传统民俗活动；

六是在同类文化类型中具有代表性和辐射性；

七是在旅游专线公路沿线，景点、景区或县城周围具有地域特色的村寨。

符合上述7项条件的，可确定为民族文化生态村，作为民族文化旅游生态村重点保护开发建设项目。对于交通不方便，但具备其他6项条件的可作为民族传统文化保护村或民族历史名村，挂牌加以保护。

（二）阿诗玛民族文化生态村命名名单（7个村）

月湖村（民族文化生态村）；

糯黑村（民族文化生态村）；

维则村（民族历史文化名村）；

蓑衣山村（民族传统文化保护村）；

海宜村（民族历史文化保护村）；

上蒲草村（民族历史文化名村）；

大老挖村（民族传统文化保护村）。

五、阿诗玛民族文化生态村保护利用措施

首先，由文化行政主管部门组织人员，对拟公布为民族文化生态村的村寨的民族历文文化进行深入的调查，形成保护价值评估报告，报县人民政府命名公布。

其次，对交通方便、群众基础较好、民族民间传统文化保留全面完整、自然生态和文化生态环境保存较好，民居建筑风格独特、区位条件较好的月湖村、糯黑村、维则村、上蒲草村由县有关职能部门进行旅游开发可行性研究后，进行先期民族文化生态旅游村的旅游开发。其他民族文化生态村，目前作为民族传统文化保护村进行保护，从资金上给予一定的支持，重点保护和挖掘民族民间传统文化，待条件成熟后再逐步进行开发。

第三，民族文化生态保护村建设是一项系统工程，涉及各个方面。相关部门要做好保护利用规划工作，发展自然和文化生态旅游，要做到保持、维护自然和文化生态系统的完整性，防止文化生态的破坏。

第四，根据《云南民族民间传统文化保护条例》，结合石林民族文化生态实际，制定《石林彝族自治县民族民间传统文化保护条例》。

第五，由县人民政府制定《民族文化生态村管理规定》。

第六，公布为民族文化生态村、民族文化保护村、民族历史文化名村的村寨要制定一套专门的《民族文化生态村村规民约》。

第七，民族文化生态村建设资金主要由村民技工投劳，县财政安排一定的项目启动经费或列入建设有石林民族文化特色的社会主义新型农村示范重点工程，积极争取省、市、县有关项目资金的投入。

六、阿诗玛民族文化生态村实施情况

（一）第一阶段：1999—2004 年

1999 年 2 月 8—11 日，中共云南省委、省政府建设民族文化大省课题组在云南工业大学（现昆明理工大学）专家楼召开“关于建设民族文化生态村”的中外专家学术报告会议，会议有 43 名中外专家作了学术报告，县民宗局局长参加了此次报告会并作了《石林旅游与民族文化》的专题发言。会议决定在云南省首先创建一批民族文化生态村作为今后指导、建设民族文化大省的示范点。会后，课题组杨正权博士、尹绍亭教授等专家选定月湖村为全省的五个试点村之一并开始着手进行规划建设，实施单位为民族文化生态村课题组及石林县民宗局，经过 1999—2002 年的建设完成了如下工作：

1. 彝族传统文化普查工作情况

（1）1999 年 4 月 3 日，省课题组的成员单位的专家、教授到月湖村详细、系统地调查民族文化资源，在系统调查、研究的基础上，撰写月湖彝族文化生态村的发展规划，并设计出具体的实施方案（草案），从而拉开了建设月湖彝族文化生态村的序幕。

（2）2000 年 4 月开始，省课题组派云南大学人类学系陈建明驻守月湖村，协同县民宗局成立“乡土文化编辑室”“月湖彝族文化生态村工作站”，装修生态村工作站和购买办公用品并在云南大学文化人类学系尹绍亭教授的指导下，对月湖村的祭祀、民俗等活动情况进行系统的录像和文字资料的编写工作。2002 年 3 月，工作站已完成了该村历史、文化的调查并编写了《乡土教材》及录像，拟出版。完成了民间历史文物收藏品的普查工作，准备修建一个简易的博物馆，把这些东西陈列出来。

（3）2000 年 7 月 17 日，县民宗局又邀请中央民族大学、云南民族学院、云南大学等师生及省民委语文办、古籍办的彝族专家、教授，对月湖村进行大规模的文化普查。

2. 文化活动情况

近几年来，在县民宗局和工作站的指导下，建立并装备民间文艺队伍，举行过四次大规模的文化迎宾活动。

民宗局多次派人驻守村子排练节目，并多方筹资购置、配备民族民间乐器小三弦、月琴、二胡，极大地促进了民族民间文艺队伍的建设。1999 年分别接待了亚洲生态研究所，美国福特基金会的一些国际专家。2000 年第三届国际彝学会在石林召开，月湖村组织接待了来自世界各国的国际彝学会成员。2002 年 3 月 6 日接待了台湾电视台和云南省电视台《云南大不同》石林风光及彝族撒尼人风情片摄制组。近几年来，该村多次接待过来石林县考察的各级专家学者和省市领导，月湖村的自然资源和浓郁的民族文化特征，得到了来过月湖村的各界人士的充分肯定。

3. 基础设施建设及绿化美化工作情况

（1）修整、铺设了密枝林天然舞场，修建一堵防御石墙，新建三个密枝林公共厕所。

（2）重新恢复了十三个家族的祖灵洞，这项工作得到了本村彝族群众的拥护和支持。

（3）栽种了 2 万株香樟树苗，进一步绿化、美化本村生态环境。

（4）修建了月湖小学围墙，铺设了水泥地板。

（5）兴修了 800 米的一条简易石板游路。

（6）完成雕刻“月湖彝族文化生态村”标志及指路牌等工作。

（7）2000 年县委、县政府投资 200 万元，大面积的绿化美化了月湖村位于九石阿旅游专线沿线的面山。

4. 资金投入情况

（1）2000 年省级民族机动金投入 10 万元，市级民族机动金投入 4 万元。

（2）2001 年省级少数民族发展资金投入 10 万元。市级民族机动金投入 6 万元，县级民族机动金投入5.5万元。

(3) 云南大学人类文化学系投入9万元。

(4) 县委、县政府投资200万元绿化了月湖村位于九—石—阿旅游专线沿线的面山。

以上共计238.5万元。

存在问题主要是：

一是云南大学编制了一份文化生态村发展规划和实施方案，但当时没有得到政府相关领导的重视，组织方面，没有成立相应的领导协调小组，资金方面，除了从民委系统争取到一部分资金支持外，没有得到县、乡和政策资金支持；

二是村民、村干部对项目的理解和支持力度不够；

三是县民宗局后期操作不科学，导致工作成效不明显。

(二) 第二阶段：2005—2007年

首先，石林彝族自治县人民政府于2005年成立了阿诗玛民族文化旅游生态村建设试点工作领导小组，明确了责任单位和责任人。

其次，要求各责任单位编制建设方案并按方案认真落实工作。

第三，由县财政列出专项资金，每个村每年补助10万元，连续补助3年。

具体情况如下：

1. 糯黑民族文化生态村情况

石林彝族自治县圭山镇大糯黑村，海拔1985米，距石林县城约32公里，距石林风景区约30公里，距昆明市约100公里，九（乡）—石（林）—阿（阿泸古洞）旅游专线途经该村。全村委会现有394户，1506人，其中，大糯黑村235户，936人，小糯黑村128户，456人。原有13户汉族，由于彝汉通婚，大部分汉族子女的族别变更为彝族。彝族占全村人口的99%以上。全村耕地面积3643.00亩，人均耕地2.55亩，林地28282.10亩。森林覆盖率约86%左右，粮食作物主要为玉米、马铃薯、豆类等；经济作物以烤烟为主；矿藏有石灰石等。村里有初级小学1所，教师7人，学生约120余人。小学和初中普及率100%。有文化活动室1个，图书室1个，业余文化宣传队7个，卫生室1个，乡村医生2人，公厕4个，垃圾集中堆放场地2个。2008年全村经济总收入762.3万元，农民人均纯收入2287元。

大糯黑村是石林县独一无二的石头寨。自然生态良好，村中古树成林，整个村寨绿树成荫，村东边有一天然水塘，山水相间，环境优美，附近山上森林覆盖率达86%。交通便捷，九—石—阿旅游专线从村边经过，是发展以民族文化和民居特色为吸引力的乡村旅游的理想村镇。

2003年县民宗局被县委派到糯黑村委会做支农联系点工作，糯黑村的情况很差，先是小糯黑村与邻村的海邑中寨村因山林纠纷发生群体性械斗，之后又打官司，官司打到省高院，新选出来的村小组长，因压力大而辞职，村中的大小事无人管理，处于无政府状态之中。大糯黑村因种劣杂烟苗，圭山乡政府来铲除时，村民与乡政府的人发生冲突，打伤乡政府的人，矛盾十分突出，在这种情况下，县委把县民宗局派到糯黑村委会去做团结和稳定工作。县民宗局先做群众的稳定工作，申请民族机动金，从群众最急需的人畜饮水工作入手做工作，把村民的情绪稳定下来，再多次召开村民代表大会、党员大会，用“建设民族文化生态村”和“民族团结示范村”的奋斗目标来团结群众，感召群众，把群众的注意力引导到“民族团结示范村”中来，在建设过程中糯黑村获得了一次次的发展机遇，2005 年被县政府列为阿诗玛民族文化生态旅游试点村之一，2006 年被省、市民委列为民族团结示范村。2007 年被县政府列为社会主义新农村试点村。

经过几年来的建设，各级各部门投入近 1000 万元，加上群众投工投劳，大糯黑村的各项工作取得了显著成效，完成了水网、电网改造，村内石板路铺设、文化广场建设、水塘改造、全村一家一个沼气池建设，寨门、绿化、民族博物馆建设、密枝林大门建设、公共厕所建设，排污调节池、开办了 8 房农家乐，成为国际人类学民族学联合会第 16 届世界大会昆明筹委会考察点之一，2009 年成功接待来自世界各地的朋友。2010 年被国家环保部评为全国生态村。已成为全省闻名的民族文化特色突出、石板民居特色突出的石头寨。每天接待着来自全国各地的游客。2010 年被国家环保部评为全国生态文明村，是石林县命名的 7 个阿诗玛民族文化生态旅游村中最成功的一个，也是云南省比较成功的民族团结示范村之一。

2. 糯黑村近几年取得了二次跨越发展

第一次是以 2007 年被列为社会主义新农村为标志，糯黑村从民宗局建立的示范点变成县级政府的示范点，获得了一次大的发展机会，使该村成为石林县知名的一个村。

2007 年以前，糯黑村仅仅是县民宗局的一个支农联系点，从 2003 年起县民宗局在宣传党的民族政策、班子建设、化解矛盾、规划发展方向、投入真金白银做实事方面做了大量的工作。从 2004 年起县民宗局就积极向省市民委申请民族机动金，从群众最急需的人畜饮水工程入手做建设，2005 年完成科技文化广场建设，2006 年对村内的池塘进行了改造。2007 年 7 月完成大糯黑村内主要道路铺设任务。

上述几个项目的顺利完成，彻底改变了大糯黑村民“晴天一身灰、雨天一身泥”的生活环境，村容村貌得到了极大改善，糯黑村变得漂亮了。

第二次是以 2008 年被确定为第 16 届人类学民族学大会学术接待点为标志，糯黑村获得了一次大的发展机会，从县级的示范点变成昆明市级的示范点，获得了一次更大的发展机会，使该村成为昆明、云南省甚至全国都有一定知名度的一个民族村寨。

2008 年年初，被国际人类学民族学联合会第 16 届世界大会昆明筹委会的领导选中作为第16届人类学民族学世界大会的考察点之一。县政府决定投入100万元，其中，县级投入50万元，省市民委投入50万元，新农村整体推进试点村投入200万元；2009年4月2日，张祖林市长到石林调研农业农村工作时到糯黑村委会视察，要求要建设沼气池和加大绿化程度，进一步突出民族文化特色，让糯黑村成为昆明新农村建设的典型代表。5月份2个村的群众已开始开挖沼气池，预计6月份完成建设沼气池任务。预计投入250万元。

3. 糯黑民族文化生态村建设的历程

（1）2005－2007年糯黑村进入了又好又快的三年快速发展时期。从2003年糯黑村成为县民宗局的支家联系点之后，县民宗局就开始在党员干部会议和村民代表会议上进行“建设民族文化生态村”的宣传工作并争取资金。2005年被县政府列为阿诗玛民族文化生态旅游试点村之一，明确由民宗局具体负责实施。2006年被省、市民委列为民族团结示范村，2007年被县政府列为社会主义新农村建设试点村，责任单位都是县民宗局。县民宗局在认真调研的基础上完成了糯黑村民族文化生态村建设实施方案并紧紧围绕建设方案开展工作。2005—2007年期间大糯黑村完成了如下工作：一是在村民中宣传民族文化生态村建设的重要性，统一思想、提高认识，激发和调动村民参与的积极性，使人民群众成为文化生态村建设的主力军。

二是2005年省民委补助6万元，完成了3600平方米的科技文化广场石板铺设项目。

三是2005年有一家农户办起了“农家乐”，经常有单位及美术学院的师生到“农家乐”吃住，为开展乡村旅游服务，起到了带头作用。

四是从2005年起县民宗局对该村原来的祭密枝活动进行了一系列改革，在不改变传统祭祀内容的基础上增加了全村群众参加的“拉牛车”“背媳妇”“背洋芋”等文体活动，增加的活动内容深受群众喜爱，已被村民传承下来。

五是2006年县政府投入阿诗玛民族文化生态村建设资金20万元改造村内池塘。

六是县烟草公司投入50多万元建设了烟水工程。

七是2007年7月28日，市民委投入20万元、新农村建设办补助20万元（含民族文化生态村建设资金10万元），采用农户出石板，上级补助资金的方式用以购买水泥、沙石、支付人工工资，完成大糯黑村全长3100米，13546平方米的村内主要道路铺设任务。总投入64万元，其中，群众出石板折价为24万元，上级补助40万元。

八是投入1.1万元建设了一道密枝林标志性大门。

九是县卫生局投入4万元建设了一个卫生室。

（2）2008—2009年糯黑村进入了二年全面协调可持续发展时期。由于基础设施的不断完善，村容村貌的改观，群众建设新农村的积极性，民族传统文化、石板房民居建筑等综合因素，2008 年年初，被国际人类学民族学联合会第 16 届世界大会昆明筹委会的领导选中作为大会期间全省五个考察点之一，糯黑村又迎来了新的发展机遇。

2008 年完成了 10 个项目：

一是投入 7.0586 万元铺设村内剩余石板路 800 多米（2400 平方米）；

二是投入 7.244 万元修建学校围墙；

三是投入 10 万元建设寨门；

四是投入 9.8087 万元建成冲水厕所；

五是投入 15.5 万元对进村道路两侧进行绿化；

六是投入 15.6664 万元建成民族文化传习馆；

七是投入 5.3201 万元修缮礼堂；

八是投入 2.05 万元改造学校教学楼；

九是投入 6 万元举办四期党员干部和三期村民培训，共培训 1200 人次；

十是投入 6 万元购买民族民间乐器 17 件（套）。

2009 年完成了 9 个项目：

一是投入 17.136 万元完成 355 户有线电视村村通工程建设，覆盖面达 93%；

二是投入 38.6 万元开展新农村银杏村建设，对进村道路两侧、村内水塘边等进行绿化；

三是投入 18 万元建成小糯黑村寨门一道和铺设 1000 米的村内道路；

四是投入 5 万元收集了本村生产生活用品 200 件用于民族传习馆布展；

五是投入 19 万元开展大糯黑村拆除瓷砖贴石板项目建设，涉及 54 户，4500 平方米；

六是投入 2 万元绿化大糯黑村科技文化广场。

七是 2008 年有 5 户开办农家乐，2009 年小糯黑村毕丽英投入 180 万元在路边建设了一个高档次的农家乐项目。

八是计划投入 70 万元改造大糯黑村人饮工程，已于 2009 年 4 月 1 日正式开工，预计 5 月份完成。

九是按照张祖林市长 2009 年 4 月 2 日到糯黑村委会视察的要求，拟投入 250 万元为大小糯黑村 355 户建设一家一户的沼气池，预计 5 月下旬完成挖沼气池工作，6 月份完成建设沼气池任务。

另外，小糯黑村也随之完成寨门建设、村内石板路铺设、礼堂改造，村内池塘改选等项目，小糯黑村的村容村貌、交通、环境等方面有了很大改善。

2010—2012 年完成 4 项工程：

一是杜鹃山公园建设项目，2010 年投入人类学大会结余资金 18 万元，完成杜鹃山雕楼、凉亭建设及简易旅游路线建设项目，丰富了糯黑村的旅游内容。

二是接污管网及净化工程，2010年，昆明市环保局投资40万元，改造大糯黑村接污管网及净化工程，改善了大糯黑村的环境卫生。

三是糯黑旅游商品交易中心建设项目，2011年群众集资50万元、市旅游文化局补助20万元，建起了糯黑旅游商品交易中心。

四是安装太阳能路灯项目，2012年村小组投资12万元，安装20个太阳能路灯。

4. 正在建设并取得初步成效的三个阿诗玛民族文化生态旅游村的情况

维则村与长湖镇小集镇建设、长湖风景区开发相结合、各级政府投入1000多万元，完成小集镇的水、电、路基础设施建设，完成了村庄风貌改造，建设完成集斗牛、摔跤为一体的大型民族文化活动场所，维则村湿地公园建设，正在规划实施独石山文化公园项目，有一批商店、餐馆在维则村经营。近年来，维则村已成为石林县一年一度火把节的一个分会场，举办大型的斗牛、摔跤、歌舞比赛，每年都吸引几万人来参加活动，在全县有了一定的知名度。

月湖村与太阳能产业发展相结合，各级投入400多万元，完成水、电、村内道路建设等基础设施、文化传承和保护项目，正在实施劳动力转移、村庄改造、村庄绿化美化工作。2011年成功申报成为全国生态文明村。

老挖村与花卉业、养殖业相结合，各级投入300多万元，完成水、电、村内道路硬化等基础设施建设及文化传承和保护项目，正在实施劳动力转移、村庄绿化美化工作。

另外，其他几个村如蓑衣山村（民族传统文化保护村），海宜村（民族历史文化保护村），上蒲草村（民族历史文化名村），圭山镇小圭山民族团结示范村、蝴蝶民族团结示范村、石林镇寺背后民族特色村寨建设也获得不同程度的资金投入，完成了一些生态、文化保护、公共设施建设项目。

总之，被列为阿诗玛民族文化旅游生态村的7个村从2005年开始，经过各级各部门的投入，基本完成了道路建设、水、环境卫生治理、绿化美化、文化传承和保护工作，村寨面貌焕然一新，获得了超过一般村寨的发展速度和保护力度。

七、关于建设阿诗玛民族文化生态综合示范区的构想

九—石—阿旅游专线是连接九乡、石林、阿庐古洞的一条旅游专线，在县境内有76千米，穿过石林镇、维则镇、圭山镇3个乡（镇），15个村委会，31个自然村。沿着这条旅游专线，用5—10年的建设，基本建成九—石—阿旅游专线阿诗玛民族文化综合示范区，基本实现山区与坝区、城市与农村一体化，缩小城乡差别，各民族共同发展。使这些村寨既保持传统文化，又能适应现代文明；既使经

济快速发展，又不破坏生态环境；既使村寨现代化，又使村寨保持明显的特色。十年、三十年、五十年，或一百年之后，还在有人穿着民族服饰，说着民族语言，住在有特色的民族民居之中……由此向世人展示石林阿诗玛文化的独特而深厚的魅力。

具体构想如下：

一些村庄在镇政府所在地，可以与打造小集镇相结合进行村庄建设，如北大村村委会、维则村、海邑等村。

一些村寨可以与新农村建设、阿诗玛民族文化生态村建设相结合进行村庄建设，如：小密枝、北小村、月湖、老挖、糯黑、雨胜村等村。

一些村庄可以与旅游景区建设相结合进行村庄建设，如寺背后、和摩站、小箐、三家村、阿玉林、矣维哨村等。寺背后、和摩站村与乃古石林景区、石峰寺、台湾农民创业园建设相结合；小箐、三家村、阿玉林3个村与旅游度假区开发相结合；糯黑村、矣维哨村与圭山国家森林公园开发相结合，搞旅游服务综合开发建设。

一些村庄，可以与扶贫开发建设相结合进行村庄建设，如落水洞、松子园、汪家河等村。

（作者单位：石林彝族自治县民族宗教事务局）

昆明市地方文献发掘整理和开发利用现状与对策分析

黄剑辉

地方文献是指记录某一地方的历史资料和该地方人士的著述资料，是传统文化的核心组成部分①。十七大报告指出要“弘扬中华文化，建设中华民族共有精神家园”，要“加强对各民族文化的挖掘和保护，重视文物和非物质文化遗产保护，做好文化典籍整理工作”。“十一五”期间，云南省提出了建设民族文化强省，昆明市提出了建设文化昆明的战略。文化昆明的建设，既包含了现代文化的繁荣，也包括了民族优秀历史文化的弘扬。弘扬传统文化，加强发掘整理和开发利用昆明地方文献，对于全面把握昆明的历史文化，有针对性地制定政策、采取措施，推动昆明经济社会发展具有极其重要的作用。

一、发掘整理昆明地方文献的意义

（一）有利于充实文史资料，丰富昆明历史文化内涵

昆明市是1982年国务院公布的首批24座历史文化名城之一，兼具古都、地方民族特色、近现代史迹等多类型特征。昆明有着3万年的人类史、3千年的文明史、1200多年的建城史。历史悠久，文化灿烂。悠久的历史和长期作为云南政治经济文化中心的地位，昆明逐步形成了以汉民族为主体，丰富多彩的多元民族文化，创造了丰富的历史文化遗产，也涌现出著名医学家和音韵学家兰茂、航海家

---

① 广义的地方文献包括某一地方的自然、地理、历史、政治、经济、教育、民族、风俗习惯、文学艺术、名胜古迹等内容，空间为一地、时间融古今，形式可以是物质的也可以是非物质的。狭义的地方文献则是指上述范围内以纸质为载体的文献资料。本文所指的昆明市地方文献，限定在以文字材料为主的纸质文献范围之内，即内容上涉及昆明的文献，包括记载昆明的文献，也包括昆明籍人士的著作

郑和、政治家和文学家杨一清、诗僧担当和苍雪、大观楼长联作者孙髯、书诗画文皆卓然成家的钱南园等一大批著名历史文化名人，并留下数量众多的文献，素有“文献名邦”之称。

在历史的长河中，地方文献会因为战争、朝代更迭、意识形态变化等主客观、多方面的因素而变化，具有动态和逐渐减少的特点。发掘整理地方文献，对历史文献给予有效保护，可以充实地方文史资料，传承昆明悠久灿烂的文化，让历史文化代代相传，永不间断，从而不断丰富昆明历史文化内涵。

（二）有利于传承文脉，建设昆明精神家园

历史是一座城市之根，文化是一座城市之魂。中华文化是世界四大古文明中唯一没有间断的文化，昆明文化的继承、弘扬与创新就是一脉相承的，当代昆明的文化也是一个继承、弘扬与创新的统一体。昆明地方文献作为承载地方文化的集中载体，是先民智慧的结晶，蕴含着的独特民族心理、民族性格和强烈的民族精神，其丰厚的积淀、鲜明的地域特色是自古以来昆明人文化自觉的集中体现，是昆明精神的财富和取之不尽的源泉。挖掘保护地方文献可以继承和弘扬昆明历史文化传统，延续传承文脉，适应现代新昆明要求，建设与时代发展同步，与经济社会发展相适应的当代文化，建设昆明共有的精神家园，增强地方文化软实力和昆明竞争力。

（三）有利于资政育人，推动和谐社会建设

“治天下者以史为鉴，治郡国者以志为鉴”。昆明地方文献真实记录了广泛时空中昆明的山川地貌、自然矿产、历史沿革、政治变迁、风土人情、文化艺术等等，具有鲜明的史料性、地方性特点。“史料性”可以帮助我们总结历史经验，“鉴古知今”，打通历史和现实，前瞻性地制定发展规划，避免短期行为和盲目性。“地方性”可以帮助我们认清“橘生淮南为橘，生于淮北则为枳”的事物内在规定性，增强决策的针对性。

民族精神、民族意识和民族情感是文化的灵魂和内核，是文化的原则和公理，推动现代公民社会建设和市场经济体系建设的血脉，是教育和规范人的行为、意识的内在要素。民族精神、民族意识和情感的形成来自于传统文化的世代相传与涵养，挖掘地方文献资源，传承传统文化，对培育民族精神，彰显民族性格因此具有特殊重要的意义。

文化发挥作用是柔性和韧性的，地方文献所包含的文化能在深层次上发挥激励作用，构筑当代人文精神，使为官之德得以恪守，为民之志得以砥砺，从而推动文化昆明与和谐社会建设。

（四）有利于促进文化与经济融合，建设富强昆明

当今时代，文化越来越成为民族凝聚力和创造力的重要源泉、越来越成为综合国力竞争的重要因素，丰富精神文化生活越来越成为人民的热切愿望。文化除了满足人类的精神生活，为经济社会发展提供精神动力、智力支持，本身也以文化产业的形式创造巨大的经济价值。文化与经济高度融合所催生的“文化经济”（以经济为依托的新文化形态或以文化为内涵的新经济形态），正突破传统产业发展的方式，不仅成为经济新的增长点，而且加速经济增长方式的转变和提升，给经济发展注入新的活力，促进经济更加协调、健康和可持续发展。2010 年昆明文化及相关产业增加值已经达到 180.44 亿元，占 GDP 比重达到 8.53%，位居全国前列。按计划到 2015 年，昆明文化产业增加值将达 400 亿元，占 GDP 比重达到 11% 以上。文化产业正成为昆明前景广阔的新兴支柱产业。地方文献作为文化产业转化的主力军，在参与昆明经济社会发展中将发挥日益重要的作用。

二、昆明地方文献发掘整理的历史和现状

（一）开展工作的情况

昆明地方文献的收集整理可以追寻到清代乾嘉时期，辛亥革命后至民国初赵藩等编纂《云南丛书》《云南通志》《续修云南通志》等地方文献集大成之作，对云南，也对昆明地方文献的收集整理和研究起到了奠基作用。

新中国成立以后，特别是新时期以来，按照国家加强地方文献发掘整理的方针，昆明市图书馆和相关文史单位加强地方文献的收集整理，取得了一定成绩。

近年来，昆明市以国家加强古籍保护工作的精神为指导，持续开展了地方文献的收集整理工作。2007 年市政府办公厅制定了《昆明市古籍普查实施方案》，市文化局牵头组织召开了市教育局、宗教局、档案局、财政局、民委、科技局、博物馆等多部门参加的古籍保护工作联席会议，随后开展了昆明市古籍普查工作。2006 年，昆明市投资 1000 多万元对昆明图书馆进行全面装修改造，2007 年 2 月正式开馆，新馆设立了文献参考部、古籍室。2009 年 5 月，在省古籍保护中心的支持下，昆明市图书馆成立了云南省古籍保护中心昆明市分中心，建立市图书馆古籍保护工作小组，负责日常工作，这无疑为地方文献的发掘整理搭建了一个重要的平台。

（二）昆明地方文献的总量

据估计，云南省地方文献约有 1 万种左右，其中昆明市的地方文献占有相当重

要的地位，仅据市图书馆文献参考部等编撰的《历代昆明地方文献述评》就收集有1200余种。地方文献收集整理是一个不断发现、丰富的过程，昆明地方文献种类应远大于这一数字。

（三）市图书馆和文史部门收藏情况

2007年以来，昆明市开展了一次地方文献的普查工作，摸清了部门收存古籍的情况：

市图书馆收藏古籍29869册。估计其中有昆明地方文献几十种。五华区、石林县、宜良县、富民县收藏古籍1695册，包含部分地方文献。石林县图书馆收藏的一种彝族文献入选《国家珍贵名录》。

盘龙、西山、官渡、安宁、嵩明、禄劝等6区县均无地方文献收藏。

（四）清理普查和保护文献资料的情况

据估计，云南省地方文献有1万种左右，仅据省图书馆地方文献部与市图书馆文献参考部所编《历代昆明地方文献述评》所收就有1200余种。2007年以来，昆明开展了一次古籍文献的普查工作，主要摸清了昆明市县两级收存古籍的情况，其中也包括昆明市地方文献。近年来，地方文献的主体收藏单位昆明市图书馆加强了对馆藏地方文献的整理，聘请云南省著名古籍版本专家李孝友先生对馆藏地方文献进行整理、鉴定，挖掘古籍善本36种344册，向省级保护中心报送5种古籍善本申报国家善本目录。市图书馆还投资13万余元增加空调、消防等设施，建立了特藏古籍书库，对重要古籍资源进行重点保护。

（五）收集整理的状况

昆明地方文献的大规模收集整理工作始于清代乾嘉时期，当时的保山“二袁”袁文典和袁文揆兄弟等人相继编纂了《滇南诗略》和《滇南文略》两部云南最早的诗文总集，其后大理人师范辑刻了《滇系》、王崧又辑刻了《云南备征志》，收录了不少昆明的地方文献。特别是辛亥革命至民国初赵藩等人完成了《云南丛书》《云南通志》《续修云南通志》等大型图书的编纂和刻印出版，不仅是云南地方文献的集大成，也对昆明地方文献的收集、保存、传播、研究具有十分重要的奠基作用，并由此而诞生了一门专门的学问“滇学”。

新中国成立以后，昆明地方文献的整理研究进入到了一个新的阶段，与昆明相关具有全省视野的一些重要著作如《云南史料目录概说》《云南史料丛刊》《景泰云南图经志书校注》《正续云南备征志精选点校》、万历《云南通志》、道光《云南志钞》《新纂云南通志》《滇南碑传集》《续滇南碑传集》，其他还有《云南志校补》《南诏野史会证》《古通纪浅述校注》《云南古逸书钞》《滇史点校》《滇志校补》，《云南书目》《云南丛书书目提要》《云南历代地方文献概说》《云南古代汉文学文献》等，都得以重新整理或新纂而成。其中特别是由云南文史馆主持、2011 年中华书局影印出版的《云南丛书》，更是有功于云南和昆明地方文献的一件盛事。其他一些昆明地方文人的著作也相继整理出版。如《滇云历年传》《担当大师全集》《钱南园诗文集校注》《苍雪大师南来堂诗集注》等。昆明市志编辑委员会编辑的《昆明市志长编》，不仅为昆明市志的修撰提供了具有相当价值的资料，对于昆明地方文献也是一次大规模的汇编。昆明市图书馆联合昆明各区县（市）图书馆编纂了《昆明市公共图书馆馆藏地方文献联合书目提要选编》、昆明市图书馆文献参考部和云南省图书馆地方文献参考部联合编纂了《历代昆明地方文献述评》，这两部著述对于昆明地方文献历史的情况和现存的情况作了一次较为完整的梳理、介绍，为进一步提高昆明地方文献的整理和研究水平具有重要的价值。其他还有《滇云诗词》《古诗中的云南》《云南历代诗词选》《历代诗人咏昆明》《历代散文品昆明》《云南古代诗文论著辑要》《云南诗歌史略——赵藩〈仿元遗山论诗绝句论滇诗六十首〉笺释》《钱南园传》《杨一清评传》《兰茂评传》等。这些著作的出版，对地方文献的普及和专题研究作出了一定的成绩。

（六）开发利用的情况

利用地方文献整理的成果，与旅游相结合，昆明开发了一批历史文化旅游项目。通过对长联及其相关名人孙髯、钱南园、赵藩的挖掘宣传，使昆明大观楼成为中国十大历史文化名楼。其他如云南陆军讲武堂、云南民族村、官渡古镇等都是挖掘整理和开发利用地方文献和传统文化而建立的旅游景区景点。这些或有实物或完全新建的旅游项目，对于展示昆明历史文化、陶冶大众情操、发展旅游经济发挥了多方面的综合作用。昆明整理地方文献开发旅游的成功案例较多，近年来对历史“名人效应”的开发尤为突出。

晋宁从 2006 年开始，每年举办“郑和国际文化旅游节”，以航海文化为主题，举办展览、论坛，开展演出和招商活动。文化影响扩大，招商成果丰硕。2010 年、2011 年和 2012 年旅游节期间，晋宁招商引资分别达到 28 亿、129 亿和 54 亿元。随着影响扩大，2010 年昆明市政府把晋宁郑和国际文化旅游节列为昆明市重要节庆活动。如今，旅游节已成为晋宁弘扬历史文化和对外交流不可替代的品牌。旅游节举办以来，演艺机构推出了全省第一部原创大型音乐剧《郑和与海》。现在晋宁正在努力推进总投资达 30 亿元的“郑和故里文化旅游项目”。项目包括郑和故里和谐论坛国际会议度假中心、郑和七下西洋文化长廊、大型山水实景郑和史诗剧、郑和宝船舰队与和谐宝桥、1421 环球航海广场、郑和故里码头、郑和故里文化旅游主题公园、湖滨生态湿地保护区、湖滨风情民居小镇等 9 个重点项目。项目核心区总面积达 136.88 公顷。通过郑和品牌，晋宁将努力打造成国内外具有较高知名度和影响力的文化休闲旅游胜地。升格为昆明市重要节庆活动后，旅游节将向国内外具有影响力的重要节庆活动迈进，郑和作为晋宁、昆明和云南最为宝贵的无形资产，将有力增强昆明文化软实力。郑和文化旅游开发也成为新的历史条件下一次地方文献挖掘整理和开发利用的卓有成效的尝试。

举办聂耳音乐节是近年来云南和昆明挖掘地方文化，增强文化实力的又一成功之举。早在2008年，省委、省政府就在《关于建设云南民族文化强省的实施意见》中明确提出：要“打造具有爱国主义教育意义和先进文化内涵的聂耳音乐品牌”。建国六十周年，由省委、省政府、中国文联、中国音协共同主办，中央电视台、省委宣传部、玉溪市委市政府承办，作为国家庆祝新中国成立重要系列文艺活动的项目之一——中国聂耳音乐（合唱）周开幕式文艺晚会《前进颂》在北京人民大会堂隆重举行，多位中央领导出席晚会。同期云南电视台还播出投资1000多万元的24集电视连续剧《聂耳》。

作为聂耳出生和成长的地方，昆明拥有聂耳故居、聂耳墓等诸多聂耳精品文化资源。昆明从2010年起决定每年举办“昆明聂耳音乐节”，2012年举行了第二届音乐节暨纪念聂耳诞辰100周年系列活动，以聂耳为主题，以音乐艺术为载体，通过巡演、合唱、比赛等形式，奏唱聂耳作品，宣传聂耳精神，打造聂耳文化品牌，弘扬聂耳先进文化内涵。2012年6月第二届中国聂耳音乐（合唱）周在上海、昆明、玉溪三地联合举办。音乐周以爱国主义为核心，以国歌为主线，以聂耳音乐为品牌，以云南元素为特色，开展了系列活动。“昆明聂耳音乐节”、“中国聂耳音乐（合唱）周”充分展示了云南的文化魅力，提高了昆明文化艺术品位，深化了昆明与全国省市的文化交流与合作，彰显了城市悠久的历史、丰厚的文化积淀，大幅提升了昆明历史文化名城软实力。

（七）人才培养情况

昆明地区涌现出一批关心乡邦文献、学术功底扎实、堪称一代大师的著名学者，如赵藩、袁嘉谷、陈荣昌、于乃义、方树梅、方国瑜等。当代学者中有较大贡献的如李埏、李孝友、余嘉华、张文勋、赵浩如、蓝华增、尤中、朱桂昌等，一批年富力强的中年学者古永继、张国庆、李春龙、刘景毛、孙秋克、冯良方、陈友康、李怡苹等也正在从事相关研究。

三、存在的主要问题

昆明地方文献工作取得了一定成绩，但与国内先进地区和省内大理、丽江等城市相比发展相对滞后，主要问题有：

（一）组织领导不够

昆明地方文献主要分散于省图书馆、市图书馆、市博物馆、昆明各高校图书馆和区县图书馆，国内外一些图书馆也有收藏。这些部门彼此独立，缺少交流与沟通；各馆在收集标准、范围及数据库建设等方面也缺乏统一，资源共享困难，急需加强领导，统筹协调。

（二）收集不全

昆明各公共图书馆编录了书目，但昆明地方文献究竟有多少（包括历史数量、现存数量）？除昆明市公共图书馆所藏外，还有哪些？现在庋藏于何处？这些情况都不完全清楚、准确。

昆明地方文献收集欠缺，与昆明市地方文献发掘整理工作起步较晚有关。市图书馆“文革”期间才开始有第一批历史文献，后来又错过了一些收藏机会，所获文献零碎、漏洞较多。市图书馆收藏古籍近3万册，古籍室估计其中昆明地方文献只有几十种。

（三）整理不力

昆明已经收藏的地方文献，目前绝大多数仍处于自然存放状态，急需保护、整理。昆明历代名贤著述多达170余种，仅有担当、钱南园、苍雪等极少数人的诗文集被整理过，其他都是一片空白。昆明市及区县藏有地方志63种，历代昆明县（府、州、市）志及各地方县志到目前为止，还很少被点校、注释出版。

（四）运用有限

目前昆明地方文献资源大都重藏轻用，没有进行全面、系统地整理和开发利用。地方文献数字化程度低，无特色专题馆，借阅方式也非常传统，开发应用有限，未能发挥出地方文献应有的作用和社会影响力。

（五）缺乏广泛深入的研究

以丰富的文献为基础，昆明的历史、文化、民族、语言、教育、科技、文学、艺术、宗教、民俗都可以作专题深入探讨。然而，目前各方面还停留在概况描绘、散点叙述阶段，缺乏系统、有深度的研究。

（六）人才、经费匮乏

由于各方面的原因，热爱昆明地方文献又具有专业知识的学者日渐稀少，年轻一代明显断层。昆明各图书馆地方文献的收集、保护、整理、研究等无专项经费，相关投入也很低。

四、昆明地方文献发掘整理和开发利用的思路和工作重点

（一）总体思路

昆明地方文献发掘整理和开发利用要以十七大和十七届六中全会弘扬中华传统文化，提高文化软实力精神为指导，以全面认识地方传统文化，使之与当代社会相适应、与现代文明相协调为基本原则，按照中央加强民族文化的挖掘和保护，做好文化典籍整理工作的要求，广泛深入开展昆明地方文献的挖掘整理和开发利用。加强组织领导，形成政府主导，图书馆为主体，有关部门配合，全社会共同参与的地方文献发掘整理和开发利用体系。加大人才、经费保障，实施地方文献的“抢救性收集保护”“重点文献发掘整理”“数字化”和“应用开发”四大工程，显著提高昆明地方文献建设总体水平，充分发挥地方文献在传承文化、资政育人、增强昆明文化软实力中的重要作用。

（二）工作重点

地方文献的发掘整理和运用是一项系统工程，需要长期努力。结合昆明地方文献起步较晚、建设滞后的实际，昆明要建设与文化昆明相适应的地方文献支持体系，向先进城市看齐，要着力实施“四大工程”：

1. 抢救性收集保护地方文献工程

实施由政府主导，文化部门牵头，市图书馆组织，区县图书馆和市有关地方文献收藏单位为支撑的抢救性收集保护工程，对散落在民间的昆明地方文献资料和已经收集的地方文献进行分阶段、有重点的抢救性收集和保护，目标是通过1—2个“五年计划”，将昆明地方文献收集齐全、保护完善，使地方文献遗产系统化、全面化，为整理开发文献资源打下坚实基础。

2. 重点文献发掘整理工程

由图书馆联合地方文献收藏单位，对与经济、文化建设相关，涉及重大历史事件、重要历史人物，具有较高文化、文物、艺术、学术价值的文献，开展重点发掘整理工作。发掘整理要对照历史，与经济社会建设相结合，提炼“滇身毒道”“古滇王国”“《滇南本草》”“云南陆军讲武堂”“重九起义”“西南联大”等重要文化主题，建设特色专题文献馆和数据库。

重点文献发掘整理，当前要重点做好历史文献的整理出版工作。设立“典籍昆明”“方志昆明”“旅游昆明”等主题，出版系列丛书和光盘，形成地方文献品牌。

3. 文献数字化工程

是解决地方文献保护与利用之间的矛盾，实现地方文献资源共享和利用最大化的有效手段。工程要在政府的安排和财政支持下，由图书馆统一组织实施，内容是利用计算机信息技术，将纸质的地方文献转化为数字形式，通过数据中心、光盘、网络等虚拟介质保存与传播，供读者使用。工程包括两个阶段：一是对文献目录或文献全文数字化，形成资源库；二是通过互联网，搭建共享平台。昆明地方文献数字化具体要建好“四库”：（1）地方文献联合检索数据库；（2）散见文献数据库；（3）濒危地方文献数据库；（4）虚拟地方文献数据库。

4. 应用开发工程

内容是对地方文献进行深层次的分析、研究和创造性的应用转换，形成项目，建设实施。目的是发挥地方文献在宣传、旅游等方面的潜在价值，为昆明政治经济文化建设服务。地方文献应用开发基础在图书馆及其文献收藏单位，需要它们提供较为完整、方便使用的地方文献资料；主体是社会，相关的旅游、研究部门和社会企业、团体、个人是地方文献开发的主力军；关键在政府，政府及其有关部门要与创新型城市建设相结合，加强规划和政策引导与支持。昆明地方文献应用开发工程要重点做好以下两方面工作：

（1）开展特色古籍专题研究，宣传昆明，服务城市建设

结合昆明发展战略，对重要的经济、社会、文化问题，要开展专题发掘整理和研究，以更好地服务经济社会建设。当前，城市化过程中的城市特色消融已成为城市病问题，要加大对南诏大理国时期和其他地方历史文献的发掘整理与研究，汲取历史和民族的传统文化要素，在城市规划和建设中加以运用，以解决城市特色问题。昆明有悠久的兼容并包传统和对外开放历史，有很多与当代社会相通的优秀民族传统文化，如诚信务实与吃苦耐劳，平等相处与和谐共生，人与自然和谐发展的精神等等。要加大地方文献发掘整理力度，通过出版、研究，大力宣传昆明文化精神，树立昆明良好的对外形象，增强昆明知名度和影响力。地方文献的运用角度和空间广阔，如结合昆明发展生物制约产业，开展与兰茂《滇南本草》等相关的地方文献研究，宣传云南植物王国生物药源丰富、云药诚信、有效等。要充分运用地方文献，为各行各业提供开发素材，形成深远影响。

（2）加大开发，与旅游融合发展

昆明旅游自然风光的吸引力已经毋庸置疑，但人文特色尚待发掘。要加大文献整理利用力度，与旅游深度融合，为昆明旅游二次创业注入新的养分，增加昆明旅游的“精、气、神”。

进一步挖掘利用地方文献，提升现有景区景点的文化内涵。如发挥名人效应，利用新发掘的史料和新形成的文化，对翠湖、安宁温泉、石林等传统景区实施提升改造工作，增添景区景点的自然、人文审美情趣，产生多重审美感受，增强景

区景点吸引力。发掘地方文献，开发新的旅游项目。滇池周边高原湖滨风光是昆明旅游要素最为集中的区域，也是历史文化遗存最为丰富的地区，可充分考证、挖掘滇池周边的高跷、西山、梁王山、鸣矣河、晋城、盘龙山、呈贡老城、杨林、白邑等地的文献资料，以保护、改造或新建的方式，建设新的景区景点，形成新的环滇池文化、风光旅游区。

发挥名人效应是旅游开发地方文献的重要方式。昆明历史名人众多，杨一清、杨慎、担当、苍雪、钱南园、赵藩、唐继尧、龙云、朱德等等在昆明都留下了相关的事迹、诗文曲赋、逸闻典故，可以以故居、塑像、主题公园等形式，展示名人文化，有效提高景区景点的文化内涵，让旅游具有自然、人文的多重审美情趣，增强景区景点吸引力。

地方文献还可以利用到旅游产品的开发中，把珍贵的书法作品制作成书简，对分散的旅游资料进行辑录汇编，甚至将地方文献记录的地方特产加工制作成旅游产品，对旅游产品的开发都会起到积极的推动作用。

对即将开工建设的古滇国文化旅游项目，有关部门要加强组织协调，把整理研究历史文献作为工程的有机组成部分，进一步加大对庄蹻王滇、青铜器文化等的研究。要加强文化把关，使规划设计和建设内容真实、可信，以更多的历史细节、丰富的文化内涵向世人展示古滇国的精神和风貌，达成为昆明旅游加分，为文化强省服务的目标。

五、加强地方文献发掘整理和开发利用的对策措施

（一）创新理论，增强紧迫感和责任感

丰富地方文献是全社会的责任，更是政府的责任。政府要增强文化自觉，站在弘扬传统文化，建设特色文化、先进文化和发展地方软实力的高度，增强紧迫感和责任感，加快推进和切实担负起发掘整理保护地方文献的工作。要创新理论，特别注意破除地方文献离现实太远，与经济社会建设没有关系、用不上的“无关论”“无用论”观念，树立传承历史文脉、资政育人、功在当代、利在千秋的观念，做到思想上重视，行动上支持。要提高全社会对地方文献的认识。通过引导宣传使社会认识到地方文献工作是现代文明的基础和城市个性的标志，收集地方文献是现代社会公民的神圣职责的理念。要利用图书馆服务活动积极宣传，还要调动社会各方面力量，通过各种媒介大力宣传地方文献的价值，鼓励社会人士保护和捐赠地方文献，为地方文献的收集作贡献。形成政府倡导支持，图书馆主导实施，全社会共同参与的地方文献收集整理和利用的良好社会氛围。

（二）统筹规划，全面有序推进

昆明地方文献建设要从全市现状和经济社会发展需要出发，以支撑泛亚文化名城建设为目标，借鉴先进城市经验，按照国家有关要求，对现有的规划作完善和提升，制定繁荣发展昆明地方文献的中长期发展规划，并按照规划，全面有序地推进地方文献工作。

要建立政府主导，文化部门牵头，图书馆为主体，各部门协调配合的工作协调机制。由图书馆牵头，对昆明地方文献收集整理、开发利用以及数据库建设标准等重要问题，进行统筹协调。政府和文化部门应把文献收集、整理、利用纳入文化建设的内容，作为衡量文化昆明建设的考核指标。

（三）完善收集与保护工作

加强地方文献收集这项基础工作，在收集范围上，要全面收集与突出重点相结合。在收集方法上，要广泛联系与重点收集相结合。善于发现线索，建立联系渠道，收集所需资料。在购与征的关系上，以征集为主，建立地方文献出版物的缴呈制度。要通过各种方式到省外各地查找、采集昆明地方文献，编辑相关的书目，整合各地藏书资源，形成昆明地方文献集成。组织人力物力进行广泛的调查研究，与不同省市县之间通过地方文献互换、复印、购买等方式，尽量把现存的昆明地方文献配齐，使昆明地方文献为世人所晓，为社会所用。

加强馆藏地方文献的发掘整理和保护。通过整理，结合非物质文化遗产保护，甄别文献的种类、重点，抢救发掘有价值的孤本、善本遗存，修复残本，加大重点文献的收藏保护。与经济社会建设现实需要相结合，在编制地方文献联合目录基础上，编制特色专题目录，建设地方重大历史事件和著名人物专题文献特色馆和数据库，对古滇文化的开发等提供支持。

（四）加强专业人才队伍建设

目前，昆明市地方文献整理发掘队伍断层现象较为突出，针对这一情况，应加强人才的使用和培养。

要总结前辈学者的成绩、经验，充分发挥老一辈学者的作用，使他们的学术薪火相传。应特别注意吸收和培养中青年人才，使地方文献事业后继有人。可以利用在昆高校，如云南大学、云南师范大学、云南民族大学皆有文献学或与文献学相关的硕士或博士研究生专业的优势，加强与高校的联系，委托承担一些项目任务，培养人才，使之进入昆明地方文献工作专业研究队伍。各市县图书馆和博物馆一定要选择热爱地方文献工作、文化素质高的人员担任这项工作。创造机会，如以定期培训、到高校或科研院所进修、到国内外各大图书馆调研等方式，让他们在学习和实践中掌握地方文献工作的相关知识、理论和技能，不断提高自身综合素质和专业技术水平，使他们在昆明地方文献资源建设中发挥自己的作用。

（五）多渠道增加经费投入

地方文献的发掘整理是一项基础性文化工作，应纳入公共文化服务体系建设，由财政给予政策性的经费保障。应在经费有限的条件下首先向重点项目实行经费倾斜，确保重点项目的完成。应在科学评估的基础上，建立多重经费保障机制。如拓展文化产业发展基金使用范围，设立地方文献收集、发展项目，加大地方文献专项购书经费拨款、数字化平台建设等的经费保障。

在依靠财政拨款之外，还应逐步将市场运作引入地方文献工作中。借鉴经济领域的有效方式，鼓励一些有社会责任感的企业、个人和社会非盈利组织参与到地方文献建设中，把它作为企业文化的延伸和参与社会文化福利建设的内容，使企业、个人和社会非盈利组织在慈善捐助与参与社会福利的建设中，实现地方文献事业的发展。如成立古滇文化研究基金、郑和研究基金、杨一清研究基金、西南联大研究基金、讲武堂研究基金、抗战研究基金等，积极向社会各方面宣传地方文献整理和开发的重要性、筹集相关经费。

（六）加强横向合作与交流

通过横向合作，总体提升地方文献的收集整理与研究利用水平。

首先是加强市域内图书馆、博物馆、档案馆与研究单位、编纂机构及出版社的横向合作。搞好馆际合作，打破各自为政、自我封闭的现状。通过合作，分工协作，各司其职，避免重复征集和资源浪费，不断丰富和完善既有地方文献联合目录，推动地方文献数字化建设过程中的协调与融合，实现人才、技术、资金等保障手段在文献整理与开发过程中的互相支持、互为补充、有效利用的新局面。

其次是加强与国内和国外的合作开发研究。市图书馆应当主动与国内外图书馆联系，互通有无。通过合作，完善昆明地方文献，不断提高地方文献建设工作水平和研究利用水平。

（作者单位：昆明市社科院）

昆明塑造聂耳文化品牌的现状及建议

李志杰

2012 年是中华人民共和国国歌的曲作者聂耳诞辰 100 周年纪念之年。聂耳祖籍玉溪，1912 年出生在昆明，并在昆明度过了少年时代，直到 1930 年外出求学离开昆明。有人说，在世界各国的国歌中，最有名的是法国的《马赛曲》，唱得最多的是中国的《国歌》。在纪念聂耳诞辰 100 周年之时，探讨昆明聂耳文化品牌的塑造，对于弘扬聂耳的爱国主义精神，提升聂耳文化品牌，鼓舞全市人民投身现代新昆明建设，具有十分重要的意义。

一、聂耳文化品牌的内涵

聂耳文化品牌具有爱国主义精神和民族文化特征两大内涵，这是聂耳文化品牌的核心。

（一）爱国主义精神

1931 年，日本帝国主义制造“九一八”事变，拉开了侵华序幕。1933 年初，聂耳由田汉介绍加入中国共产党。从此，聂耳不仅获得了新的政治生命，艺术才华也得到了进一步的发挥，成为中国新音乐的开路先锋和反法西斯的勇士。此后的两年时间里，聂耳为歌剧、话剧和电影谱写了抗日歌曲《毕业歌》《前进歌》《大路歌》《开路先锋》《码头工人歌》《新女性》《飞花歌》《塞外村女》《铁蹄下的歌女》《告别南洋》《梅娘曲》《卖报歌》《开矿歌》《打长江》《打桩歌》《慰劳歌》《自卫歌》等歌曲，在全国广为传唱，极大地激发了全国民众的抗日救亡热情。

1935 年 1 月，聂耳为抗日影片《风云儿女》的主题歌《义勇军进行曲》谱曲。这首歌以高昂激越、铿锵有力的旋律，鼓舞人心的歌词，反映了在民族危亡时，中华民族万众一心、团结御侮、奋勇抗争、一往无前的伟大爱国主义精神，激发了中国人民与日本侵略者血战到底的英勇气概，成为世界人民反法西斯斗争中的“中国人民的刚毅精神的象征”。新中国成立后，《义勇军进行曲》成为中华人民共和国国歌。

聂耳的音乐作品蕴含了浓烈的爱国主义精神，在我国人民反对日本帝国主义的斗争中发挥了巨大的作用，因而具有显著的爱国主义精神。

（二）民族文化特征

聂耳的一生，始终扎根于劳动人民的土壤之中。聂耳的母亲是一位擅唱民间歌曲的傣族妇女，经常在灯下做针线时给聂耳唱一些优美动听的民间小调及讲述《孟姜女》《柳荫记》等流传于民间的故事，这些低回哀婉的歌声在聂耳幼小的心灵里留下了深刻的印象，对他后来的音乐创作产生了深远的影响。聂耳在学童时期就学会了演奏笛子、二胡、三弦和月琴等多种乐器，自幼喜爱花灯、滇剧等民间音乐。从云南这块广袤深厚的民族文化土壤里，聂耳汲取了充足的音乐养分，他的创作与云南丰富的民族文化的哺育是分不开的。

1934 年，聂耳根据民间传统乐曲改编了四首民族器乐合奏曲，其中最为著名的是《金蛇狂舞》和《翠湖春晓》两首乐曲。这是聂耳留给我国民族音乐的一份宝贵遗产。

二、昆明聂耳文化品牌塑造的现状及问题

（一）昆明聂耳文化品牌塑造的现状

1. 修缮甬道街聂耳故居

聂耳诞生于昆明甬道街。聂耳故居始建于清末，甬道街也曾多次改造。1943 年，甬道街道路拓宽时，将街两侧的房屋各后退 5 米，建成新的甬道街，原建筑的后院被拆除。2011 年 5 月，聂耳故居按原样将后院和腰厦进行复原修缮，开辟为聂耳故居陈列馆。新开放的聂耳故居承载了丰富的文物、遗物、史料，展出了聂耳在昆明、上海、海外度过的 3 个人生阶段的大量照片、遗物与生活用品，聂耳小时候使用过的乐器、乐谱格外引人注目。陈列馆采用动静结合的方式，运用声光电等科技手段全新展示聂耳生平、聂耳与国歌、聂耳在昆明、聂耳在上海、永远活在人民心中、聂耳父母卧室等多个展示单元记载聂耳的光辉人生。

2. 修建圆通山聂耳亭

圆通山是聂耳生前读书时，假期常来练小提琴和阅读书刊的地方。他逝世后，

家乡的父老亲朋和各界人士，捐款集资，于 1940 年在圆通山上建了聂耳亭。聂耳亭后来倒塌。1980 年，昆明市人民政府在原址又重建了聂耳亭。

3. 修建西山聂耳墓

1935 年聂耳不幸逝世后，他的骨灰辗转运回昆明，于 1937 年安葬在西山高村后面的山坡上。由于原来墓地面积过小，不能适应人数较多的谒墓活动。1980 年，昆明市政府将聂耳墓由原地迁到三公里外的西山龙门山脚下停车场旁的山坡上。这里视野开阔，风景优美，气势磅礴，前面的美人峰，就是他生前常到之地。西山聂耳墓造型新颖，墓地就像一把琴，琴身上建造了 24 个台阶，象征聂耳终年 24 岁。1985 年，在墓穴之前，建立一尊聂耳全身立像。像高 3.28 米，用汉白玉石料雕塑。聂耳低头的神态和右手的姿势，似在聚精会神地构思作曲，塑像形象高大，栩栩如生。1992 年，在墓穴后面的围墙上，以万里长城为背景，义勇军进行曲为主题，刻制大型的艺术浮雕。

4. 树立翠湖公园聂耳塑像

翠湖公园留下了聂耳青少年时代的足迹。昆明市于 1985 年在翠湖公园建了聂耳塑像。塑像为坐式，表现了聂耳正在低头沉思，构想音乐旋律的神态。青年音乐家朝气蓬勃、英姿焕发的神采以及奋勇向前的激情，通过雕像得到了充分的展示。

5. 组建聂耳交响乐团和举办聂耳音乐节

2010 年 3 月 7 日下午，由昆明交响乐团和云南省歌舞剧院交响乐团组建成立的昆明聂耳交响乐团正式挂牌成立，乐团聘请中国国家交响乐团首席指挥李心草先生担任名誉团长。

2010 年，在昆明举办了首届昆明聂耳音乐节。

6. 举办纪念聂耳诞辰 100 周年系列活动

2012 年是聂耳诞辰 100 周年，也是“第二届昆明市聂耳音乐节”的举办之年。昆明市委、市政府高度重视，决定举办 2012 第二届昆明聂耳音乐节暨纪念聂耳诞辰 100 周年系列活动，以纪念聂耳为主题，以音乐艺术为载体，通过巡演、合唱、比赛等形式，奏唱聂耳作品。

2012 年 2 月 13 日晚，中国国家交响乐团首席指挥李心草携昆明聂耳交响乐团、云南艺术学院文华学院合唱团，在昆明剧院奏响“聂耳诞辰 100 周年”聂耳作品交响音乐会。19 日晚，纪念聂耳诞辰 100 周年（北京）音乐会在北京音乐厅举行，李心草携昆明聂耳交响乐团、云南艺术学院合唱团向聂耳致敬，分别演奏、演唱了聂耳的 10 余首作品。

2012 第二届昆明聂耳音乐节暨纪念聂耳诞辰 100 周年系列活动分两个阶段进行。第一阶段主要包括“2012 第二届昆明聂耳音乐节暨纪念聂耳诞辰 100 周年系列活动启动仪式”“聂耳墓纪念活动”“聂耳诞辰 100 周年纪念音乐会巡演”“纪念聂耳诞辰100周年邮册首发仪式”“编撰出版《纪念聂耳诞辰100周年文集》”“聂耳音乐节室外广场纪念音乐会‘四进’活动”“聂耳音乐节群众广场歌舞、小型民乐演奏展演”“聂耳杯合唱比赛（初、复赛）”等9个子活动。第二阶段主要包括“2012第二届昆明聂耳音乐节暨纪念聂耳诞辰100周年专场音乐会”“儿童音乐剧《小小聂耳》公益性专场演出”“聂耳杯合唱比赛决赛”“2012第二届昆明聂耳音乐节暨纪念聂耳诞辰100周年闭幕式综艺晚会”等4个子活动。

与此同时，市政协主办了“昆明市各族各界纪念聂耳诞辰100周年座谈会”，编辑出版了《纪念聂耳诞辰100周年文集》。

（二）昆明塑造聂耳文化品牌存在的主要问题

1. 塑造程度不够

昆明对聂耳文化品牌的塑造，与玉溪比较起来，显得十分不够。究其原因，可能是昆明的文化品牌较多，比如航海家郑和，还有西南联大、云南陆军讲武堂、重九起义、护国运动等，塑造文化品牌资源分散，而玉溪将几乎所有的打造文化品牌的资源都用于聂耳文化品牌的塑造上。因此，昆明的聂耳文化品牌，没有玉溪那样引人注目。国内不少的人只知道聂耳是玉溪人，并不知道聂耳出生在昆明，甚至还误认为聂耳出生在玉溪。

2. 群众广泛参与不够

纪念聂耳的文化活动主要是由政府举办的两年一度迄今已举办过两届的聂耳音乐节，以及聂耳重大纪念日（例如纪念聂耳诞辰100周年等）举行的纪念活动。其它时候纪念聂耳的活动不多，很少见到有市民到聂耳故居、聂耳墓、翠湖聂耳塑像前进行纪念聂耳的音乐活动或献花，从整个社会看来，塑造聂耳品牌群众广泛参与不够。究其原因，主要是昆明市民的音乐素养不高，音乐活动还没有成为生活中的一个重要部分。

三、国内外塑造聂耳文化品牌的现状及启示

（一）国内塑造聂耳文化品牌的现状

1. 玉溪市对聂耳文化品牌的塑造

（1）修缮北门街聂耳故居

玉溪市北门街3号，是聂耳祖辈世代居住的地方。聂耳出生在昆明，在他的学生时代，曾三次回玉溪在故居居住。1991年，玉溪市政府对“聂耳故居”进行了修缮，尽量保留原来的结构、外貌和屋内陈设。故居后面的院子里，屹立着一座花岗石雕刻的身高2.6米的聂耳全身立像，表现出他拎着小提琴还乡的姿态，英姿

潇洒，光彩照人。

（2）建设聂耳公园和聂耳塑像

1985 年，玉溪在正在施工的聂耳公园中，建了聂耳塑像；1987 年，建成聂耳公园。公园内建有聂耳纪念馆，陈列了有关聂耳生平的大量资料、照片和实物的复制品。

（3）近年来加大了塑造聂耳品牌的力度

近几年来，玉溪市实施聂耳文化品牌战略，开发聂耳精品文化资源，弘扬和传承聂耳崇高的爱国主义精神和艺术创新精神，努力通过宣传聂耳，对外介绍玉溪，不断扩大玉溪在世界文化领域的知名度和影响力，让玉溪走向全国，走向世界。玉溪改造和更名、命名了“聂耳音乐厅”“聂耳剧院”“聂耳艺术学院”“聂耳小学”“聂耳路”等；组建了“聂耳民族乐团”“聂耳竹乐团”“老干部聂耳合唱团”“聂耳青年艺术团”等文艺团体；新建聂耳文化广场、聂耳音乐广场、聂耳图书馆、聂耳纪念馆、聂耳大剧院等标志性文化设施；成立了聂耳音乐基金会；举办了聂耳国际音乐节。聂耳音乐广场成为省级爱国主义教育基地和定期升国旗仪式的广场。近 6 年来，玉溪还编辑出版了《国魂聂耳》《人民音乐家聂耳》《聂耳之路——聂耳生平及音乐创作历程》《人民日报上的聂耳》《云南日报上的聂耳》《玉溪日报上的聂耳》《亲人心中的聂耳》《聂耳——玉溪人民的骄傲》《聂耳音乐作品集》等书籍。

2. 国内对聂耳文化品牌的塑造

（1）上海市的聂耳故居和聂耳塑像

上海是聂耳生前最主要的活动地之一，从 1930 年开始，聂耳的工作、创作和生活主要是在上海度过的。上海已被认定的聂耳故居共有四处，公平路一处，常德路一处，淮海中路两处（其中一处可能是聂耳创作《义勇军进行曲》的地方）。1992 年，在纪念聂耳诞生 80 周年之际，在上海的热闹市区——淮海中路复兴路口的街心花园里，建了一尊聂耳的全身铜像。

（2）浙江省象山县的聂耳塑像

1933 年，聂耳随电影摄制组来到象山拍摄电影“渔光曲”的外景，并在此进行了许多革命活动，在象山史上留下了光辉的一页。象山人民为了表达对聂耳的崇敬和怀念，于 1989 年建了聂耳塑像。在塑像后面的老街上，仍保留着聂耳当年住过的小客栈。

（3）江苏省无锡市“聂耳遗踪”

1934 年，上海联华影片公司在鼋头渚拍摄反映当时工人生活和斗争的影片《大路歌》，聂耳应邀为影片主题歌作曲。他寓居鼋头渚公园陈园内的一幢小阁楼上，创作了进步歌曲《大路歌》和《开路先锋》。新中国成立后，无锡市政府将此小阁楼修葺后命名为“聂耳亭”。1985 年，无锡市园林部门在“聂耳亭”前竖立聂耳半身雕像，并在旁边添建了纪念室，总称“聂耳遗踪”。

（4）中央音乐研究所的聂耳陈列室

中央音乐研究所于1955年纪念聂耳逝世20周年的活动中建了聂耳陈列室，陈列着聂耳生前活动的照片，全部日记，来往书信，创作歌曲的部分手稿，以及有关资料的原件或复印件，堪称是研究聂耳的资料库。

（5）四川音乐学院的聂耳塑像

1985年，为纪念聂耳逝世50周年，四川音乐学院建了一座聂耳的全身塑像。

（6）举办中国聂耳音乐（合唱）周

国内不断地通过举办聂耳音乐演唱（奏）活动来纪念聂耳。2009年6月，在北京和云南玉溪同步举办首届中国聂耳音乐（合唱）周，并作为庆祝新中国成立60周年系列文艺活动之一，开幕式在人民大会堂举行，备受关注。2011年6月，第二届中国聂耳音乐（合唱）周在上海、昆明、玉溪三地联合举办，并在上海隆重举行开幕晚会，受到上海各界的关注。

（7）举行聂耳诞辰100周年纪念活动

修订出版聂耳全集。由文化艺术出版社出版的《聂耳全集》增订版，特意赶在聂耳诞辰百年的纪念日之前出版。这套图书共218万字。此书曾经在1985年为纪念聂耳逝世五十周年出版过，新的增订版增订了《聂耳年谱》，编写了《纪念聂耳大事记》《有关聂耳著作、文章篇目索引》和《重修聂耳墓纪实》。集纳了70余年来有关纪念、回忆和研究聂耳的文章共140篇。

北京展出聂耳全身像。在聂耳诞辰百年的当日，北京金台艺术馆举办了袁熙坤创作的聂耳全身像（微缩版）陈列展，这尊铜像的内容是聂耳演奏小提琴。

北京塑聂耳全身塑像。为迎接聂耳百年诞辰，北京在王府井步行街塑了6米高的聂耳演奏小提琴的全身塑像，吸引着南来北往游客的目光。

（二）日本藤泽市对聂耳的缅怀

1954年，藤泽市各界友好人士在聂耳遇难的鹄沼海岸岸边兴建了“聂耳纪念碑”。藤泽市政府规定：每年7月17日聂耳逝世的这一天，为“聂耳祭”的日子。这天，“聂耳纪念碑保存会”邀请各界人士，在纪念碑前举行悼念仪式，介绍聂耳的生平事迹，高唱聂耳创作的歌曲，发行各种纪念章和书刊，几十年来，一直坚持不断。1986年，“聂耳纪念碑保存会”在藤泽市纪念聂耳逝世50周年，并修建了“聂耳青铜雕像”。

（三）国内外塑造聂耳文化品牌的启示

聂耳生命短暂，虽然他到过的地方不多，但他留下足迹的地方，人们都通过保留他的故居、建造纪念碑和塑像来纪念他。他没有到过的地方，人们也以建陈列室和塑像等方式表达对他的崇敬。玉溪作为聂耳的祖籍地，对聂耳文化品牌的塑造可以说是倾其所能。昆明是聂耳的出生地，聂耳24年的生命中，前18年是在昆明度过的。昆明是最应当也是最有条件把聂耳文化品牌塑造好，使之在国内外产生重要影响的地方。

四、国外对民族音乐家文化品牌的塑造及启示

（一）国外对民族音乐家文化品牌的塑造

了解国外对民族音乐家文化品牌的塑造，对昆明塑造聂耳文化品牌，有一定的积极的借鉴意义。

1. 建立民族音乐家塑像

塑像在欧洲一直被看作是生者的灵魂驻留，欧洲国家通过建塑像来纪念民族音乐家。

芬兰作曲家西贝柳斯被认为是芬兰民族音乐的奠基人和杰出代表、芬兰的音乐之父。他的一生都在为芬兰音乐的现实主义发展道路和芬兰音乐的民族独特性努力不懈，他的音乐作品凝聚着炽热的爱国主义感情和浓厚的民族特色，他的《英雄》《芬兰颂》都是传世之作。他逝世后，人们为纪念他，在芬兰首都赫尔辛基市中心建了西贝柳斯公园。公园内塑了两座雕像，一座是由600根钢管组成的类似管风琴的抽象塑像，每个钢管的处理都表现了芬兰金属处理的不同特殊工艺；一座是西贝柳斯的头像雕塑，西贝柳斯雕像表情奇特，他右边的耳朵伸入云端仿佛在倾听大自然的声音，让知道这座雕像产生历史的人产生很多联想，它的小型复制品被作为国礼送到联合国大厦永久展出。据说，西贝柳斯去世后，为了纪念这位伟大的作曲家，政府公开征集纪念碑方案，希尔图宁的方案入选。但这座有600根钢管做成的雕像当时对芬兰来说实在是太超前了，所以要求作者再完成一座作曲家的头像，这使雕塑家很不快，她认为钢管雕像足以反映西贝柳斯的贡献，但她最终还是同意再制作一座人像。第二座雕像于1967年西贝柳斯逝世10周年之际完成。

杰出的波兰民族音乐家肖邦的每一部作品都表达着他对祖国的热爱。在华沙瓦津基公园出入口的最高处，屹立着音乐大师——肖邦的雕像。雕像构思深邃独创，造型新颖别致。这个1830年离开祖国流亡法国的音乐神童，在中国的教科书里一直被奉为爱国主义的经典，他至死都拒绝被授予“俄国第一钢琴手”的所谓荣耀，在弥留时对姐姐嘱托：“请把我的心脏带回祖国。”

贝多芬出生在德国波恩，波恩为纪念这位伟大的音乐家，在市中心建了贝多芬广场，并立有贝多芬塑像。

维也纳市中心市立公园树立着奥地利著名音乐家的雕像。莫扎特、舒伯特的塑像是青铜的，经日晒雨淋，长满铜绿。施特劳斯塑像却浑身涂金，金光闪闪非常漂亮。雕塑家选择了施特劳斯拉小提琴的风姿，显得生动而富有音乐家的特色。施特劳斯塑像并不仅仅是一个孤零零的雕像，背后衬以一座硕大的拱形大理石群雕，雕着一群倾听乐曲的青年男女。塑像前，姹紫嫣红的鲜花怒放，将金像衬托得格外动人。正是由于雕塑家的巧妙构思和立体布局，施特劳斯塑像成了维也纳的标志，几乎每一个到维也纳的游客，无不前往市立公园，人们排起长队争相在施特劳斯塑像前摄影留念。施特劳斯的大名，与他的代表作《蓝色的多瑙河》圆舞曲紧紧相连。在施特劳斯塑像不远处，便是蓝色的多瑙河。这些世界著名音乐家的塑像对于维也纳来说是永恒的。

2. 保护名人故居追忆名人的生活足迹

肖邦的出生地是波兰华沙西部 50 多公里处的小村庄——热拉佐瓦 · 沃拉。每年春夏两季是肖邦故居举行音乐会的季节，每个星期天这里都举行钢琴演奏会。钢琴家在肖邦故居的琴房里弹奏肖邦的作品，听众则坐在窗外长凳或园内各处的长椅上，凝神品味，倾心聆听。平均每年有 20 余万人来这里参观。来自世界各地的人们，在肖邦出生的地方，听着肖邦作品的演奏，既是一种心灵的享受，又是对肖邦深深的怀念。

贝多芬在德国波恩的故居已经是全世界的音乐爱好者无不向往的圣地。150 件原物展品反映了他工作和生活的情况。1889 年，故居曾经面临被拆除的威胁，是波恩的 12 位市民出资将房屋买下来，并设立了贝多芬纪念馆。

俄罗斯伟大的音乐家彼得 · 伊里奇 · 柴可夫斯基的故居位于莫斯科州的小城克林，距离莫斯科约 85 公里。从克林火车站一下来，便可以看到站台上的柴可夫斯基半身塑像。现在，小城每年都会举行音乐节庆祝活动，一年到头都有世界各地的音乐爱好者慕名前来参观。

3. 瞻仰名人墓地

西贝柳斯的故居“阿依诺拉”位于距赫尔辛基 30 多公里处的图苏拉湖畔，西贝柳斯去世后，每年都有许多芬兰人和外国人来到这里，在西贝柳斯和夫人合葬的方形大理石墓碑前献上鲜花，哀悼和纪念这位杰出的音乐家。

肖邦的墓在法国，终年有鲜花。法国人爱肖邦，因为他是天才音乐家，并且他的父亲是寄居波兰的法国人，尤其是他的爱国心感人至深。1999 年 10 月 17 日是肖邦 150 周年祭日，前往墓地凭吊和献花的人络绎不绝。

（二）国外塑造民族音乐家文化品牌的启示

从国外对民族音乐家文化品牌的塑造中，我们可以看到，纪念音乐家的载体不必搞得很多，主要是塑像、故居和墓地。最重要的是，要有有一定音乐素质的国民，才能以音乐等比较高雅的方式表达对音乐家的爱。

昆明已经拥有聂耳故居、聂耳墓、聂耳雕像，塑造聂耳文化品牌，就要利用好这些具有意义的载体；同时，也需要建造一两个标志性的建筑，进一步提升聂耳文化品牌。

五、对昆明塑造聂耳文化品牌的建议

（一）建立纪念聂耳的重大文化设施

加快建设“聂耳音乐厅”。上世纪 90 年代昆明就已在酝酿建设“聂耳音乐厅”，2006 年 7 月，昆明市确定把聂耳音乐厅建在滇池旅游度假区新的文化功能片区内，音乐厅紧挨草海大坝、与西山隔湖相望，选址很有意义。但至今聂耳音乐厅仍没动工。要把聂耳音乐厅作为打造聂耳文化品牌的一项重大工程抓紧抓好，加快推进建设步伐，并使之成为昆明城市的重要标志性文化设施。

在圆通山建“聂耳广场”。圆通山是聂耳生前读书时，假期间常来练小提琴和阅读书刊的地方。现在在圆通山建有聂耳亭。聂耳亭位于圆通山苍崖绝壁之巅，周围风力很强，游人不易找到，也不便于瞻仰。要选择在圆通山上地势平坦、宽阔，古树参天、花木繁盛、绿草如茵的地方，修建“聂耳广场”，树一个创意新颖、能让人们对那段中国人民救亡图存历史产生许多联想，能够激发人们爱国热情的“聂耳镀金铜像”；并建一座大型浮雕作为塑像的背景，反映聂耳从少年时代起直至逝世的人生历程，供游人瞻仰，也作为昆明的一个文化标志性设施。由于圆通山位于昆明市区，人口聚集、交通方便，每年在聂耳的诞生日和逝世纪念日可以在此举行纪念聂耳的音乐会。

（二）让聂耳的音乐作品在重大场合奏响

2008 年，北京奥运会开幕式和闭幕式上，在运动员入场时反复演奏《金蛇狂舞》作为背景音乐，有力地烘托了北京奥运会作为全世界人民的节日的欢腾气氛和浓郁的中国特色。在 2012 年除夕之夜中央电视台举办的春节联欢晚会上，王力宏、李云迪两位演员协作演奏《金蛇狂舞》，让即将到来的龙年更加龙运十足。以此为借鉴，在昆明举办的重大活动上，可以演奏一些聂耳的音乐作品，一方面烘托气氛，另一方面让聂耳的作品更加深入人心。

（三）加强对聂耳文化品牌的塑造和宣传

一是重视收集与聂耳相关的历史文物和史料，组织省内外专家深入研究聂耳相关史料，提炼文化内涵，加强昆明、玉溪、上海三地的文化交流与互动。二是继续编辑出版聂耳系列书籍、画册。三是创作反映聂耳成长和爱国主义的精品影视剧、网络卡通动漫影片等。四是在昆明的重点区域例如机场、火车站、高速公路进出口树立类似“欢迎您来到聂耳的故乡”“中国国歌，昆明聂耳”“美丽的春城、聂耳的故乡”等之类的巨型宣传牌。五是将聂耳文化引入旅游产品的开发中，利用昆明传统的斑铜工艺，生产几种规格的聂耳半身、全身小型铜像，在聂耳故居供参观者购买，或作为昆明对外赠送的礼品。六是举办聂耳文化论坛等。

（四）重视提高市民音乐素养

只有提高昆明市民的音乐素养，让市民能演唱、演奏聂耳的音乐作品，才能营造出聂耳文化气氛，也才能使来昆明的旅游者亲身体验昆明是聂耳的故乡。因此，要将聂耳的《卖报歌》《毕业歌》《大路歌》等朗朗上口的歌曲编入小学音乐课程，让市民从小学起就能唱5首以上的聂耳歌曲。

鼓励和组织民间艺术团体、艺术家，在节假日到聂耳故居、聂耳墓地、翠湖聂耳塑像前进行聂耳音乐作品以及聂耳生前喜爱的云南民歌、民族器乐的演唱、演奏活动，让旅游参观者现场感受聂耳音乐的魅力。

（作者单位：昆明市社科院）

昆明酒吧业发展现状研究

李　钢

中共中央十七届六中全会作出的《关于深化文化体制改革推动社会主义文化大发展大繁荣若干重大问题的决定》中提出："要扩大文化消费。增加文化消费总量，提高文化消费水平，是文化产业发展的内生动力。要创新商业模式，拓展大众文化消费市场，开发特色文化消费，扩大文化服务消费，提供个性化、公众化的文化产品和服务，培育新的文化消费增长点。提高基层文化消费水平，引导文化企业投资兴建更多适合群众需求的文化消费场所。"酒吧业也是一种大众文化消费市场。进入21世纪以来，昆明的酒吧业有了较大发展，经营方式、经营管理状况、文化个性定位、消费状况及酒吧的硬件、服务等方面都有了显著进步。研究酒吧文化，探讨其存在问题，促进酒吧业继续健康发展，对建设文化昆明有着积极的意义。

一、酒吧业的缘起及趋势

（一）中外酒吧业的发展

酒吧一词，来自英语里的"bar"，本是指长条状、可做栅栏之类的木头或金属。过去，美国的西部牛仔常骑马到小酒馆喝酒，于是，酒馆外就会有一根"bar"以供牛仔们拴马。逐渐地，酒馆就被叫成了"酒吧"。历经数百年的演变，现代酒吧成了一种有一定的接待能力、以盈利为目的、提供酒水饮料和服务的营业性场所，它常被附着或依存于各种娱乐、餐饮设施中，具有为人们提供休闲、放松、娱乐、交流的功能。

在上世纪二三十年代，中国的上海、青岛、旅顺等沿海出现了酒吧，一些洋人和上流社会的人成为主要顾客。解放后，酒吧曾在中国匿迹。改革开放以来，随着人们生活水平的不断提高，文化需求多元化，国际交流日益增多，外国来华人员数量剧增，酒吧作为一种渐渐融入中国内地的西方文化，在北京、上海、广州等大城市率先发展起来，而今已遍及全国。目前，酒吧一条街成了很多大中城市显现个性的一道风景。酒吧产业市场呈现出巨大的发展潜力，它所带来的娱乐场所的兴旺发达对地方经济产生了促进作用。

1. 酒吧文化在北京

在全球化日益强劲的今天，北京作为中国的首都，国际化大都市，在酒吧业的发展上有着得天独厚的条件，已形成了稳定成熟的消费市场。在北京，社会名流对酒吧趋之若鹜，他们或热衷泡酒吧，或亲自操刀经营酒吧，形成了北京酒吧的一大特色。1989 年，北京的第一家酒吧出现在三里屯，现在北京已是全国酒吧最多的都市。北京的酒吧在装饰上十分讲究，在服务上热情周到，在经营方式上种类繁多，讲究特色，各具魅力。有用废弃大巴士演绎出来的"汽车酒吧"，有与足球事事关心的"足球酒吧"，有可以看着电影品酒水的"电影酒吧"，有能够体味和酝酿艺术情调的"艺术家酒吧"，有挂满怀旧小什物的"博物馆酒吧"，不一而足。

2. 酒吧文化在上海

上海酒吧的历史悠久。旧中国，这片冒险家的乐园有许多供外国商人和中国买办寻欢作乐的酒吧。解放后这些酒吧连同中国近代以来的屈辱被一扫殆尽。一二十年前，上海开始了源自满足人民群众文化需求的酒吧新时代。发展到今天，上海的酒吧呈现出一种三足鼎立的态势：其中一种是校园酒吧，集中在大上海东北角的江湾五角场一带，复旦、同济大学及这一片区的大学生是支撑这一消费的中坚，他们在这里啜饮着人生的理想、生活的五味、感情的缠绵。第二种是音乐酒吧，在徐汇区、卢湾区的淮海路一带能看到它们密集的身影，这类酒吧主要讲究气氛情调和音乐效果，配有专业级音响设备和最新潮的音乐 CD，有的还有乐队表演。灯光柔和，墙饰柔软，音乐柔美，许多音乐爱好者就在这饧糖般的柔粘时光中消磨着人生。第三种是商业酒吧，它们主要分布于大宾馆和商业街市，追求的是西方酒吧温馨、随意和尽情的气氛。上海酒吧受西洋文化影响较多，海派风情浓郁，发展相对成熟。

3. 酒吧文化在深圳

最早出现在深圳的酒吧没有表演、卡拉 OK，人们来到这里，只是为了喝酒、聊天和跳 DISCO。逐渐地，酒吧成为一种急速发展的亚文化现象，吸引着不同年龄、不同文化背景、不同阶层的人，各式各样的酒吧文化开始流行在深圳人的生活常态中。深圳酒吧的主要特点是狂放的音乐，许多人卷在音乐的旋流中，几乎忘了自己，只有音乐在深圳城市生活的夜空中流淌，迸发着这座城市的青春活力。

（二）中外酒吧业的流行趋势

在国外，现代酒吧业的发展日渐呈现出主题化、娱乐化、层次化、专营化趋势。

1. **主题化**

酒吧经营的侧重点突出，特色各异。英国人把酒吧分为大众酒吧和沙龙酒吧。大众酒吧充当着大众化社交场所的角色，一般设飞镖、看球赛等项目为吧客助兴；沙龙酒吧吸引的是社会上层人士，他们在这里畅谈天下，付出的酒资比大众酒吧来得多。英国人喜欢单纯地喝酒聊天，酒吧没有太多的其他名目，是人际交往的主要场所。在美国，华盛顿有一家著名的以为吧客的宠物提供人性化服务为主题的爱犬酒吧。俄亥俄州的乔保德城开设了20间以世界文豪的名字命名的酒吧，这些作家的粉丝往往喜欢来到冠以自己偶像名字的酒吧，边品书，边品酒。

2. **娱乐化**

在酒吧经营中，除了歌舞表演之外，还以各种游戏助饮。如飞镖就深受吧客喜爱，德国酒吧往往以高额酬金雇佣飞镖高手为顾客表演。

3. **层次化**

国外酒吧呈现出按消费档次的高低来划分层次的趋向。在英国，酒吧一般有大众级和沙龙级两种档次，社会各阶层都可根据自己的经济状况选择相应的酒吧消费，使酒吧业有了更加广阔的生存和发展空间。

4. **专营化**

一支乐队、一个歌手，一间酒吧就能开张营业，主营项目就是卖酒水，让顾客品酒、聊天。这种专营化的纯酒吧在国外也很受欢迎。

在国内，酒吧也呈现出了多样化经营、区域聚集化、文化本土化、同质竞争的趋势。

5. **多样化经营**

国内很多酒吧功能交互化，往往集酒吧、咖啡馆、歌舞厅、KTV 等于一体，饮酒、唱歌、吃夜宵等需求在酒吧都可以得到满足。

6. **区域聚集化**

我国现在很多城市都出现了酒吧街，酒吧业出现了产业集聚的现象。

7. **文化本土化**

各地都出现了一些力求将本土文化的元素注入经营中的酒吧。

8. **同质竞争**

国内酒吧存在着大量的同质化竞争，许多酒吧找不到自己的经营特点和主题，只能互相模仿比拼。

二、昆明酒吧业现状

昆明的酒吧业自 21 世纪初起步，十多年来快速发展，从昆都、金马碧鸡坊、翠湖、文化巷、建设路等片区蔓延开来，已经发展到了数百家，芭比、新TOPONE、茴香、MIX、中和会等一批经营有方的酒吧受到消费者热捧，各新开发的重要商业区都有酒吧存在，几乎所有涉外旅游指定的星级宾馆、饭店都开设了酒水专营场所。昆明的酒吧，为市民及外来旅游者提供了放松休闲、聚会交往、商务沟通的场地。

（一）昆明酒吧分布及个性

昆都夜市、金马碧鸡广场酒吧街、翠湖公园周边及各大新开发商业区是昆明酒吧的主要集中地。在这些不同的区域，或由于它的历史机缘，或由于它的地缘条件，酒吧都具有不同的风貌和鲜明个性。

1. 昆都夜市

昆都夜市是昆明有名的四大夜场之一，在这里，旅游、休闲、娱乐、时尚多种元素汇聚，构成了一个让青年人乐此不疲的繁华喧嚣的旅游定点夜市。昆都是昆明夜生活的一块地标，这里往往影响着昆明娱乐业的风向。每晚10点以后，昆都的酒吧街成了一块享乐狂欢的洼地，一拨一拨的年轻人从四面八方注入，炫光、鼓乐、激情在酒精的调和下，释出青春的张扬，让整个昆都都在舞蹈。在昆都，酒吧老板大多都是年轻的，吧客是年轻的，经营的方式、泡吧的需求都是年轻的，昆都酒吧的气质就是年轻。

2. 翠湖环带

昆明沿翠湖环路风光秀丽，毗连翠湖的北片就是高校区，文人骚客如云，年轻学子密集，不期而然地形成了一个环湖娱乐商圈，散布在这个商圈里的酒吧在风光和文化的双重浸染下，也天然地被赋予了一种文化气质，又掺和着昆明特有的慵懒和散漫。诗人、作家、留学生、艺术家、白领及有经济实力的人士，都会成为这些酒吧的常客。由于高校的外国人较集中，这里泡吧的外籍消费者络绎不绝，决定了酒吧的异国情调颇为浓郁。人们在品酒的同时，还可领略巴西烤肉、布莱梅西餐等西洋美食文化。

3. 金马碧鸡坊

金马碧鸡坊酒吧街诞生于政府的有意营造。政府推进这个地处城市心脏地带的历史文化名胜区火起来的举措，收到了实效。金马碧鸡坊的夜场充满活力，酒吧也聚满了人气。在这片复古的建筑群落中，酒吧却洋溢着现代时尚元素，慢摇吧、演艺吧是这里夜场的主流。

4. 建设路酒吧街

建设路酒吧街展现出来的是一种包容，在这里，各种身份、需求、情趣的人都可以找到适合自己的那一方吧台。这里主题酒吧、主题音乐、西餐酒吧、咖啡厅、文化酒吧汇聚一堂，风格各异的酒吧文化各绽芬芳。

（二）昆明酒吧种类及其吸引力

如果从消费者感受气氛的激烈程度来划分，昆明的酒吧可以有慢摇吧、演艺吧及其他类型酒吧之区别。

1. 慢摇吧

慢摇吧是介于喧闹的演艺吧与静吧之间的一种酒吧。白领阶层及有相当消费能力的人士较钟爱这种酒吧。慢摇吧一般对情调氛围都有着极高的追求，在内部装饰、音乐、灯光以及空间布局上会动不少心思。慢摇吧多以DJ的慢摇舞曲作为其基干，常常与时尚紧紧相连，是一种时代流行产物。这种酒吧由于消费群体庞大，消费需求坚挺，所以利润空间很大，产品服务价格高出其他的好几倍甚至上十倍。年轻人对慢摇吧的倾心，使其成了行业内的老大哥。

2. 演艺吧

演艺吧是中高档层次消费者喜欢光顾的地方，演艺是撑起这类酒吧的支柱，所以，酒吧的演艺水平一点也不能马虎。在节目的质量、演员的技艺、演出的形式上，吧主们都挖空心思，精益求精，有的还根据地域文化的不同，结合客人的喜好来制作节目，以赢得客人的青睐。

3. 其他类型酒吧

其他类型的酒吧多半是中小酒吧，以作坊式酒吧、音乐酒吧居多。这些小酒吧是寻求休闲人士的乐土，它们往往讲究气氛、情调和音乐效果，有的很有特色和情趣，追求独特的个性。例如：

（1）文化个性型：文林街有个酒吧，吧主被称为骏哥。骏哥骨子里其实是个油画家，他开的酒吧便被着意点染上了油画工作间的韵味，画板、油彩到处都是，墙壁是他画作的展板。在酒吧一角的电脑旁，还堆积了如山的碟片，就像电影资料间。骏哥的酒吧的确与众不同，就因为这种不同，给他招来了一批固定的吧客，一批向往艺术的人都经常来到这里，把盏间随意地聊聊绘画，侃侃电影。

（2）主题突出型：也是在文林街，有一家附着专业摄影的酒吧，酒水单本身就是一本精美的影集，拿在手中颇具情调。附近高校的学生常相邀到此一酌，喝完之后就乘兴拍一张靓照。

（3）民族风情型：有家酒吧取名“迪姆拉吧”，“迪姆拉”是藏语，意思是“平安”，这个名称让吧客感到神秘而吉祥。小酒吧弥漫着浓郁的藏族风情，藏式的装修，写满藏文的墙壁，特色青稞酒，酥油茶，牦牛干巴，身处昆明就可以体验的藏家风味经常吸引三五好友前来闲坐打牌。各类酒吧都有其赖以生存的土壤，它们都有自己招徕顾客的魅力。据不完全统计，昆明酒吧吸引吧客的成分，氛围占了33．3%，服务占了21．6%，装修风格占了21．5%，音乐占了20．4%，其他占了3．2%。而在这些元素中，无论以哪一种取胜的，都做到了既适合吧客的需求，又有鲜明的个性，才具有了强劲的生命力。

（三）昆明酒吧消费趋向

酒吧，作为一种多元文化载体，它的多重因子彰显着不同的文化魅力。有着不同文化需求的人，在酒吧里寻求着相应的文化满足。据不完全统计，昆明酒吧顾客消费出于朋友聚会的38．7%，消遣的35．5%，商务往来的23．7%，旅游的2．1%。朋友聚会和消遣的占到70%以上，酒吧已部分取代了过去到酒店、饭馆聚会的功能，很多人来到酒吧为的是得到一份休闲、消遣、放松。在酒吧舒适、悦人、融洽的氛围中进行商务会谈，也越来越成为一些商务人士的首选，而且这一部分的比例虽不是最高，但却是高消费，是吧主们都想把持住的一块大蛋糕。值得注意的是，云南是个旅游大省，昆明是云南的中枢，但酒吧业在旅游中的表现却十分不尽如人意。

昆明酒吧的酒品主要是啤酒、烈酒，红酒和鸡尾酒很少，销量大一点的烈酒基本是外国酒或外地酒。啤酒也以国外品牌为多，美国百威和丹麦嘉士伯占了很大份额，云南本土的大理啤酒、澜沧江啤酒等的席位一般只在低档次的酒吧里。

三、昆明酒吧业的主要问题

酒吧文化作为一种舶来品，在昆明这块土地上多少还有些认生。还有一些观念认知和经验欠缺的问题，需要加大磨合完善，促使这个行业能更加适应市民需求的发展，加快自身的进步成长。

（一）经营模式同质化，酒吧的个性依然模糊

大家都争着要服务，于是特色就成为捷足先登的台阶。然而令人遗憾的是，昆明酒吧业由于地域环境不同，在各区域形成了鲜明的个性，但在一个区域内部，很多酒吧个体却被淹没在共性之中。酒吧的生命力在于个性化，只有个性化的酒吧才能根据特殊消费者群体的特点，提供相应的优质服务，使消费者在接受服务的时候得到满足。有位吧客说："我觉得酒吧必须有它的特点，就像一个人一样容易被人记住。怎么被人记住呢，必须有文化底蕴和它特有的气质。它的魅力在于能吸引一部分有着共同爱好的人相聚在一起，无话不谈。"一个有个性主题的酒吧应该是有共同爱好者的俱乐部、社交圈。如丽江的酒吧街就建立起一种民族文化特色来吸引旅游者，而其中"一米阳光"更是因富有个性让人过目不忘。然而目前，昆明的很多酒吧经营者却找不到自己应该有的个性，看不准自己在市场中的定位，于是各酒吧相互效仿，服务与产品缺乏特色，经营模式同质化，许多酒吧面貌类似，趣味同一，在一个很低的层次展开竞争厮杀。酒吧特色决定顾客忠诚

度，在毫无特色的酒吧面前，吧客往往选择离开。

（二）认识存在误区

酒吧吧主都知道一个道理：酒吧的氛围极其重要。然而很多吧主对如何营造一个好的氛围在认识上却存在误区。

有的认为酒吧设计及格局规划越好，氛围就越好。于是装修投资不少，不过却没花在刀刃上。有的酒吧设计空间大，高度空，但是规划乱，空间布局上不协调。

有的酒吧特别注重DJ和艺员，认为只要这些人好，就能带来好氛围。所以每当客人抱怨氛围不理想的时候，就只盯着音乐环节找原因。

事实上，音乐节目、酒吧的设计及格局规划固然都重要，但这远不是全部要件。对一个成功的酒吧来说，需要从整体要求的眼光来考量每一个局部，使它们达到高度的统一和谐，才可能营造出良好的氛围。所以，情调设计，文化定位，灯光、音响的投入和合理布置，良好的营销团队等，每一个细节都会成为影响氛围的因素。

（三）宣传力度不够

对于绝大多数人来说，酒吧的概念既多元又单一。多元的一面表现在酒吧本身的多元表现形式和人们对酒吧文化的多元化理解；单一的一面表现在人们对酒吧功用的认知上。由于缺乏宣传引导，谈到酒吧，有人认为那只是年轻人喧哗、发泄的场所，这种认识限制着酒吧的生存空间，致使其相对狭小。在这种环境下，昆明休闲类酒吧大部分缺少长远的打拼规划，不关注媒体的宣传，顾客也相对固定地维持着自己的爱好，这又反过来在一定程度上影响了社会大众对于酒吧的关注与了解。

（四）品牌影响力弱，知名度低

目前，昆明酒吧拥有知名品牌的很少，有的品牌主题不新颖，没有创新意识，致使其形象不清晰。在现代成熟的市场环境中，要获得消费者的广泛认同，就要注重品牌的创新、传播，提高酒吧品牌的知名度。

四、昆明酒吧业发展建言

昆明是我国著名的历史文化名城和优秀旅游城市，在大多数游客已从过去的单一欣赏自然风光转向了更注重文化内涵旅游的今天，人们将更希望在昆明四季和煦的春风中，享受举世独有的舒缓闲适。在这种需求的大潮中，昆明的酒吧文化将成为文化昆明建设中一面耀眼的风帆。昆明酒吧业应未雨绸缪，苦练内功，通过改革和推行新的经营方式来适应市场的需求，不使良机错失。

（一）挖掘文化内涵，突出个性特征

随着人们生活水平的提高，生活方式和消费需求的个性化发展，个性化酒吧也必将成为消费者个性需求的重要选择。当消费者怀着特殊的消费需求来寻酒吧时，如果他失落在千店一面中，他会选择随便凑合。事实上，昆明有着悠久的历史文化，有着丰富的民族文化，有着旖旎的风光资源，有着迷人的无边春色，有着舒缓放松的休闲文化，这一切都为酒吧经营者挖掘个性化的主题文化提供了博大的资源宝库。酒吧业者应利用这些资源，考察市场潮流，结合时尚元素，赋予酒吧具有深厚文化内涵的个性风格，在众多酒吧群中独树一帜。

酒吧的物质文化个性要蕴含在它的装修装饰风格、内外布置设施、材质特点以及服务员、吧员的服装服饰等硬件设施中，用它们来体现自己的特色，传达独有的气质、气息，表现酒吧意境，感染并引起消费者的共鸣。

酒吧的服务文化个性融合在它一套完整的管理体系中。酒吧管理意识来自一种文化概念，在酒吧的运行中又通过酒吧全体工作人员的表现把这种文化概念抒发出来，把酒吧个性生动地展示给消费者。一个个性化的、优良的服务文化可以大大弥补硬件设施的不足，有利于氛围的塑造。

酒吧的精神文化个性贯穿在每个酒吧的核心价值理念中。一个酒吧在精神文化上应确立与自己实际相适应的个人进取意识、积极有效的激励原则、强烈的责任感，使它在众多的酒吧群中鲜明地凸现出来。

（二）实施品牌营销策略

市场的眼睛往往最先看见品牌。品牌是酒吧经营重要的无形资产，它具有极大的经济价值，成都的阿伦故事酒吧、西宁的“金庸侠客岛”酒吧、北京三里屯的“燕尾蝶”酒吧等就用品牌为自己开辟了广阔的天空。酒吧品牌是酒吧和消费者之间的一种无形契约，是对消费者的一种保证；所以酒吧品牌就会成为消费者首选的依据；一旦达到了这个境界，酒吧品牌就会成为实现利润最大化的保证。品牌的核心是质量，酒吧以上乘的商品和服务质量、独特的风格吸引客人，这就是最根本、最有力的促销手段。在吧客的消费追求日益多元化、个性化的今天，品牌的功能越来越重要。吧客一旦认准某个酒吧品牌，就会对它具有一定的忠诚度，这一点决定着酒吧的核心竞争力。所以，酒吧应该抓住自己的经营特点，分析市场的发展状况，在知己知彼中确立经营优势，找准市场定位，打造自己特有的品牌。

（三）加强行业宣传，积极引导消费

泡酒吧作为一种方兴未艾的休闲文化活动，在市民生活中的地位远远落后于泡茶楼、商场、KTV与咖啡馆，这说明酒吧在昆明的消费市场还未成熟，需要宣传引导。

首先，酒吧应该通过制造新闻宣传自己，如设法吸引社会名人前往酒吧，举办社会反响较大的活动等，频频在媒体亮相，借助新闻宣传扩大酒吧影响。其次，利用网络媒介，加强与专业网站的合作，及时更新信息，维护专业形象，加大网络营销力度。第三，在城市人流密集的地域如机场、车站、广场、商场、游乐场设立户外广告，有针对性地给老客户和潜在客户散发信函、纪念品、宣传品，上门促销，力求收到较好的效果。

（四）分层次经营，满足不同顾客需求

西方国家的酒吧之所以形成一种文化形式，是因为其深入大众，即便是底层的民众也可以手持两枚硬币入内消费一杯啤酒。相比之下，昆明酒吧消费者大多还停留在小资层面上。消费档次普遍较高，这不仅是因为酒吧的投资建设费用较高，还因为大众对酒吧认识有局限。只有经常光临酒吧的人才会欣赏酒吧。而能够去体验“泡吧”所带来的愉悦享受的一般都是明星、商人、白领、青年学生等，他们因为社会交往、商务活动、放松精神压力等需求而去酒吧。酒吧应适当地调整经营思路，不要只盯着白领阶层和少数青年，要实施差异化战略，分层经营，把经营眼光扩大到大众消费的范围，引导培养并适应各层次的消费者，让昆明酒吧业具有更加广阔的生存空间。

随着建设面向西南开放的桥头堡战略的实施，文化昆明建设步伐的加快，昆明酒吧业的潜在发展势头将转变为现实。昆明酒吧业要深入探索，不断提升行业品位，注重培养需求市场，使酒吧文化成为昆明时尚文化的一个新亮点。

（作者单位：昆明市社科院）

昆明美术家群和绘画艺术品市场鸟瞰

徐 杰

改革开放以来，随着我国经济连续三十多年的快速发展和进入建设全面小康社会阶段，人民物质文化生活水平不断提升。十七届六中全会关于推动社会主义文化大发展大繁荣的决定，刚刚闭幕的党的十八大关于中国特色社会主义建设“五位一体”布局的确立和建设社会主义文化强国的战略决策，为文化事业的发展开辟了更为广阔的前景，文化艺术的兴旺发达成为经济社会发展的重要标志，也成为城市建设中越来越受到人民群众关注的部分。

日渐丰足的经济基础和越来越好的生活环境，改变着人们的价值观念、思维方式和情感世界，群众对精神文化生活的需求也越来越向更高层次发展。2005 到 2010 年的五年间，昆明城镇居民的教育文化娱乐支出从 765.51 元增长到 1354.95 元①，增长了近两倍；2011 年，昆明人均 GDP 达到 38831 元②，根据现行汇率计算超过 6000 美元，按照世界银行对不同国家收入水平的分组标准已经进入“中等偏上”收入水平③。人民群众物质文化生活水平的提高和个人追求的不断多元化，各级党组织和政府对文化建设的高度重视，带动了各地文化建设的新高潮。近几年，世界艺术品市场规模和影响不断扩大，尤其是亚洲、国内艺术品欣赏、收藏市场走强，民间艺术品需求持续扩大，艺术家们探索的日趋多样等等因素的总合，对绘画艺术的发展和艺术品市场规模的扩大形成了巨大的推动，昆明美术家群和绘画艺术品市场进入了一个空前繁荣的时期。

① 《昆明统计年鉴》(2011)，第 98 页

② 《昆明市情》(2012)，第 27 页

③ 人民网：http：//paper. people. com. cn/gjjrb/html/2012 －02/08/content_ 1003564. htm? div = －1

一、昆明美术家群状况

昆明是全省政治、经济、文化的中心，也是云南省美术家最集中的地方。专业画家、各级各类学校的美术教师、还有更多的分散在各个单位的美术工作者、民间业余美术爱好者，大中专院校美术、广告等专业的学生等，构成了昆明美术家群的主体，昆明市美术家协会则是集中了这一群体的主流精英，代表了昆明地区绘画艺术成就的群众团体。按照相关规定，申请加入美术家协会的艺术家，要达到本人作品三次以上（含三次）入选所申请加入的相应级别的美术家协会（如中国美协、省、市美协）举办的与入会相关（即非个人、其他非正式组织自行举办）的展览，并达到展览所规定的入会条件才能成为美协会员。这一条件决定了要成为美协会员必须是在绘画艺术方面有较高水平，得到社会和有关组织正式承认的画家。2011 年末，昆明市美术家协会的注册会员有 600 多位，囊括了省驻昆单位和昆明市各界在绘画艺术方面有一定社会影响力的画家，其中包括了 60 多位中国美协会员，200 多位云南省美协会员，并且不乏像赵力中、陈崇平、沙璘、罗建华、胡晓幸、杨作霖、王韶悌、张雾勋等在国内、省内知名的当代画家。目前，昆明市美术家协会内设立了国画、油画、版画、水彩、少儿、民间、雕塑、理论等八个专门委员会。从昆明市美协提供的会员情况表中可以看到，全市会员的覆盖面相当广泛，几乎遍布昆明各级学校、各类企业，还有文化、演艺、医院等各类事业单位，公务员单位，部队、农民、个体经营者等等社会各个阶层，大有“群贤毕至，少长咸集”的气象。近年来，昆明市美协每年都组织各类画展、艺术家采风、文化交流、“三下乡”、文化扶贫、编辑出版会员作品等活动，会员的作品多次入选全国、全军美展，如 2008 年，赵力中的油画《血浴松山》入选全军美展，大型油画《日出东方・1949. 10. 1 天安门》在北京军博参加中国艺术特展；2009 年，赵力中大型油画《1944 中国远征军》在中国美术馆参展。2011 年 7 月，包朝阳副主席还获得了法国文学艺术骑士勋章，是云南省获此荣誉的第一人。在作品出版方面，赵力中的《赵力中绘画与思想》《陈崇平画集》《杨作霖油画》等作品集分别由上海人民出版社、云南美术出版社出版，社会影响日渐扩大。2010 年 8 月，昆明市美协进行了换届选举，现任主席为中国著名画家赵力中。

绘画艺术家所从事的是被世界公认的自由职业。这种“自由”，除了体现在对绘画艺术的喜好与否基本上是一种个人的意愿，也包括个人对绘画艺术中画风画种技法流派（如国画、油画、抽象、印象、古典、现代）等的欣赏和学习、借鉴、取舍，更包含着对这一艺术形式的理解、思考、追求和创造，对这一职业甚至是人生奋斗目标的执着。也正是因为这种自由，千百年来，艺术家们给世界留下了百花绽放、无比绚丽的色彩和形象。这种“自由”也在当今昆明绘画艺术家群体中得到了充分的表现。据昆明市美协提供的情况，目前昆明的画家们除了大部分在自己的家庭、工作室中创作外，也有一部分画家以画廊、小群体的方式进行自由组合，位于麻园的“虹山艺术高地”、西坝的“创库”，还有昆明海埂云南民族博物馆的“海埂艺术基地”是目前昆明美术家群比较集中的几个地方。

“虹山艺术高地”产生于2007年，已经走过了近6个年头。目前，这里有22间私人绘画工作室，汇聚了昆明老中青三代近30位艺术家在一幢原二轻局的五层空置厂房里进行创作。进入“高地”的画家中，除了几位在职外大多是职业画家，其中三分之二都毕业于云南艺术学院，基本是昆明的本土艺术家。他们当中，既有享誉省内外的著名老艺术家，也有中年知名画家，其他大部分是探索学习过程中的青年美术爱好者和艺术院校在校学生，还有一个由八位女性画家组合而成的“八合子”绘画工作室小群体。作为一个自发形成的艺术群体，虹山艺术高地在昆明市各艺术群体中目前可算是最大的了，入驻的画家也分别有西画、国画等不同种类。据“高地”的“村长”王韶悌说，如果不是因为场地有限，来虹山艺术高地的艺术家可能还会更多。

“虹山艺术高地”画家群组成以来，画家的艺术成长引人瞩目，一些画家的画风转变和画艺提升明显，充分体现了创作者相互间学习、交流的作用。“高地”现已成为昆明艺术家交流成长的圈子，众多艺术家、青年美术爱好者在这里聚会探讨可以说是家常便饭。此外，在王韶悌组织下，虹山的艺术家们还每年开展一些学术活动，如大家自己“凑份子”到元谋、剑川、圭山、滇池等地采风写生等，圈子内交流互动的氛围越来越好。6年来，“虹山艺术高地”已经成功举办过三届画展，在画家圈子里产生了较好影响，市文联、市美协汪叶菊、赵力中、罗建华、陈崇平、黄泽谦等领导多次到虹山艺术高地调研并指导工作。上级领导的支持，是虹山艺术高地持续、稳定、健康发展的重要原因。

进驻“高地”的画家中，杨作霖于1960年代毕业于云南艺术学院油画专业，80年代成为中国美协会员，曾担任过两届省美协常务理事，2008年参加了北京人民大会堂云南厅巨幅壁画《七彩云南》的创作和绘制，30余件作品被国家部门和国内外机构收藏，是成就斐然的老一代艺术家。张雾勋属于1970年代从部队中走出来的创作人才，也是在全省、全国都有一定的影响的老艺术家，其作品近年来还经常参加省、市各类画展。著名油画家王韶悌则是中年画家的代表，其作品曾经在全国美术作品展中获得铜奖，近30幅作品被国内外机构收藏，也是目前“高地”唯一与画商签约的艺术家。

海埂艺术家创作基地创办于2002年，在云南民族博物馆支持下，先后有陈崇平、孟习光、刘南等三十余位艺术家入驻，经过多年发展已在本土具有一定影响力。今年3月举办的“2012作品联展”活动，反映了近年来这个群体的发展情况，也展现了该体艺术家群体的创作成就。创作基地的艺术家们从事不同的画种，艺术风格和作品面貌也各不相同。十年来，创作基地的艺术家和云南民族博物馆联合举办各类画展五十余次，凡是市美协和各种社会团体组织的美术作品展览会都有基地艺术家的作品参加。他们的作品曾被省政府选中布置在海埂会堂，海埂国宾馆等重要场所，在昆明市和地州的一些公共空间也有他们的作品展示。艺术家们还经常与兄弟省市及台湾港澳艺术家进行交流，相互间就思想观念、艺术风格、艺术形式、表现技法的研讨已经蔚然成风。

除了国内的活动外，艺术家们还积极开展国际交流，先后与韩国、美国、乌克兰等国的画家举办作品交流展览。近几年，海埂艺术家创作基地还组织了赴欧洲、俄罗斯、尼泊尔等地的艺术考察活动，取得丰富的成果。

位于西坝的“昆明创库艺术主题社区”则是昆明最活跃的多元化文化一体化艺术空间。与“虹山艺术高地”相似，这里也是原昆明机模厂废弃的生产车间，2001 年 6 月由著名画家唐志冈、叶永青、张晓刚、毛旭辉等率先入驻，逐渐形成昆明市区内一个集绘画、民族民间艺术、歌舞演艺、餐饮、体育运动等综合的文化中心。这种做法虽然也是参照西方模式，即艺术家们对废旧的工业建筑进行艺术改造，创建成新的文化活动平台，但恰恰暗合了当时我国经济体制改革带来的社会变化，同时也让艺术家在这种新的自由状态里获得了新的创作空间。

在初期入驻创库的画家中，唐志冈是一位军旅出身的画家，同时也“是一位将军人作为普通人来看待的画家”（画家毛旭辉语）。叶永青是地道的昆明人，1982 年毕业于四川美术学院绘画系，曾在北京、上海、新加坡、英国伦敦、德国慕尼黑、德国奥格斯堡、美国西雅图等地举办个人作品展览，作品被中外多个美术馆等艺术机构收藏。张晓刚 1958 年出生于昆明，1982 年毕业于四川美术学院。他早年参与的“后 89 中国新艺术大展”“首届当代艺术学术邀请展”“威尼斯双年展”等群展是国内具有开创性意义的当代艺术展。1994 年，张晓刚的《血缘：大家庭》展出在“第二十二届圣保罗双年展”上，世界美术史上第一次出现“中国人家庭合影”的作品。从 2003 年开始，作为中国当代艺术标志性的人物，其作品以不断攀升的天价吸引着国际艺术界的注意。2007 年到 2011 年五年期间，张晓刚参与的群展和举办的个展共 31 次，且举办单位多为国家级美术机构和国际顶级画廊，如中国美术馆、日本国立新美术馆、佩斯画廊、尤伦斯当代艺术中心等。在画展成功举办的同时，张晓刚的作品先后被日本福冈美术馆、纽约古根海姆博物馆、澳大利亚昆士兰美术馆、上海美术馆等海内外重要艺术机构和知名私人藏家收藏。毛旭辉 1982 年毕业于云南艺术学院美术系油画专业。1985 年，他的《新具像画展》在上海、南京展出，被批评家列入“中国大陆 85 美术新潮运动的重要组成部分”，代表了昆明艺术家对当代美术新潮运动的初步探索。

创库兴起之初，还有张晓刚和叶永青合作开辟的“上河车间”，井品画廊、九章画廊等艺术展示与交易平台。“上河车间”通过与国外的基金会和艺术机构合作，开创了国际艺术家进驻计划这种艺术互动和交流的新形式，还有之后进入创库的由瑞典女诗人孟安娜与中国文化工作者吴月蓉女士共同创办的诺地卡艺术中心，都是昆明最活跃的民间国际艺术文化交流平台。诺地卡艺术中心每年邀请北欧和其他地区的艺术家来到昆明工作、举办讲座和展览，不定期地介绍中国艺术家和欧洲艺术家作文化交流互访，积累了丰富的跨文化跨领域的交流经验，并且一直在持续不断地开展活动。2012 年 8 月，瑞典画家汤米（Tommy Sveningsson）因为获得 2012 年瑞典西约特兰省（Vastra Gotaland）北欧水彩博物馆的奖学金，受昆明诺地卡画廊邀请来到昆明生活和工作三个月。他于 2012 年 6 月 8 日至 9 月 8 日在昆明创库艺术社区的诺地卡工作室工作。在进驻创库诺地卡画廊的访问创作即将结束之际，托米还将他在昆明三个月内所创作的多幅画作在画廊进行了面向社会的公开展览。诺地卡也是云南大学艺术学院的实习基地。大学生们通过创库这个平台在画廊中向参观者展示自己的学习成果，或帮助策划布展，接受专家们、评论家们的点评指教，另一方面，也为他们的作品提供了接触社会的机会。

创库内另一个较为活跃的艺术基地“源生坊”由昆明文化人刘晓津于 2004 年 8 月创立，2008 年落户创库，其主旨是民间艺术的研究和传承，画廊也是其运营内容之一。源生坊画廊经常进行美术家聚会、举办小型画展，如 2012 年 11 月 2 日举办的“民间艺人肖像主题展”，展出了毛旭辉、唐志冈、罗建华、胡晓刚等 25 位画家的多幅人物肖像画，11 月 23 日，又举办了《随记——武俊风景绘画展》，展出了云南艺术学院教授武俊五年来创作的 20 余幅风景绘画。当晚的开展仪式吸引了近 200 名的参观者，云南省美术协会主席郝平、著名画家毛旭辉等作为嘉宾也出席了展会。作为独立的非企业民间组织，与这里举办的很多艺术活动一样，画展完全是非营利、免费开放的，置身其间，聆听艺术家们畅谈对绘画心得、下乡采风感受的交流，会使人感受到一种在今天一切以商业利益为中心的市场经济中难于体会到的不同的人生感悟和精神享受。

21 世纪初，创库在国内外文化交流方面的开创性活动在全国引起了艺术界和社会各界的广泛关注并拥有了相当高的知名度，成为国内最著名的 LOFT（艺术家创作仓库式工作生活基地的英文缩写）文化代表之一。随着时光流逝，10 多年来创库的情况也发生了很大变化，“上河车间”、井品画廊、九章画廊等在昆明艺术圈内产生过较大影响的画廊不复存在，酒吧、餐厅占领了创库内大部分一楼的地盘。目前，这里还有 20 多个绘画工作室，诺地卡、源生坊等艺术画廊，还有一个羽毛球馆。

除开以上三个美术家比较集中的绘画创作基地外，昆明市内还有位于西苑茶城的“滇缅公路一号艺术区”，利用原昆明市轻工机械厂厂房改造而成的“金鼎 1919 文化艺术高地”，位于西贡码头附近面向高端、时尚人群，以美术馆形式创设的“滇池创意广场”，都有一些画家以开画廊、租用工作室的形式入驻创作。

二、绘画艺术品市场的发展

20 世纪 80 年代以来，除了在社会参与面、艺术形态、创作风格方面呈现出前所未有的活跃之外，昆明美术家群的当代性另一个更显著也更深刻的特征是越来越贴近社会和市场。透过美术作品这一载体，艺术家们更紧密地联系、互动，借助美术创作的社会开放和公众参与的创新机制，美术工作者化身为积极的社会构建者和活动家，美术作品也日益释放出更大的文化和社会影响能量，使艺术语言、艺术观念的构建与传播变得日益活跃，艺术品市场的发展也呈现出一派欣欣向荣的景象。这种现象的出现，从本质上来理解与现代城市发展中文化越来越成为与经济、社会发展发生影响互动的重要因素有紧密联系。随着创意产业的兴起，文化本身日益成为经济增长的直接推动力量。尤其是在十多年来世界经济下滑的背景下，文化创意产业“逆经济周期调节”的特点更被人们所重视。从历史经验来看，20 世纪二三十年代世界经济大萧条时期，美国几乎所有行业都陷入衰退，但电影、娱乐等文化产业却出现了空前的繁荣，催生了一批像好莱坞、百老汇、迪斯尼和华纳兄弟那样世界级的文化企业和品牌；九十年代初日本经济泡沫破灭，以动漫产业为代表的文化创意产业异军突起，使日本成为文化产业大国，动漫产业占据世界市场 60% 的份额；1997 年亚洲金融危机后，韩国确立“文化立国”战略，游戏软件产业产值 4 年增长一倍，电影出口收入 6 年增长 50 倍，在亚洲乃至全球掀起一股“韩流”。在近几年世界金融危机、债务危机接踵而来导致全球经济低迷的情况下，金融市场的动荡让投资家们转而投向被誉为投资避风港的艺术市场，更是推动了文化消费市场的逆势上扬。

中国当代艺术市场的兴旺与“画廊”这种商业运作方式的兴起也有直接的关系。在全球一体化的世界环境下，艺术面临一个不同于其他时代的情况：其价值不得不通过价格才能真实全面地体现出来。20 世纪 90 年代，香港汉雅轩画廊的张颂仁先生和荷兰人戴汉志先生分别以画廊方式把中国当代艺术推向了国际，推动了中国艺术品市场的迅速发展，形成了以专业画廊为主体的一级市场（或称专业零售市场）、以艺术拍卖为主体的二级市场（或称二手市场），以及以艺术博览会为主体的一级半市场（或称专业展会市场）彼此分工、相互结合的市场结构。进入 21 世纪以来，在日渐强化投资主旨的社会背景中，中国艺术品市场的发展从收藏性市场向投资性市场疾步迈进。从 20 世纪 80 年代云南艺术学院画家丁绍光创下 20 世纪中国画家售画最高纪录以后，进入 21 世纪，中国艺术品市场的发展更是突飞猛进。2006 年 3 月 31 日，当昆明画家张晓刚的一幅油画《血缘：同志第一百二十号》在苏富比纽约拍卖会上以 97.9 万美元成交后，国内艺术市场迅速作出反应，随之而来的是各大拍卖会上当代艺术品一枝独秀的场面，艺术品市场和艺术品拍卖进入了快速发展的时代。

2012 年 5 月，由文化部文化市场发展中心、中国艺术品市场研究院联合发布的《中国艺术品市场白皮书：中国艺术品市场年度研究报告（2011）》显示，随着中国经济的迅猛发展，中国艺术品市场也在发生深刻变化。2011 年，中国艺术品市场总规模达到约 3600 亿人民币，艺术品拍卖成交额则突破了 1000 亿元人民币的大关，约为 1020 亿元人民币，中国艺术品市场国际化进程的快速推进，北京作为世界文化艺术中心之一的地位正在浮出。另外根据一些专业机构的统计，在目前我国艺术品市场成交的书画、古董、当代艺术品三大品类中，书画占到了总成交额的 60% 以上，从近几年艺术品拍卖成交价的排名来看，成交价靠前的也主要是书画作品。尤其是最近几年，中国古代及近现代大师的画作在拍卖市场上的价格屡创新高，百万千万已经屡见不鲜，过亿、几亿元的作品也不断出现。

2000 年以来，中国艺术品市场平均增长速度达到 68%①左右，已经成为当代世界艺术品市场发展的火车头。另据法国媒体 2011 年 3 月 22 日报道，国际著名艺术品评估机构 Artprice 的调查显示，2010 年中国已经成为世界第一大艺术品拍卖市场。该机构主席 Thierry Ehrmann 称，在过去的三年时间里，中国艺术品拍卖市场连续超越法国、英国和美国，跃居世界首位。2010 年，中国艺术品拍卖市场占全球市场的份额达到 33%，超过长期名列第一的美国（30%），更大大超过排名第二的英国（19%）和排名第三的法国（5%）②。目前，中国不但在全球拍卖市场中占据着重要份额，国际藏家对中国艺术品的需求也呈稳定上扬的趋势，这些因素，极大地提升了中国艺术品市场的发展潜力和空间。

国内外艺术品市场的突飞猛进对昆明绘画艺术市场产生了不可忽视的影响。另外一方面，新昆明建设的快速推进，人民物质文化生活水平的不断提升，越来越多的民众住房条件改善后提高居室品位的意愿，个人收藏面的扩大，对书画艺术品市场形成了实实在在的巨大需求。目前，昆明的绘画艺术品的市场交易主要有几种形式：一是由云南典藏拍卖有限公司、昆明雅士得拍卖有限公司、昆明永嘉拍卖有限公司等几家拍卖公司举行的拍卖会，这种拍卖会每年规模较大的约两次，规模较小的七八次；二是画商常年经营的画廊、书画店，三是由某些文化艺术机构或画家个人形式举行的画展，另外，在昆明的一些高档酒店中，也有部分以展销的方式摆放昆明画家的画作。

画商常年经营的画廊、书画店主要集中在昆明几个古董花鸟市场内，例如景星花鸟市场的“雅云斋”“墨香斋”等 20 多家店铺都经营绘画作品；原小龙四方

---

① 郑洁、吴颖、韩玮：《解读中国艺术品市场风向》，《北京商报》；http：//news. artron. net/20080306/n42230. html

② 《中国艺术品拍卖市场跻身世界第一》，中国经济网；http：//intl. ce. cn/zgysj/201103/24/t20110324_22323803. shtml

街，现搬入翡翠大楼的“古韵精舍”“大吉山房”“集古斋”等50多家店铺都或专门经营，或在经营珠宝古董的同时兼营绘画作品；老螺丝湾旁的云纺商场内，也有20多家经营油画、工艺礼品画、电脑画等不同品种绘画艺术品的商家；最少的圆通古玩商场内，也有六七家书画店铺。而档次较高的画廊、画苑分布则比较零散，如南太桥头的云南画廊、华山南路的“君来访”画苑，“通雅堂”画廊，租用省图书馆展厅的“国风雅集”等。总计起来，目前昆明较知名的画廊、画院约30家，上述几处主要的古董花鸟市场则集中了约近百家商铺（其他分散的，尤其是画家工作室或私人画廊等无法统计），其中，仅有南太桥头的“云南美术馆”（云南画廊）是由原官办单位转制而来，其余均为民营。这些画廊、画苑或商铺，或创作与经营兼具，或专事经营，构成了昆明绘画艺术品市场的主体。

昆明绘画艺术品市场、画商的发展在全国比较还是属于后位，比起云南周边的四川、贵州、广西，不论在美术创作还是爱好者、收藏市场的规模方面都较小。根据业内人士估计，目前昆明年交易额百万以上的画商约十来家，年交易额约在几千万的规模；每年拍卖会的年交易额也在几千万的规模；再加上中小画商的常年经营，几个方面加起来大约也就是上亿。其他画廊、画家工作室的交易量也不大，以我们调研的艺术家比较集中的“虹山艺术高地”来说，年交易的作品也仅约三四十幅，比起北京、山东、天津等省市来，在全国绘画艺术品市场交易中所占份额十分有限。当然也要看到，由于绘画艺术品的流通较为特殊，一是有相当部分作品的交易并不经过公开市场，二是作品单价间的悬殊会很大，名家的一件作品就可能以几十万、几百万甚至千万计，而市场上几百元甚至更低价格的电脑画、复制品也大量流通，故要准确计算很困难。大致说来，如果以高中低几个层次来估计，目前昆明绘画艺术品市场较高档的有华山西路的“君来访”画苑、“通雅堂”画廊、“闻达”画廊、“国风雅集”等不多的几家，主要以经营名家作品为主；几个花鸟市场的几十家画廊、商铺，以中档画作为主要经营对象；而电脑画、复制品则归为低档商品。从价格来说，除高档大师级的作品不好估计外，一般市场中档商品画价位大约在数千元，低档商品则在千元以下。

三、加强美术家群和绘画艺术品市场培育，促进文化昆明建设

云南是一块艺术创作的宝地，美丽神奇的地域景观，丰富多彩的民族文化，为世界和全国各地的艺术家们提供着取之不尽的创作素材。历数中国现、当代著名画家，几乎都到过云南，并创作出了无数取材于云南风土人情的伟大作品。得天独厚的自然人文环境，也为本土艺术家们的成长创作提供了充足的养料。云南地域文化中的开放性和包容性，尤其是千百年来不同民族之间和谐相处的氛围，

使得云南文化在民族性与时代性的相融发展中形成了自己的特色。在这样的氛围中，昆明的艺术家们也创造着自己的辉煌：以丁绍光为代表的云南重彩画、张晓刚为代表的现代艺术，还有版画、大写意花鸟等不同表现手法都大量地注入了独特的地域文化元素，油画、国画也成就突出。多年来的积累，产生了袁晓岑、王晋元、姚钟华、丁绍光、张晓刚、蒋铁峄、赵力中、郝平、那玉成、郎森、孙建东等一批著名的美术家。

伟大的艺术家同时也是思想家。美术家的思想在艺术作品中是通过血肉丰满的艺术形象表现出来的，这就比抽象的理论更富有生动性和感染力。充分重视绘画艺术品在文化事业中的重要地位，重视美术家群体的巨大潜能，重视挖掘云南艺术创作富矿的潜力，是建设文化昆明伟大事业中不可忽视的重要方面。发挥绘画艺术作为意识形态领域产品对社会实践的巨大反作用力，提升艺术品给人的心灵安慰和精神鼓舞作用，有助于社会主义核心价值体系的建设。

由于地处边疆和经济社会发展总体落后等历史原因，昆明（基本也涵盖了云南）美术家群和和绘画艺术品市场发展目前来说在全国还是处于后位。与国内一些好的省市比较，昆明的差距一是在美术家群的规模，尤其是在能够称得上大师级的领军人物和后继者方面较发达省市偏小偏弱，一些著名艺术家逝世后显得后继乏人，一些成就显著的艺术家移居外地的情况较多，人才凝聚力不强；二是由于社会经济文化发展的大环境制约，无论从艺术品欣赏、收藏和交易的角度来说，社会的认知、参与水平也偏低，绘画艺术品市场发育程度不高，反过来又制约了美术家群和艺术创作的发展；三是政府扶持力度不够，如前所述昆明由政府投资建设的专业绘画艺术品展览场地仅有云南美术馆一处，且由于建设年代较早（1980 年代），面积较小，设施落后，环境较差，据一些艺术家说昆明较好的画展基本不选择在那里展出。而以市美协目前的状况来说，更是连这样条件较差的美术家活动与作品展示基地都还没有；四是基础教育差，近几年全省考取中央美院的学生几乎绝迹，这既是后继乏人的直接反映，从更深层面来说，实际是与昆明经济落后、文化发展和艺术品消费市场不成熟都有直接联系的问题；五是本土创作、艺术品市场在全国的靠后地位与身处资源富矿的优越条件形成了强烈反差，优势资源未得到优势开发。这些问题的存在，应该引起相关部门的重视。

改革开放以来，昆明在绘画艺术的发展、艺术品市场的开拓方面取得了较大的突破，尤其是像丁绍光、张晓刚等著名画家对当代艺术的探索，在中国美术走向世界的过程中可以说是发挥了开创性的重要作用。在当代中国美术发展史中，在不到 20 年的时间里，接连出现像丁绍光那样在全球举办个人作品展达 500 多次，作品收藏面达到 50 多个国家，创下 20 世纪中国画家售画最高纪录，连续三年被选为联合国代表画家并由联合国向全球发行其作品，作品集获世界文化交流金奖的画家，还有像张晓刚那样在学术上和世界艺术品市场上奠定中国当代艺术家地位，作品堪称中国当代艺术里程碑，创造中国当代美术作品最高拍卖价格，并获英国coutts国际艺术基金会颁发的亚洲当代艺术家称号的画家，在全国来说也是凤毛麟角。地处西南边疆，经济社会发展在全国总体落后的昆明，一度在世界美术领域和艺术品市场独领风骚，又一次创造昆明开一代风气之先的辉煌，值得大书特书。遗憾的是，这些原本可以属于昆明的东西没有得到发扬光大。

在党的十八大提出建设社会主义文化强国的大背景下，强调美术作为一种具体艺术形式对文化建设的重要作用，重视美术作品所具有的精神产品和文化商品双重价值，尊重艺术发展规律，营造宽松环境，让艺术家们尽情挥洒，与此同时，加强引导，创新传统艺术与现代产业、娱乐、新技术手段的运用结合，通过将美附着在商业服务或实物商品之中来推广美的体验，实现审美教育和审美享受的普及，以商业形态创造更广泛、更公平、更包容的文化语境，帮助大众接受、理解艺术作品，提高群众对高雅文化的欣赏水平，大力发展文化产业，无疑可以助力社会更快更好地进步，也是文化昆明建设的具体实践。

（作者单位：昆明市社科院）

休闲城市与休闲文化

龙云昆

发达国家已经步入休闲时代，休闲产业正成为主导产业。随着中国经济的强劲增长，21 世纪也将成为国内休闲产业的黄金时期，国内一些有条件成为休闲城市的地区早就敏锐地觉察到了休闲时代到来为城市发展带来的重要发展机遇，如成都、杭州都提出了打造休闲之都的城市发展目标。昆明是一个全球少有的春城，国内第一批认定的历史文化名城，有建设休闲城市的巨大优势，但在理念上显出了滞后。昆明应将建设一流的休闲城市作为长远发展目标，方不辜负这个城市的自然天赋和悠久的历史文化。

一、几个有争议的问题

（一）休闲能否强市

类似这样的问题困扰着每一个思考昆明城市的功能的研究者和城市管理者。只有市场经济条件下，城市才有了自主选择发展道路的机会。所以在上个世纪 80 年代昆明市有一场发展战略的大讨论。当时并没有休闲城市的概念，而只有旅游城市这种说法。大部分声音是旅游产业不能养活这个城市。这种分析不能说没有道理，毕竟在当时经济刚刚从“文革”中复苏的情况下，旅游产业弱小。但这种分析又显短见，并没有觉察到未来旅游产业向更大的休闲产业的转变，休闲产业有可能成为未来经济的主导产业。

（二）国际大都市的热潮

从上世纪 90 年代起，到 2010 年为止全国已经有 183 个城市定位于国际大都市与区域性国际城市，但这种以“大”“洋”为起点，全国千城一面的城市定位在近年开始改变，一些城市开始从自身的实际出发，一方面将以人为本作为城市发展的根本理念，重视城市的宜居功能、休闲功能，并看清世界发展的休闲时代大潮流寻找城市的特色功能定位，另一方面在城市发展理念中，逐渐不再纠结于国际大都市情结。

（三）工业强市与休闲城市并不矛盾

昆明在城市发展战略选择中，以工业强市排斥将昆明建设为旅游城市是一种很强大的声音。第一，从长远发展来看，一个城市的区域竞争能力最终取决于这个城市的比较优势，只有把握这个城市的比较优势，明确其核心竞争资源，以此打造城市的核心竞争力，才能在区域竞争中立于不败之地。第二，建设休闲城市并不排斥发展工业。成都和杭州的工业都是比昆明强得多的城市，但这些城市都明确了休闲城市的城市发展目标，而它们的 GDP 增长更加强劲。昆明建设休闲城市并不是不要发展工业，而是要将这个城市的最独特的核心资源优势发挥到极致，打造出最有城市竞争力的休闲产业。

二、休闲的意义及定义

（一）休闲的意义

休闲正改变着人类社会的行为方式。由于新技术和其他一些趋势，使得人可能将生命中的50%以上的时间用于休闲，休闲将正逐步成为人类生活的中心内容。休闲不仅改变着人们的生活方式、改变着人们的需求，从而也将改变社会的经济结构及社会结构，为休闲而进行的生产活动的服务正在日益成为经济繁荣的重要因素。

1. 休闲首先是健康的需要

休闲活动的贫乏，会增加工作者的生活压力，从而导致消极行为增加，亚健康人群比例上升，整个社会的效率的低下。对退休老年人来说，休闲活动能使他们不断地参与社会活动，保持良好的健康状况。国外城市休闲价值与影响研究中，70%的文献论述其保健价值。

2. 经济价值

2015 年前后，发达国家将进入“休闲朝代”，休闲产业将成为未来世界的支柱产业。国民生产总值中会有一半以上的份额来自休闲产业，休闲将是新的千年经济发展五大推动力中的第一引擎。我国目前还没有统一的休闲相关产业分类和统计体系，经估算，到2009 年我国居民旅游休闲、文化休闲、体育休闲及其他休闲等休闲消费的规模已经达到 17000 亿元左右，相当于社会消费品零售总额的 13.56%、GDP 的 5.07%，21 世纪也将成为国内休闲产业的黄金时期，休闲、娱乐活动、旅游业将成为中国经济的下一个经济大潮。对于昆明来说最重要的一个标志将是绿化产业取代钢铁产业成为城市发展的另一个支柱产业。

3. 精神文化价值

人往往需要在休闲中完成文化追求和精神满足以及哲学意义上的自我实现，或马克思所说的自由人的全面发展。“休闲”在几千年人类文明演化的历史中，始终具有重要的文化价值，不同时代的思想家们都对“休闲”的精神价值情有独钟。亚里士多德认为：休闲才是一切事物环绕的中心，是哲学、艺术和科学诞生的基本条件之一。马克思认为劳动是为了获取必要的生活资源条件，但人绝对不只是劳动，社会发展的终极目标其实是自由人的一个全面的发展。休闲时代不仅给了人们时间上的自由，更给了休闲中人自由发展的巨大空间。在中国共产党的十七大报告中也提出了要实现人的全面发展，

在休闲时代，人的个性的充分发展将是人生的最高目标，个人的创新精神不仅在科技和经济领域，而更多的是转移到其他文化精神生活领域中去。马斯洛的人的需求“五层次理论”中的最高层次就是人的自我实现。人在休闲的精神世界中展示人的创造力和鉴赏力，通过休闲促使人对生活（生命）进行思索，有助于人的全面发展和个性的成熟，使人真正地走向自由。随着物质财富的满足将让位于人们追求充实的精神文化生活，发展的质量标准，将定位于人的生存质量、生命质量以及人的全面发展。因此，人类对“进步”的定义也将发生根本的变化。传统意义上的“进步”往往意味着物质生活水平的不断提高，物质财富的满足将让位于人们追求充实的精神文化生活，经济的发展使得财富占有在人的幸福中的地位下降，而将休闲文化幸福取代经济发展幸福成为大趋势，在这种背景下建设休闲城市与发展休闲文化成为昆明城市建设和文化发展的重要课题。

（二）关于休闲的定义

1. 休闲

我国休闲理论的最早研究者马惠娣提出的定义是：休闲是指在非劳动及非工作时间内以各种“玩”的方式得到身心的调节放松，达到生命保健、体能恢复、身心愉悦的目的一种业余生活。

2. 休闲产业

休闲产业是指与人的休闲生活、休闲行为、休闲需求（物质的、精神的）密切相关的领域。特别是以旅游业、娱乐业、服务业和文化产业为龙头形成的经济形态和产业系统，一般包括国家公园、博物馆、体育（运动场馆、运动项目、设备、设施维修）、影视、交通、旅行社、餐饮业、社区服务以及由此连带的产业群。专门提供休闲的产业。休闲产业是与旅游产业相交叉但比旅游产业大得多的产业。

3. **休闲城市**

所谓休闲城市，就是围绕休闲产业发展起来的城市，或者说是以休闲产业为主产业的城市，并以休闲文化作为城市的气质与灵魂，休闲城市是以全体市民“共享”为基本条件，以“市民幸福指数”为衡量标准，提倡“生态节制”、主张“创造”和“自我实现”的城市，休闲城市作为旅游城市的一种类型，是更高层次的一种城市形态。

休闲城市以满足人们的休闲需求作为城市功能的体现；休闲城市服务的对象以城市居民为主体，以本地传统文化的保持和发扬作为休闲城市的特色之一，同时休闲城市又是人文的、生态的、和谐的、开放而欢迎外来者的；作为休闲城市，整个城市的休闲度、休闲氛围应很高、很浓烈，人们的休闲意愿和休闲行为可以通过城市的休闲设施和服务得到满足，休闲城市应具备多要素组成的现代休闲系统。从城市经济学的角度看，休闲城市中的生产要素动力、资金、土地等不断向休闲产业相关部门集中，且以休闲主体产业为核心的第三产业在城市经济结构中占绝对比例的城市。构建休闲城市，对于开发休闲产业的巨大市场，促进旅游观光、文化娱乐、体育健身、教育培训、社区服务以及商贸零售、金融保险、电子信息等众多产业的发展，将会起到巨大的推动作用。休闲城市是以休闲产业为主导产业的城市。

4. **休闲文化**

所谓休闲文化就是指人在完成社会必要劳动时间之后，为不断满足人类多方面需要而处于一种文化创造、文化欣赏、文化建构的生命状态和行为方式，休闲的价值既在于实用，更在于文化。休闲文化首先是一种文化，因此，它具有文化的基本特征，例如民族性、地域性、历史继承性等。这就决定了休闲文化不可避免具有民族特色和地区特色。

休闲经济、休闲产业、休闲文化密不可分，而作为休闲城市，休闲经济、休闲产业、休闲文化、休闲城市是四位一体的。而休闲文化的个性使城市区别开来，使城市有自己的灵魂、性格或个性的核心。事实上，经济社会的发展到了一定时期，特色将会取代结构趋同化后，趋同化是没有前途的，未来的城市竞争说到底是特色的竞争。昆明文化发展中很重要的一个问题是在文化发展中揭示昆明独特的城市性格，要进一步加深对昆明文化深层内涵，昆明文化的比较优势的认识，

三、国内发展态势

（一）地方政府的实践

1999 年大连提出要建设成为环渤海地区重要的休闲度假胜地。虽然还没有明

确提出休闲城市的概念，但已经第一次在中国城市中提出了城市的休闲功能作为城市发展的目标。最早明确提出休闲城市的是成都，2001 年，成都提出“中国休闲之都，享受天府之乐”的城市形象口号，并将休闲文化的发展提到一个非常的高度。2001 年，杭州提出建设“世界休闲之都”的口号，2004 年又明确提出建设“东方休闲之都”的目标和要求，杭州城市的最高定位和最终目标是国际旅游城市、东方休闲之都。2007 年无锡提出将打造“休闲名城”的战略定位。此后，苏州、长沙、三亚、大庆、包头、烟台等地都提出了建设局域性或方面性“休闲之都”的设想，我国休闲经济开始迅猛发展。

（二）中央政府的重视

2009 年，在国家旅游局的倡导和一些先行城市的带动下，“国民旅游休闲计划”在多个省份相继推行，并加快了一系列旅游、文化、体育等休闲相关领域各种政策的出台，休闲作为一个专门领域，被正式纳入行政管理范畴，“引导休闲度假”被正式确定为国家旅游局的职能。同时旅游、体育、文化等相关领域的体制机制创新步伐加快，从而有利于更好地满足人们的休闲、健身、娱乐需求。

（三）从产业发展到重视休闲文化

休闲文化是休闲产业的灵魂。休闲产业与文化产业相互推进是现在休闲产业发展的重要特征。国务院 41 号、44 号文件、《文化产业振兴规划》《全民健身条例》的颁布以及“全民健身日”的设立，不仅为休闲相关产业的发展提供了有效激励，更引起了全社会对旅游休闲、文化休闲、体育休闲的重视，将旅游与教育、体育、健康、养老等相结合，不仅带动了相关消费，更激发了人们的休闲意识。国家旅游局与文化部、国家体育总局、农业部等部门的合作、交流空前加强，有利于“大休闲”格局的形成。伴随着文化体制改革的加快，文化休闲服务投资加大并更趋多元化，居民文化娱乐休闲消费快速增长。目前网络游戏产业收入已经远远超过电影票房、电视娱乐节目和音像制品发行的收入；传统出版业中休闲类出版物增加，数字出版则引领了文化休闲的新时尚；在文化院团改革和演艺市场开放的背景下，民营文艺表演团体纷纷兴起；旅游与演艺频频联姻。可以预期，随着文化的产业化、市场化、多元化发展步伐的加快，将会更好地满足国民的休闲需求。

（四）昆明具备了休闲城市的重要基础

1. 经济、产业基础

昆明近年的发展，为昆明建设休闲城市打下了重要的基础。根据国际经验，人均国内生产总值超过 1000 美元，是休闲产业发展的一个重要标志，人均 GDP 达到3000美元以上，旅游产业就将进入一个升级的阶段，由观光式的旅游迈向休闲度假式旅游。2011年昆明人均GDP超过6000美元，大部分居民消费结构已经由生存性消费向享受性消费转变，休闲消费，正成为人们的基本生活消费。目前，昆明居民的生活已经由生活质量型消费取代了温饱型消费，沿袭了几千年的生活方式——先生产、后生活；只有工作创造价值，消费损毁创造价值；以及休闲是资产阶级的观念将发生根本的变革。昆明旅游业的发展，也为昆明建设休闲城市打下了重要基础。2006年，昆明人均观光游览的消费为39.6元，略高于度假休闲的35.9元，但是在2007—2009年，休闲度假的人均消费已经高于观光游览的人均消费。

2. 闲暇时间的增加

"进入农业社会，人们的闲暇时间大概是17%；进入工业化社会以后，闲暇时间大概是23%，在二十世纪中期以后，大概是39%；在21世纪，估计闲暇时间达到50%。"中国作为发展中国家，虽然距已经步入休闲时代的发展中国家还有差距，但目前在中国，人们的法定假日生活已有114天，这意味着人的三分之一的时间完全是在闲暇中度过，就是在工作日里休闲时代正向我们走来，并由此导致人的日常生活结构、社会结构、产业结构以及人的行为方式和社会建制的变化。

3. 十大休闲城市的评选

2007年中国进行了首次休闲城市的评选，第一次评选的十大休闲城市为：杭州、成都、昆明、湛江、北海、三亚、桂林、丽江、松江、五大连池市。首次评选昆明高居第三位，其入选理由是：四季如春，阳光充足的魅力之城。第一次十大休闲城市的评选，主要是一些国内较有名的旅游城市入选，但随着对休闲城市认识的深入，指标体系的进一步完善，这种情况有了改变。而昆明此后就再也没有入选十大休闲城市了，但昆明作为拥有重要休闲资源的重要旅游城市，在休闲城市中的排位也是较为靠前的，一般都在前20位。

四、昆明的休闲文化

2011年昆明很遗憾没有入围全国十大休闲城市，但入围了前30名，并得到了这样的评语：昆明市是享誉中外的"春城"，气候温和、环境较好，休闲外在条件优越。同时，多民族聚集、多种文化荟萃，使昆明形成了悠久的休闲传统和深厚的休闲文化。随着经济的发展，城市供给性的休闲方式逐步完善，已经形成了高尔夫、温泉SPA、民族歌舞等一系列极富地方特色的休闲产业。

休闲产业的发展必须有赖于休闲文化的发达。目前昆明休闲产业发展的一个短腿就在于休闲文化的匮乏，对相当部分的人来说，缺乏的不是休闲时间，而是休闲文化。由于休闲文化的不发达，相当部分人的休闲质量很差，以至于医院每逢星期一或假日结束，吃坏肚子、玩坏身子的病人便格外多，即容易患上“假日综合征”。一个休闲文化发达的地区，必须是充满魅力，休闲生活内容充实、有文化内涵的城市。

历史文化名城的悠久文化传统与丰富多彩的民族文化叠加，移民城市对外文化的包容与学习精神，加上大自然赐予的自然孕育的生态文化，使得休闲城市的魅力非凡，这是昆明得到较高认同的几种优势。

（一）第一层次的昆明休闲文化

1. 独特的生态文化

昆明良好的自然条件形成独特的生态文化主要来自四季常青的环境以及四季阳光的气候，优美的风景，良好的生态环境，一流的城市空气质量。在诸多自然条件中，昆明的气候是第一位。气候好应该分为两种：全年气候都良好宜人；全年气候虽然不那么好，但有一个特别好的时段或者季节。而昆明就是全年气候都良好宜人的城市，在世界著名的四个春城中，昆明是国内唯一的春城。

优越的自然条件造就了昆明的山水文化，这是昆明生态文化的重要方面。昆明有云南最大的高原淡水湖滇池，是一个水文化十分丰富的历史文化名城。西山倒映滇池，是昆明山水文化的核心。昆明城内有纵横交错的20多条河流。孙髯翁大观楼长联所谓“东骧神骏、西翥灵仪、北走蜿蜒、南翔缟素”则描绘了围绕在昆明周边的众山美景。城内有五华山、螺峰山等，是一座典型的山水城市。金马朝辉、碧鸡秋色、玉案晴岚、滇池夜月、龙池跃金、螺峰拥翠是明代描绘的六景；而滇池夜月、云津夜市、螺峰叠翠、商山樵唱、龙泉古梅、官渡渔灯、坝桥烟柳、西山倒影是清代昆明最著名的八景。不幸的是，这山水中的水一度并没有得到应有爱护，目前昆明人在努力恢复这座城市的山水美景、山水文化。

2. 民族文化

昆明市主要有26个民族，其中汉族人口占全市总人口的85%；少数民族人口近80万人，占全市总人口的15%。昆明市共有3个民族自治县，7个民族乡。在25个少数民族中，彝族、回族、白族、苗族、傈僳族、壮族、傣族、哈尼族、布依族等9个民族是世居少数民族。对于世居昆明还是非世居昆明的少数民族同胞来说，昆明都是一个温暖包容的地方。历史悠久、民族众多，是云南民族文化的发源地之一，居住在昆明的26个民族都有着丰富多彩的服饰文化、歌舞文化、饮食文化、节日文化，使得昆明休闲文化丰富多彩。

3. 移民城市悠久的包容文化特征

移民城市加上诸多的少数民族，注定了昆明城市文化的包容性。包容性也是一个最有利于成为休闲城市的典型的文化特征。这座城市以它的兼容精神，在保持着不冷不热的气候孕育出来不冷不热的中庸、平和的休闲性格外，也不断地接纳高效率的快餐文化，沿海人的进取精神，这些也都逐步地融入和改变着昆明的休闲文化与生活方式。

当一个城市外来人口达到四分之一以上时，就可称为移民城市。昆明是一个典型的移民城市，新老移民占比80%以上。这个城市的每一次大的跃进都与外来文化的进入直接相关。在汉朝以前，滇池、抚仙湖一带建立了古滇国。目前的研究一般认为昆明历史文化从大的方面来看主要有五类，一是古滇文化。古滇青铜文化是云南民族文化史上的第一大高峰，代表着先秦两汉时期云南众多地方民族文化的最高发展水平，牛虎铜案与马踏飞燕并称南北的青铜文化的卓越代表。二是早期汉文化。早期汉文化主要是由西汉中叶汉武帝“开西南夷置郡县”和“徙民实边”时，陆续迁入滇池北岸一带的汉族移民负载而来。三是西爨白蛮文化。“西爨白蛮”是由两汉以来徙居云南的早期汉族移民，在特定的社会历史条件下，与“滇僰”的直系后裔滇中、滇东“白蛮”逐渐融合后形成。四是元代的多元民族文化。在元灭大理国和始置云南行省，确立了昆明在全省的中心城市地位的同时，随着大批外来各民族人户的陆续植入和内外经济、文化交流日趋频繁，位于滇池北岸的云南省会鸭池城，也逐渐呈现出自汉、唐以来空前的多民族杂居、多元文化并存的恢宏局面。

昆明在近代则是一个较早开放的城市，米轨的修通使得西方文化在国内较早地进入了昆明，到了近代，移民步伐加快，上世纪三四十年代，昆明城市人口很快从十多万膨胀到三四十万，西南联大、中央机器厂、美国“飞虎队”等纷至沓来，抗战大后方的昆明成为了外来文化的交融之地。悠久的历史留下了多元的历史文化遗产，现根据昆明市文物管理委员会统计共有各类文物保护单位240项，其中国家级5项，省级41项，市级170项，县区级170项。

20世纪50年代后，又有三线建设，支边青年进入昆明。改革开放后随着户籍政策改变和人口流动的加快，80年代后期至今是昆明历史上新生代的移民规模最大的时期，非户籍人口已经达到200多万。2008年据田野咨询机构对500个昆明城市居民的调查数据显示：户籍在昆明、居住在昆明的居民仅占昆明居民总数的46.1%（而事实上这46%的居民中近90%也是古代与近代的移民）；户籍在云南地州、居住在昆明的居民占到39.4%；户籍在外省、居住在昆明的居民占14.5%，其余53.9%均来自州市和省外。这种情况彻底改变了昆明主城的人口结构，这个老移民城市近现代以后又逐步变成了一个新生代移民城市。尤其是省外流入的移民，带来了与本土差异更大的文化元素。昆明市人口中前四位分别是四川、贵州、重庆和湖南，多为打工者，而做生意的较富有者多为江浙、广东、福建等沿海地区的人。

昆明这个移民城市的文化有一个最大的特点就是兼收并蓄的包容性。对移民的包容，各民族的相互包容，造就了昆明文化最大的特点。米轨的开通，抗战文化的巨变，使昆明对外来文化的包容性体现得淋漓尽致，建筑方面昆明的建筑装修在国内较早地引入了西式风格。旧时的昆明，不仅可以通商、开洋行，还允许洋人在昆明买地，而昆明的女子也学会了烫头、上口红，因此昆明的时尚文化从不落后。昆明是集民族文化、移民文化、西方文化为一体的城市，是一个很能吸纳外来文化的地方。昆明曾提出过昆明精神，其他几句偏于政治口号，但“春融万物”的确体现了昆明文化的包容性特点，而文化的包容性是休闲城市中非常重要的文化特征。这种包容性，不仅是各种文化在这里相映交辉，创造丰富多彩的建筑、饮食、歌舞风格，还有翠湖、昆都等时尚文化与花灯、小调并存，美国的麦当劳和云南的米线共存，可口可乐与木瓜水并存，日本料理与傣式烤鱼并存，使这个城市多姿多彩，既使外来者有宾至入归的感觉，同时也形成了本地居民和谐共处的文化氛围。

（二）第二层次的特色休闲文化

生态文化、历史文化、民族文化和时尚文化是昆明休闲文化大的方面的优势，而在这四个大的方面，孕育了丰富多彩的特色休闲文化。昆明的特色休闲文化十分丰富。

1. 宜于休闲老街区市井文化

联合国教科文组织在华沙内罗毕大会上通过了《内罗毕建议》，注意到了“整个世界在扩展和现代化的借口之下，拆毁和不合理、不适当重建工程正给这一历史遗产（历史街区）带来严重的损害”并明确指出保护历史街区在社会方面、历史和实用方面具有普遍的价值。昆明诗人于坚对昆明传统市井文化充满感情，他认为：一些城市改造者的思维很野蛮，仅仅把老城理解为“旧房”。旧房其实是一种生活方式、历史、记忆、风俗的载体，把旧房成片拆掉，其实也就拆掉了中国人的传统生活方式。

昆明老城的老街区是代表着老昆明最为典型的市井文化，但这种宜于休闲的市井文化大都遭到了破坏，目前仅存的有规模的文明街区仍然面临着商业经济破坏的危机。这个昆明老街距今有900多年历史，是昆明最具规模、成片集中反映昆明历史文化和地区特色的传统风貌区，是昆明传统市井文化、传统街巷风貌保护较好和街巷最密集的区域，具有较高的历史价值、文化价值和老昆明情感价值。辖区内的景星花鸟市场、珠宝世界、文庙招牌一条街、抗战胜利堂、昆明一颗印老房子、聂耳故居、景星公园、昆明市盘龙区文化馆、福林堂、马家大院、居人巷、傅式宅院、西卷洞巷1号居民院坝等代表性建筑均位于此。这片地区的景星街还成为市中心的花鸟市场，从事花鸟鱼虫、珠宝生意等。斗蛐蛐、赏花鸟、逛古玩、重温历史，这些都是昆明人对景星街的记忆，这里首先是一个居民区也是老昆明人的休闲之地，然后才是一个休闲产品的交易区。目前这个老街区正在进行改造，由于曾经出现对遗址的破坏性开发，引起同济大学建筑专家的干预，后被建设部叫停。已经建设起来的模式，已经明显地向仿古商业街发展。目前的开发最大的问题就是原住居民被排斥在外，商业倾向过重，发展方向实际上被开发商利益左右，昆明的市井文化最典型的地区很可能会在这种开发模式中消亡。

也许原昆明籍的学者朱晓阳推荐的扬州两个老街区的改造经验能让昆明有一些借鉴。其一，扬州市东关街和花局里的案例。这是一个精心打造但失败的老城改造项目。这条街的临街部分是在居民整体搬迁后按仿古式样打造的旅游街，改造后东关街成为一个半死半活的地方。其二，彩衣街案例。由于在整治前有关方面进行了多次调研，并制定了一系列规划和实施方案。整治方案由政府进行统一设计，以“改善居住条件，优化基础设施，保持传统风貌，促进功能更新”为原则，经过“整治”的老街基本上仍为原居民居住，保留了原街道的尺度和格局，沿街建筑的外观风貌与街景保持一致，成为老街区改造的一个成功典型。

目前，昆明市正在加快实施“文化空间”等 14 个重点建设项目，这 14 个项目预计投资都在亿元甚至百亿元以上。如何使这些项目保留老城风貌，充分重视居民的居住和街区的休闲功能，不能由开发商主导，成为仿古商业城，是必须重视的问题。

2. 独特的饮食文化——滇菜

移民和民族文化融合形成了以滇味为本的丰富多彩的饮食文化。滇菜有两个突出特征：一是丰富的生态原材料。云南被誉为“菌类王国”“植物王国”和“动物王国”，滇菜取材用料广泛、丰富而又独特，并且大部分来自天然，具有绿色、营养、生态、保健的特点。菌、各种野菜，甚至药材都成为饮食文化中的特色，并且烹调技法独特。二是工艺技法丰富多彩。25 个少数民族朴实而古老的烹调方法与不断移民来的汉族的烹饪技艺相结合，使得滇菜的工艺技法丰富多彩，既有汉族的蒸、炸、熘、卤、氽、炖，又融合了少数民族的烤、舂、焐、腌、石烹、隔器盐焗等烹食方法，具有浓郁的古风遗韵，反映了云南少数民族的生活习俗。因此与其他菜系不同的是，滇菜是具有鲜明的多民族菜系特色又具有突出地方菜系特点的菜种，其造型、色泽、烹饪方法、香味及滋补功效别具一格，体现在食材丰富、饮食风俗多彩、烹调方法多样、口味独特多变等方面。

3. 节日文化是昆明丰富多彩的休闲文化之一

由于民族众多，除了全国都有的节日，昆明还有诸多的民族节日，不仅吸引了外客，也逐渐成为本地居民休闲、度假娱乐的节日。如苗族的花山节（农历一月三日）；纳西族的米拉会、棒棒会；傣族的泼水节；回族的开斋节、古尔邦节；打歌节在农历二月初八，青年男女盛装跳起“左脚舞”；彝族的火把节，到农历六月二十四日至二十五日的时候人们在石林、楚雄、大理举行点火把、摔跤、斗牛、歌舞和插花的节日活动等，使不同季节到昆明的游客都有机会过上独特的民族节日。

4. **石文化**

石文化是典型的休闲文化。昆明在石文化方面有得天独厚的区位优势和资源条件，近年来的石展上，占据摊位越来越多的正是云南、新疆、内蒙、广西、贵州等石资源大省，随着这些石资源较多的地区的经济发展、文化繁荣，这些地区的石文化的水平与传统的发达地区相比有更快的提高，未来一些地区的石文化逐步接近甚至超过传统的发达地区成为一种趋势，这正是昆明石文化发展的希望所在。云南省的石资源在国内非常突出，云南处在世界级特提斯宝玉石成矿带和扬子宝玉石成矿带的交汇部，具有宝玉石、观赏石、建筑石材料等优越的成矿地质条件，表明了云南是当之无愧的观赏石资源大省，而昆明是云南石文化的龙头，昆明不但是历史上缅甸翡翠的重要加工与销售之地，也成为了当代云南石文化的核心，近年来，有实力的石商包括最有实力的东川铁胆石商人和黄龙玉商人都逐渐在向昆明集中，国内最大规模的玉石城也规划在昆明建设。从 2003 年 9 月云南首届奇石展在昆明北大门美食城花鸟市场举行到今年，昆明已经举办了 7 届省级赏石展，此外，每年元旦期间还在云南奇石城举办“云南省观赏石精品展”。2010、2011 年由省政府主办的“昆明泛亚石博会”，其规模和档次已成为中国第一，亚洲最大的专业性石展。2012 年博览会展览总面积 6 万多平方米，近 20 万人次参观，使用会展中心全部 6 个展馆，其中除了台湾、香港外，还有国外来展的斯里兰卡、缅甸、越南、老挝、阿富汗、马来西亚、新加坡等数百个展位，规模影响正在迅速扩大，国际色彩逐渐浓厚。石博会自 2007 年首次成规模举办以来，经过 6 年的发展，现已成为全国最具影响力、亚洲规模最大、亚洲第一品牌展会。

工业城市国内有数百个，而真正的春城，中国只有一个，就是昆明。昆明目前是一个有鲜明的休闲特色的综合性城市，昆明具有发展休闲城市的核心竞争力，休闲时代的到来为昆明带来了重要的发展机遇，休闲产业是昆明未来的城市主体功能，昆明有条件建设成为一个中国一流的休闲城市。

（作者单位：昆明市社科院）

认真规划
发展昆明市斑铜文化产业

市文产办　市委政研室课题组

斑铜是云南特有的民间传统工艺品，以其历史悠久、工艺独特、造型典雅和文化厚重的特点在金属工艺品中享有盛誉。

一、昆明市斑铜文化产业发展基本情况

云南斑铜“妙在有斑，贵在浑厚”，堪称金属工艺品之冠，有“工艺奇葩，北景南斑”之美誉。自20世纪60年代成立斑铜社恢复生产以来，云南斑铜产业发展不仅在工艺制作及造型制作方面继承、发扬了传统特色，而且还汲取了古滇青铜文化以及云南26个民族丰富、淳厚的文化艺术营养，推陈出新，形成了充满云南民族文化特色的工艺美术精品系列，形成了包括人物、动物、花卉、瓶罐、炉尊、壁饰、器皿等七大类斑铜系列产品，多次在国内国际上获奖，曾多次作为国家级礼品赠送外国元首和贵宾。斑铜“大跃马”作为金日成主席生日贺礼，由中国艺术团携往朝鲜；斑铜“孔雀明王”赠予泰国王储玛哈哇集拉隆功殿下；斑铜“跳马”作为国礼赠尼泊尔首相；斑铜“牛虎铜案”作为云南省政府礼品赠送原美国总统布什。1997年香港回归之际，名为《吉祥》的斑铜“孔雀瓶”作为云南省赠送香港政府的庆祝礼品。“孔雀明王”“大犀牛”“五型炉”“仿古牛”和“孔雀瓶”等精品被国家珍宝馆列为珍品永久陈列。人民大会堂云南厅里斑铜作为主要陈列品展示。2006年，斑铜工艺被云南省列入非物质文化遗产保护名录。2008年，“云南斑铜”和“乌铜走银”被云南省列入非物质文化遗产保护名录。

(一)昆明发展斑铜产业的有利条件

1. 历史悠久

早在清朝雍正、乾隆年间，斑铜工艺品就开始在昆明生产，并形成了斑铜生产作坊一条街，在清朝中期发展到了鼎盛时期。民国以后，由于天然斑铜矿资源的减少，斑铜工艺品的制作走向衰落。到了20世纪30年代，该工艺几近失传。新中国成立后的60年代，周恩来总理指示云南省人民政府开发云南民间斑铜工艺品。从此，一度沦没、濒临失传的云南斑铜工艺得到了恢复和发展，并形成了多品种、高档次的斑铜生产格局。

2. 民族文化内蕴丰厚

云南民族众多，各民族悠久的历史、灿烂的文化和多彩的民族风情，散发出诱人的神奇魅力，为斑铜产品的创作提供了取之不尽、用之不竭的素材，鲜明的民族文化、地域文化具有不可复制的特性。斑铜产品用艺术的视觉符号讲述民族文明史和经典人文，将独具魅力的地域文化融汇到艺术创作中，赋予了产品深厚的文化内涵和较高的艺术品位，无形中增强了产品地域文化的承载力和传播力。

3. 资源禀赋良好

云南有色金属矿藏丰富，开发历史悠久，素有“有色金属王国”之称。铜矿点多面广，几乎遍及全省。保有金属储量695.05万吨，富矿占46.1%，居全国第3位。产地156处，主要分布在滇中地区，资源远景储量2154万吨。现已建成东川、易门、牟定、大姚等4个大中型铜矿生产基地。新平大红山铜矿，探明储量155.64万吨。如此丰富的铜储量，为斑铜产业的发展提供了得天独厚的资源优势。

4. 有一定的产业基础和人才基础

目前，昆明市有昆明斑铜厂、云之南工艺美术有限公司（富民青云工艺厂）、昆明宝禅斑铜工艺品有限公司、昆明海鸥工贸有限公司、昆明东泉斑铜工艺品有限公司和昆明鼎聚斑铜工艺品经营部6家斑铜企业。全市斑铜产业固定资产约4亿元，年产值约3亿元。从事斑铜开发制作的直接或间接就业人员约500人，省级工艺美术大师2人。其中，昆明斑铜厂从2000年至2011年企业各项经济指标每年都以10%—15%的速度稳步递增，近十年累计为国家缴纳各项税款数千万元；并先后通过了ISO9000质量管理体系和ISO14000环境管理体系的认证；建立了云南省工艺美术行业企业标准——Q/KBT—2000《斑铜工艺品》。

(二)不利因素

1. 发展规模小，技术层次低

除了昆明斑铜厂外，其他5家斑铜企业规模都偏小，营业额都在1000万元以下。如云之南工艺美术有限公司年营业额在600万元左右，昆明宝禅斑铜工艺品有限公司营业额基本维持在200万—250万元左右。加之原材料及人工成本等经营成本偏高，企业利润相对薄弱，市场竞争能力有限。从产品制作方式上来看，大部分斑铜生产企业使用简单的设备、传统的制作工艺生产斑铜产品，机械化水平、科技含量不高，产成品率低（最高只能达到40%），很多造型都要交到省外去做。

2. 社会认知度低，市场空间小

因斑铜的价格过高，普通人群无购买能力，斑铜工艺品的销售对象主要集中在政府、企业，且还局限在云南省范围内，没有走出省外，市场十分单一、狭窄。由于缺乏良好的营销渠道和与外界交流的平台，人们普遍对斑铜产品的认知度不高，仅局限在省内少部分人。这在很大程度上制约了斑铜产业的发展。

3. 人才相对匮乏，发展环境欠佳

高层次产品研发人员缺乏，没有国家级工艺美术大师，省级工艺美术大师只有2个；技术工人呈现断层，由于技术工人工资偏低，部分熟练技术工人流失，后继无人情况十分突出。近两年国家调整了增值税一般纳税人的认证条件，小规模的生产企业增值税税负过重。加之地方政府土地利用规划调整频繁，令部分企业多次搬迁，加重了企业负担。如昆明宝禅斑铜工艺品有限公司2011年以前设在杨林，后由于杨林政府对企业所在地进行规划，2012年初搬迁至安宁，搬迁费用接近100万元。

二、昆明市斑铜文化产业发展思路和目标

（一）发展思路

坚持"精、珍、稀"原则，致力于走特色型、创新型、精品型和科技型相结合的斑铜文化产业发展之路，优化斑铜文化产业布局，促进斑铜文化产业集聚，形成集保护、研发、创新创意、生产加工、交易拍卖、收藏鉴赏、人才培养于一体的斑铜文化产业。通过努力，实现三个层次的腾飞：一是以优势技术和优势品牌为支撑，提升斑铜雕塑和斑铜工艺品产业发展规模、质量和水平；二是以斑铜文化为核心，整合斑铜文化题材的人文资源，策划、建设现代高端文化产业项目，实现文化资源优势向产业发展优势的转变；三是发掘斑铜文化产业高度的渗透性和融合性，把斑铜文化元素最大限度地融入城建、宗教、旅游等相关产业，以文化内涵促进相关产业内涵扩容，挖掘提升产业附加值，实现产业效能倍增。

（二）发展目标

1. 产业发展目标

按照每年超过15%的增长率，到2015年，全市斑铜产业产值达5亿元，约占

全市文化产业比重0.7%；到2020年，斑铜产业产值争取达到12亿元，力争占到全市文化产业比重的1%。

2. 固定资产目标

至2015年，全市斑铜文化产业固定资产总额达到8亿元；至2020年，斑铜文化产业固定资产总额达到16亿元。

3. 人才培养和就业目标

到2015年，斑铜文化产业直接和间接就业人数达到800人，培养出省级工艺美术大师4人以上，市级工艺美术大师10人以上；到2020年，斑铜文化产业直接和间接就业人数超过1200人，争取培养出国家级工艺美术大师，培养出省级工艺美术大师6人以上，市级工艺美术大师30人以上。

三、主要任务

（一）扩大昆明斑铜文化产业规模

1. 建设斑铜文化产业基地

以“前厅后厂”的模式，建立昆明市斑铜文化产业基地和富民斑铜文化产业基地，并对外开放。借正在建设昆明市文化产业园区机遇，在昆明市文化产业园区预留一定区域，做好规划设计，作为斑铜文化产业基地。鼓励富民县建设文化产业园区，比照昆明市文化产业园区内建立斑铜文化产业基地的做法，建立富民斑铜文化产业基地。支持斑铜企业向斑铜文化产业基地聚集，对入驻该产业基地的斑铜研发、生产及其展销、物流企业，市、县两级从土地、财税、环保指标上给予优先扶持。对于以后新建的、引进的斑铜文化企业，都必须落户产业基地。到2015年，昆明市斑铜文化产业基地、富民斑铜文化产业基地基本建成。

2. 实施扶强、引强计划

在现有的6家斑铜文化企业中，选择昆明斑铜厂作为龙头企业扶持，选择富民青云工艺厂作为成长型企业给予重点扶持。对于重点扶持企业，在解决企业产能扩张的土地瓶颈，企业技改、产品研发的资金支持上，给予优先安排。支持当前青云工艺等企业与昆明理工大学等高等院校、科研院所合作，对扩大斑铜产品适用范围、提升斑铜产品制作工艺流程进行研究。在文化产业招商过程中，招商单位要有目的的锁定国内外有实力的铜工艺品制造企业，对在产业基地固定资产投资5000万元以上的外地生产企业，除了按要求落实国家、省、市关于文化产业方面的优惠政策以外，还实行“一企一策”的政策扶持。鼓励现有企业通过联合、兼并等方式组建大中型企业，合理配置资源，形成一批集产品研发、生产、销售于一体的企业集团。鼓励外地有实力的企业与本地企业合作。到2015年，本土企业除昆明斑铜厂外，至少有1家以上斑铜文化企业年营业额超过1000万元；争取引进一家投资5000万元以上的外地生产企业。

3. 拓展产品领域、延伸产业链条

一是调整斑铜文化企业产品结构，扩大工程项目产品比重。利用现阶段城市建设加快机遇，帮助本地企业承接修建城市雕塑工程项目。利用云南位临东南亚，寺庙文化、佛教文化兴盛的有利条件，帮助本地企业承接寺庙佛像雕塑的工程项目。市文产办发挥综合协调作用，搭建斑铜文化企业、城建部门、民族宗教部门相互对接联络的平台。到2015年，争取工程项目产品产值占整个斑铜产品产值的70%左右。

二是增加产品类别。在斑铜产品主要用作工艺品、纪念品、收藏品的基础上，利用斑铜工艺加工的技术优势，开发斑铜窗、斑铜门、斑铜栏杆等高档班铜装饰材料。形成以大型工程铸造产品为主体，以政务用礼品、纪念品、收藏品、高档装饰用品为辅的门类齐全的产品系列。

三是延伸产业链条。围绕主营业务延伸产业链条，鼓励有条件的企业成立内部产品研发机构，鼓励文化创意机构业务向斑铜文化产业延伸，培育斑铜文化产品评估、交易、展示体系，加快斑铜文化艺术产品研发、评估、生产、交易与展示中心于一体的斑铜产业链条的形成。推动斑铜产业与会展节庆、文化创意、文化旅游业的互动发展，形成斑铜产业、文化旅游、会展节庆融为一体的新型文化产业体系。

4. 建立斑铜文化产业信息共享平台

结合昆明市文化信息资源共享工程，整合各斑铜文化企业的电子信息平台，形成昆明市斑铜文化产业动态信息发布、项目招商、企业合作、宣传交流的数字化平台。为工艺品企业提供信息、物流、检测等多方服务。

（二）提高昆明斑铜文化产品质量

1. 建立行业标准、强化质量管理

整合科研院所、在滇专家，工艺美术大师和业内资深专家力量，建立系统的理论体系和行业标准。根据斑铜工艺技术的特殊规律，制订一系列的质量管理制度、质量检验规程。借鉴昆明斑铜厂制定的Q/KBT—2000《斑铜工艺品》，探索制定出适用昆明市斑铜行业的工艺标准。引导斑铜文化企业实行专业规模化生产，鼓励企业申报获取国际ISO9001质量管理体系和ISO14000环境管理体系认证。帮助小厂、小企业实行标准化生产，提高产品质量。对企业信用进行评定，并探索建立适用斑铜企业的信用评定机制。支持企业手工工艺列入国家、省非物质文化遗产保护名录。到2015年，基本建立起较为完善的昆明斑铜文化产业产品质量检测制度和质量管理制度。

2. 实行“科技+斑铜工艺品”生产设计模式

鼓励有条件的企业引进先进设备、工艺和制造技术，在传统生产工艺上不断地改进和提高，淘汰旧的落后的工艺。改变过去以手工为主，以传统沙型浇铸，以锤打、削刮、铲、劈、锉后期制作为主的传统工艺流程。将传统沙型铸造技改为精密铸造，将劳动强度大的大面锉、削、刮工艺后期制作改为用电动角磨机、电动软管机等现代化手段进行制作打磨，提高艺术品的精度，提高劳动生产效率。

3. 实行“文化+斑铜工艺品”研发设计模式

重点挖掘古滇文化和云南民族文化资源和内涵，提升斑铜文化内涵、艺术内涵。在仿古斑铜工艺品的设计生产过程中，要参考收集大量历史文献，对每一件产品造型的历史背景、史记资料认真进行调查研究，准确把握其内在艺术精髓，使其作品蕴含厚重的历史文化元素。同时，鼓励厂家依据产品内涵，对产品说明书、收藏证、底座、包装进行设计改进，提高产品的附加值。

(三) 提升斑铜文化企业创新能力和创意水平

1. 出台优秀斑铜工艺品奖励政策

参照《昆明市优秀影视作品奖励办法（试行）》《昆明市优秀文学作品创作出版奖励办法（试行）》等相关规定，探索建立《昆明市优秀工艺品奖励办法》，将斑铜工艺品纳入优秀工艺品奖励行列。定期举办斑铜工艺品设计大赛，组织斑铜文化企业参与省内外举办的其他工艺品展评，对获奖产品企业按规定给予一定的物质和精神奖励。

2. 建立“产学研”一体化机制

逐步建立“产学研”一体化和政府、企业及学术界利益共享、风险共担机制。重点建立斑铜文化企业与艺术类院校、创意设计机构的合作平台与机制。发挥企业主导作用，重点扶持昆明斑铜厂、富民青云工艺厂建立关键技术研发中心、服务中心。加强产品专利技术申请和保护工作。建立新技术、新研究成果的转化推广机制，适时将研发的新技术、新成果转化为企业的生产力、竞争力。

3. 拓宽创新、创意思路

一是将斑铜工艺品创新创意与云南民族特色文化、古滇文化结合起来。在产品开发创新过程中，注重吸取借鉴古滇青铜文明的艺术养分，同时结合云南民族特色文化。从古滇青铜文明与各民族的现实生活中取材，情景交融，细腻刻画，形象艺术地再现古滇文化的灿烂和神秘，再现云南各民族的特有风情。

二是以市场为导向进行产品研发与创新。利用云南省有着众多知名的世界级、国家级旅游风景区及丰富多彩的民族文化，抓住建设旅游大省的有利时机，根据各景区、景点的特点，利用现代的工艺及技术手段，研发生产出具有云南特点，适合于大众购买的小件旅游纪念品。推动斑铜工艺与实用化、小型化、家庭化相结合，改变斑铜工艺品只能在高档场所、各级政府大楼、活动奖品等重大场合才能见到，寻常百姓只能望而远之的传统市场格局。

三是借鉴其他工艺品的创新与创意。引导斑铜文化企业在产品研发和设计过程中，借鉴参考青铜工艺、石雕、布雕、木雕、蜡烛雕、根雕、玻璃钢雕、泥塑等类似工艺品的创意与设计。鼓励斑铜文化企业与其他工艺品企业开展交流与合作。

四是推广好的创新创意方式。如昆明斑铜厂将做黄金饰品中的镶嵌、镂空、錾花、掐丝等工艺与斑铜制作结合，将乌铜走银镶嵌工艺引入斑铜制作，提高了斑铜的艺术价值与附加值。在一定的机制下，将这种创新创意方式在昆明斑铜行业推广，使单个企业的创新创意转化为整个行业的创新创意。

（四）树立斑铜文化产品品牌

引导企业树立设计、生产、营销、售后全过程服务的品牌理念，紧密贴近市场一线，服务生产、服务市场、服务消费者，以优良服务赢得市场、赢得消费者。致力打造斑铜文化产品“昆明制造”“昆明创造”“昆明认证”和“昆明集散”品牌。鼓励企业积极开展品牌推广宣传活动，扩大市场知名度和美誉度。对企业争创省级以上名牌产品、著名商标、驰名商标、国家质量免检产品的给予一定的政策和资金支持。引导企业积极进行国内外商标注册、专利申请，为企业品牌寻求法律保护。探索建立斑铜产品登记认证制度，对大件高端斑铜产品做到一件合格斑铜产品一份登记证书。利用消费者对吉祥孔雀瓶、大犀牛、仿古牛、五型炉、孔雀明王、如意像尊等国家级斑铜珍品的认知度和认可度，实施品牌延伸策略，推出副品牌或新产品，放大斑铜珍品价值。

（五）拓展斑铜文化产品市场

1. 完善全斑铜文化产品销售网络

借把“昆明市文化艺术产品交易中心”建设成为云南省最大的文化产品交易市场和重要的文化艺术交流平台契机，建立统一的斑铜工艺品销售市场和展示厅。鼓励企业在市外、省外设立连锁店、专卖店、展示厅，在市内、省内各景区设立销售点。帮助、指导企业建立电子商务现代流通新型终端模式。充分利用中国—东盟自由贸易区建设的机遇，鼓励企业大力开拓国际市场，帮助企业、产品走出去。到2015年，争取形成以昆明集中市场为主体，以外地销售点、景区摊点为补充，在国际市场占有一定份额的市场格局。

2. 鼓励企业开展自我推广

鼓励企业投入人力、物力、财力开展自我知名度推广。组织企业参加省内外雕塑品、艺术品、收藏品博览会，参加全国及省市级旅游产品、工艺品展会及相关部门举办的设计大赛和节会活动。文产部门要积极搭建工艺品的官方推介展会和交流平台。根据《昆明市博物馆业发展奖励办法（试行）》，扶持、鼓励企业建立斑铜艺术品博物馆。

3. 强化斑铜文化产品宣传

宣传文化部门组织人员编写有关斑铜工艺品书籍，电视台拍摄相关专题片；邀请国家、省相关媒体对斑铜工艺品进行报道剖析；提高斑铜工艺品及企业的知名度。政府在采购公务礼品时，优先安排向斑铜文化企业购买产品或服务。

（六）提高斑铜文化产业从业人员素质

1. 建立人才培养机制

结合“昆明文化产业人才培训工程”，多渠道培养斑铜文化产业人才。在“一对一”师徒传授基础上，走教学与实训相结合的斑铜产业人才培养路子。通过企业与职业中专、高等院校、研究机构合作，对企业职工分批次、分层次进行现代培训，或由企业邀请专家上门指导，传授技艺。加大斑铜产业经营管理人才的培养力度，通过高校培训，组织考察等方式，使斑铜产业经营管理人员树立现代管理营销理念，掌握现代管理营销技巧。支持高等院校、职业中专根据产业发展的实际需要调整专业设置。鼓励文化企业之间的人才、技术交流活动，斑铜文化企业与其他工艺品、艺术品生产销售企业进行人才、技术交流活动，为斑铜文化企业到外地考察、学习、交流搭建平台、提供帮助。

2. 实施工艺美术师促成计划

制定昆明市工艺美术师评审办法，鼓励引导斑铜文化产业技术人员、产品开发设计人员参与市级、省级、国家级工艺美术师（大师）评审活动。对获得“工艺美术大师”称号的人员，根据不同层次给予一定的物质和精神奖励。

3. 落实人才政策

要求企业落实养老保险、医疗保险、失业保险、工商保险、生育保险和住房公积金等福利措施。对于引进的高层次人才，按照《中共云南省委、云南省人民政府关于加快高层次人才培养引进的决定》《昆明市引进人才实施细则》等文件精神，解决人才的落户问题、子女上学、政治待遇问题。允许和鼓励有特殊才能的斑铜产业人才，以其特长和管理才能作为无形资产持有斑铜文化企业股份。

四、保障措施

（一）加强组织领导

充分发挥党委、政府的引导与推动作用，成立由市委宣传部部长挂帅的市斑铜文化产业发展领导小组，负责对全市斑铜文化产业的指导、协调和服务，帮助解决发展中遇到的困难和问题。

（二）加大金融、资金支持

邀请省、市金融机构，召开政府、银行与文化企业三方恳谈会，安排一定数量斑铜文化企业参加，帮助斑铜文化企业顺利建立信贷关系。允许斑铜文化企业用房屋、机器、设备、土地使用权、有价证券以及自筹资金达到一定比例的在建工程项目作抵押。在符合城市规划、不改变土地批准用途的前提下，放宽企业在其原用地范围内自行提高土地利用率的限制。企业依法以出让、租赁、作价出资（入股）等有偿方式取得的国有土地使用权，在规定年限内可依法转让、出租和抵押。允许个人以其拥有的文化品牌、创作成果和科技成果、管理经验等作价入股，其持股比例最高可达40%。设立“昆明市文化产业发展专项资金”，并从中提取一定比例作为斑铜文化产业发展扶持资金。

（三）落实税收优惠政策

贯彻执行国家、省市关于支持文化产业发展的相关税收优惠政策。对新开办的斑铜文化企业，按规定免征企业所得税。研究开发新产品、新技术、新工艺所发生的各项费用，不受比例限制，允许在税前扣除。对斑铜文化企业发生的广告费支出，允许按规定标准在税前扣除。斑铜文化企业纳税确有困难的，可申请减免经营用土地和房产的城镇土地使用税、房产税。

（四）简化行政审批手续

贯彻落实《中共云南省委云南省人民政府关于深化文化体制改革加快文化产业发展的若干意见》《昆明市加快非公有制经济发展的实施意见》等文件精神，简化斑铜文化企业的注册审批程序，适当放宽注册资本，允许经有关部门依法认定、评估的专利和技术按一定比例折价作为股本和注册资金；注册资本在一定数额内，允许分期注入。依法简化文化企业用地的审批程序，在法律法规政策许可范围内，优先安排文化企业用地。对用于文化产业基地或项目建设的新增用地，符合条件的可给予优先安排用地指标。

（五）建立行业协会

按照“政府引导、市场运作、自我管理、自愿入会”的原则，建立昆明市斑铜行业协会。协会的主要职能是配合政府部门参与行业规划制定，为会员提供行业信息、资信证明、企业联谊、市场分析、营销拓展等服务，帮助企业协调解决科技联合攻关、法律咨询、财务顾问、企业策划等等，并参与昆明市工艺美术大师评审。协会经费来源主要依靠政府购买服务和会员交纳会费。

昆明区域民族文化品牌建设的对策思考

武 华

我们正处于一个大发展大变革的时代，世界格局急剧变化，国际关系深刻调整，文化在经济社会发展全局中的地位作用日益凸显，文化的影响比以往任何时候都更加广泛而深刻。文化产业从20世纪下半叶以来在世界范围内生机勃勃发展，特别是随着信息技术的日新月异，文化产业在世界经济增长的份额中已经占据了非常突出的位置。进入21世纪，一些发达国家，文化产业成为了它们的支柱产业。党中央国务院高瞻远瞩结合我国国情，科学研判未来发展趋势，十七届六中全会即时审议通过了《中共中央关于深化文化体制改革推动社会主义文化大发展大繁荣的若干重大问题的决定》，党的十八大提出了我国经济、政治、文化、社会生态五位一体、全面发展的战略目标，文化已经被提高到国家总体发展战略布局之中。明确提出加强社会主义文化建设是不断满足人民群众日益增长的精神文化需求的需要，是全面实施党和国家发展战略的需要。

在党中央的高度重视下，我国的文化产业迅猛发展，取得了显著的成效。但比之于世界特别是发达国家的文化产业，还存在着巨大的差距。我们不仅无力向国际市场拓展，就是面对国内巨大的文化消费市场，也缺乏足够的产品去满足广大人民群众的精神文化需求。面对这样的局面，我们还要应对国外文化产品的大规模进入，文化发展的形势显得更加严峻。不仅如此，最为严峻的是，文化产品还不同于一般产品，它对于人们的观念、意识、态度、趣味乃至价值标准、行为方式等都有着潜移默化的作用。因此，发展民族自己的文化产业，不仅有着经济方面的巨大意义，从长远看，更有着卫护国家和民族安全的巨大意义。现实要求或呼吁我们要大力培育和发展我国的民族文化产业，培育民族文化产品的品牌就是其中的重要内容。

在区域民族文化品牌的培育中，从地方政府的角度昆明要注意以下几个问题：

一、提高认识，重视区域民族文化品牌建设

这是培育区域民族文化品牌的前提条件。如果一个地区尤其是地区的领导者没有强烈的文化自觉意识，文化产业无从发展，文化品牌建设就无从谈起。

要培育区域民族文化品牌，一是要充分认识它在文化产业发展中的重要作用。二是用市场经济的眼光和创意的思维用好资源。三是正确把握当前文化产业发展的竞争态势。

"十一五"以来，昆明文化产业呈现出持续快速发展的良好态势，文化产业规模不断扩大，正朝着结构升级、布局优化方向发展，建成了一批重大文化产业项目和文化产业示范基地，呈现出以重点产业为主导、相关产业联动发展的良好格局。相关数据显示，"十一五"期间，全市文化产业增加值从85.48亿元增至180.87亿元，年均增长19%，比同期全国平均增速高4个百分点；占GDP比重从7.1%增至8.53%；占全省文化产业增加值比重从39.44%增至41%。目前昆明市文化产业发展的整体水平在西部地区处于领先地位，甚至高于中部地区的部分城市。不断涌现的大型文化龙头企业成为辐射带动昆明文化产业发展的重要力量，大型项目更是成为加快推进昆明文化产业发展的重要载体。其中，新知图书城成为西南第一、全国第五大民营图书公司，云南中天文化产业发展股份有限公司等文化企业销售收入超过亿元；风驰传媒成长为西部最大的广告公司和"中国民营企业五百强"；昆明新华书店连锁有限公司国有资产增值率年均达94.79%；云南吉鑫集团早在2004年就被评为"中国文化产业十佳成长型企业"。近年来，结合云南民族文化特色，打造了一批凸显区域文化优势的文化品牌。《凤氏彝兰》《香格里拉》《有一个美丽的地方》《福天宝地》等，树立了在全省、全国有影响的民族文化品牌。吉鑫集团在海南成功推出《浪漫天涯》、云南润视荣光影业成功制作的《钱王》《狼毒花》《翡翠凤凰》等影视作品，以护国运动为题材、献礼辛亥革命100周年的电视剧《护国军魂传奇》在北京卫视的播映，取得了良好的经济效益和社会效益。高原影视文化中心联合中央电视台等单位摄制《商贾将军》等有影响的影视作品、电视剧《金凤花开》《长河东流》等在央视的成功播映。《云南印象》自2003年在昆明首演以来，演出超过3000场，成为继《五朵金花》《阿诗玛》之后云南又一经典作品。特别是《云南印象》以大型原生态民族舞剧的形式，走出云南、蜚声国际，标志着昆明演艺企业"立足云南、面向全国、走向世界"迈出了新的步伐。

昆明的茶、花、石等特色文化产业近几年也得到了较快发展。石林县阿着底生产的刺绣产品，以其优秀的彝族传统刺绣文化深受消费者喜爱，远销全国各大城市和韩国、日本、哈萨克斯坦、俄罗斯等国，并申报了第二批国家级非物质文

化遗产保护；“斗南花卉”被认定为中国驰名商标；“福天宝地”得到市场认可；“吉鑫宴舞”浓郁的云南民族文化风情，深受中外游客欢迎。“石林民族文化旅游”“云南民族村”“昆明老庙会”等文化品牌蜚声海内外，一大批具有特色的知名文化品牌已经成为带动昆明市文化产业发展的重要力量。

但从总体上看，区域民族文化品牌的建设与昆明丰富深厚的历史文化、民族文化、生态文化、宗教文化、现代时尚文化的资源的开发还极为不匹配，对“古滇王国”“聂耳故乡”“陆军讲武堂”“重九起义”“护国运动”“一二·一运动”“西南联大”等重要文化元素的挖掘程度不够，还没有形成代表昆明、具有强大吸引力和感召力的区域民族文化品牌；缺少有带动影响力的明星文化企业、文化产业项目、文化品牌不丰厚。虽然近年来涌现了一批产值高、效益好的文化企业，但多数规模小、产业关联度低、发展较为粗放，集约化程度不高，科技含量低。已实施的一批重大文化产业项目产生了良好的经济效益和社会效益，但其中有显著支撑作用和带动效应的项目屈指可数。一些文化品牌在省内建立了一定的知名度，但在全国的影响力有限，有重大影响的大型文化企业、文化产业项目、文化品牌缺乏，反映出昆明文化产业市场发育程度不高，文化产业市场整体规模实力较小的问题。

因此，一些事关发展方向、发展战略、发展全局的重大项目，一些潜力大、前景好、靠局部区域或企业难以完成的重点项目，政府应该适时发挥主导作用，通过资金、人才、政策各方面实施重点倾斜，包括直接投入来强化或者提升这个产业的地位。

二、彰显地方特色，培育优势区域文化品牌

培育和发展昆明的民族文化产业，需要做的工作很多，从当今的国际国内市场竞争的角度看，培育区域民族文化产品的品牌是一个极其重要的内容。

品牌（Brand）一词来源于古挪威文字 brandr，在英语 brand 的意思是指（古时烙在犯人身上的）印记、（今烙在牲口身上，表示所有权的）标记。随着市场经济的发展，品牌成为某一产品的独有的标记，具有非常重要的市场营销意义。美国市场营销学会将品牌定义为，品牌是用以识别一个或一群产品或劳务的名称、术语、象征、记号，或设计及其组合，以与其他竞争者的产品或劳务相区别。美国品牌专家琼斯认为，品牌，指能为顾客提供其认为值得购买的功能利益及附加价值的产品。他认为品牌的附加价值是品牌相区别于一般产品的重要内容。现在，品牌研究者们都认识到品牌使用的广泛的适用性和价值，品牌可以存在于生产、消费、流通、服务、金融、非盈利组织、教育等任何领域。市场经济发展到今天，市场的竞争就是品牌的竞争。可见，品牌是一种无形的资产和重要的战略资源，

是一种附加值极高的知识产权。文化产业是创意产业，具有极为丰富的个性，文化产品和服务讲究独特性、差异性和丰富性，需要突出其品牌特性。亚洲品牌专家伊恩·贝蒂认为，“品牌由三个部分组成：本体，灵魂和意识。本体是变化的载体，它代表着你所供应的实物，以及持续进行中的产品开发和改进。品牌灵魂代表你所供应物品的情感方面，它通常是根深蒂固的，反映着你品牌的独有个性、特点和文化。”著名的斯沃琪手表公司总经理尼古拉·哈耶克将他的手表销售描述成情感购物，他说，“情感产品是关于信息的产品——一条有力、令人兴奋而可靠的信息，它告诉人们你是谁，以及你为什么做你所做的事。构成斯沃琪手表信息的成分有许多，但最重要的成分最难被他人所照搬。我们供应的不仅是手表，我们还提供我们自身的特有文化。”另外，新加坡航空公司依赖其品牌形象——新加坡空姐的宣传取得了极大的成功。身着新加坡民族服装、体态修长婀娜的新加坡空姐充分展示了亚洲女性坦诚待人、温文尔雅的传统，这些空姐代表了独特的服务风格，展示了公司提供“浪漫之旅”的文化理念。物质产品尚且如此，作为精神产品的文化产品就更加如此。民族文化产品既可以是有形的或凝固的，如民间工艺品、民族艺术品等，也可以是无形的或非凝固的，如一段歌舞或一项参与性的民俗活动等。这里讲到的文化产品，是区别于一般物质产品或服务及科学、技术、教育、体育、卫生等方面产品或服务而言的，也即通常意义上的文化产品，它大致包括文学、艺术、影视、音像、图书、广告、博物馆、咨询、娱乐、旅游等这样一些范围内的产品和服务。文化产品的价值来自文化意义，人们购买或使用一件文化产品并不是有什么具体的实用目的，而常常是一种精神方面的消费。就是满足人们的审美意义、娱情意义、教育意义、启智意义、象征意义、表现意义、交流意义、识别意义、认同意义等多方面。

目前，昆明的区域文化品牌知名度和影响力还远远不够，民族文化产品还没有充分体现云南、昆明鲜明的民族特色，其形成的文化产业产值也还很有限。我们现在的众多民族文化产品，如音像制品、歌舞表演、旅游产品等，还停留在民族文化事象的表层，满足于“奇”与“异”上，缺乏对民族文化意蕴的深层把握与展现。这样的产品只会有短暂的生命，是无论如何做不成品牌的。而做得比较成功的民族文化品牌，如丽江古镇，就注重突出了云南特有的纳西民族天人合一、保护生态的文化传统。云南省借助旅游助推文化，着力将云南得天独厚的文化资源与旅游资源相结合，坚持在旅游开发中提升文化内涵，在文化产业发展中提升旅游品质。实现文化产业与旅游产业发展的“1 + 1 > 2”效应。在全省主要景区，先后打造出《丽水金沙》《云南印象》《蝴蝶之梦》《勐巴拉娜西》等知名文化产品和品牌，大力拓展了云南文化产业的发展内涵，提升了旅游产业的附加值和影响力。

如何打造区域民族文化品牌，除了在生产和市场营销方面的技术操作外，认清民族文化品牌活的内核是什么，增强品牌意识，培育具有自己文化特色、富含本土文化内涵的优质区域民族文化品牌，是提升区域文化产业核心竞争力的关键所在。

民族文化品牌活的内核就是充满生命力和创造力的民族文化。对于民族文化产品来说，要形成品牌，必须充分突出表现形式的民族特点，传达出本民族所具有的独特的审美体验和价值内涵，不论是造型、色彩、旋律、节奏、行为、姿态、表情等，都可以展现其独到之处，使此文化产品与其他民族的文化产品相区别。近年来，云南省着力提升和拓展的“香格里拉”“茶马古道”“七彩云南”和“聂耳音乐”四大文化品牌，正是包含和体现了云南特有的美丽山水文化、古老的商贸通道文化、优秀的历史文化和奇异的民族风情，充分表达云南民族文化融于自然、亲向乡土、宁静平和的观念意识与价值取向。所以，昆明要打造区域民族文化品牌首先必须发掘、整理、总结、提升民族文化，体现鲜明的区域民族特色。把自己特有的民族文化中那些有意义、有价值、符合时代发展需要的因子发掘、整理出来，并且进行总结和提升，最终形成有自己区域民族文化特色的品牌。同时，也要着力提升已经形成影响力的阿诗玛等民族文化品牌和古滇王国、郑和文化等历史文化品牌。结合当今世界政治多极化、经济全球化、文化多元化和信息技术为代表的科技革命的发展趋势，在创建优势区域文化品牌时，应该注重以下几点：

（一）增强品牌意识

要从科技创新意识、品牌形象意识、追求卓越进取精神以及建立现代营销等四个方面增强品牌意识。

（二）坚持差异化竞争

坚持从本土化或地域性，凸显地域特色。云南民族文化在云南省分布广泛，对昆明而言，就是充分挖掘丰富深厚的历史文化、民族文化、生态文化、宗教文化、现代时尚文化的资源，培育文化特色品牌，力争新建成1—2个国家级著名品牌。

（三）不断开创新品牌

只有发扬敢为人先的开创精神，不断塑造新的文化品牌，才能持续保持品牌优势。可以在文化产业主题上开发创新品牌。如创意工业文化园、创意商业文化园、创意数字文化园、创意生态文化园等。成都的东郊音乐公园就是一个很成功的典范，利用了原来的工业厂房，改造提升了城市的文化氛围，创建了有成都特色的文化品牌，值得昆明学习借鉴。

（四）优化品牌运作流程

培育品牌大致要经历“品牌策划、品牌定位、品质控制、品牌传播、品牌保护”等运作。昆明文化产业应当根据自身的资源特色，选择或创新独特的方式塑造品牌、维护品牌，特别是要注重品牌的推介和传播，建立一套完善的品牌形象战略，使文化品牌创造成为文化产业一切行为的根本宗旨。

三、创新体制机制，增强区域民族文化品牌发展动力

改革创新是文化产业发展的根本动力，也是培育区域文化品牌的必由之路。我们目前的文化体制改革仍然相对滞后于经济体制改革、活力不足、后劲不足、投入不足，这些问题明显制约了文化产业发展，制约了文化品牌建设。改革完善文化产业发展体制机制，切实当好文化体制改革的推进者，是目前摆在各级党委政府面前的迫切任务。

（一）改革文化体制

昆明要实现跨越式的发展，就必须有超前的考虑。应该按照国务院关于文化体制改革试点城市的政策规定，将文化品牌建设项目作为改革试点的优先项目，积极向上级争取扶持政策和资金投入。通盘考虑全市文化体制改革方案时，应关注和重点安排文化品牌建设项目，并制定出台配套完善的政策措施。支持有实力的民营企业通过产权交易、共同投资、联合开发等形式，参与国有文化单位改革和文化品牌建设项目，培育一批有实力的民营企业。

（二）完善运行机制

按照“区别对待，分类指导，试点先行，逐步推开”的原则，以政事分开、政企分开、管办分离为方向，逐步实现政府部门行政管理的重点从办文化向管文化转变，从微观管理向宏观管理转变，从主要管理直属单位向进行社会管理转变。

（三）完善人才机制

首先，要抓好“盘活”工程。鼓励建立文化产业人才库，通过管理制度创新和收入分配制度改革，形成有效的激励机制和约束机制。

其次，抓好“借脑”工程。通过跨地区机构联合、项目协作、信息交流、资源共享等途径，共享人才资源，争取智力支持。

再次，抓好培养工程。努力培养更多的文化经营人才、文化创意人才和掌握现代信息技术的专门人才，形成以市场需求为导向的专业化人才群体。

（四）完善政策执行机制

近年来，各级对文化产业发展和文化品牌建设的重视力度不断加大，出台了很多文件，召开了多次高规格的会议，各种政策较为齐全，也有较强的操作性。所以，昆明要梳理这些文件，分类整理，充分用好用活现有的政策。

（五）创新融资机制

通过投融资体制创新，拓宽资金融通渠道，加大对文化产业的投入，逐步形成以公有制为主体，多种经济成分、多种经营方式、多层次、多渠道、多体制办文化的新格局，尽快形成以政府投入为主导，以企业投入为主体，以市场融资为主力的文化投入机制。

（六）强化区域协同，宣传推介区域文化品牌

市场经济是全方位的竞争经济。同经济产品一样，文化产品竞争力的高低，取决于其内在价值，也取决于其品牌价值。培育具有较大覆盖面和影响力的区域民族文化品牌，必须区域协同定位、协调发展，形成完整、统一的区域文化形象；必须以强烈的竞争意识，积极主动的姿态，协同策划、协同包装、协同推介，形成强大的区域民族文化美誉度和感召力。

（作者单位：昆明市社科院）

昆明市“云南地州美食文化”旅游特色街区开发研究

罗伊玲　黄继元

一、引言

时下，大众观光旅游逐步退出国内旅游市场，休闲旅游、深度旅游、探险旅游等个性化旅游逐渐成为了旅游市场的“新宠”。旅游者对于休闲旅游的需求促使越来越多的城市注重休闲旅游配套设施的建设，以及城市休闲公共空间的打造。鉴于第一批如杭州、上海、成都休闲城市的成功打造案例，各个城市开始了或学习或抄袭的建设。雷同性和复制性破坏了城市独特的吸引力。成都的春熙路、重庆的解放碑步行街、杭州的清河坊、北京大前门等等曾经最有特色最具城市文化的核心街道，都变得越来越相像——旧建筑消失，沿街新商铺出现，看不到历史的影子，感受不到该城市的味道；稍有区别的铜人，旨在述说城市的故事，却引不起游客的一丝共鸣；花卉树木、喷泉石凳以及鳞次栉比的商铺，越发加剧了城市核心街区的相似性。而恰恰是分散在这些街区里的地方美食，散发出城市独特的回忆和魅力。

云南拥有得天独厚的资源景观和人文景观，25 个少数民族分部于 16 个地州，使得地州风味美食独具特色。2012 年央视播出的纪录片《舌尖上的中国》风靡全国，掀起了一股巨大的寻觅美食的大潮，仅仅七集的纪录片，大篇幅是关于云南美食的介绍。本文通过对昆明市打造“云南地州美食文化”旅游特色街区的研究，对昆明丰富旅游文化产业，增强旅游吸引力，增加旅游收入的途径进行初步探索。

二、相关概念

（一）美食旅游与美食文化旅游

2000 年至今，国内举办了大量以地方美食旅游为主题的旅游活动。2012 年，几乎国内每个城市都在举办美食节，如 4 月 7 日"深圳消费促进月深圳美食节"、7 月 12 日举办的青海美食节、2012 年 11 月 9 日举办的澳门美食节、11 月 22 日举办的湛江海鲜美食文化节、11 月 24 日举办的汕头美食节，以及与某个国家联合举办的美食节或美食周，以及综合世界及各地美食的国际美食节等。特别是 2004 年以后的美食节，加入了大量以饮食文化为内容的活动，建立了美食旅游的产业链，很多城市通过美食节的举办提高了国内外知名度，如广州 2004 年的美食节推出了首条"美食旅游线路"，并在此次美食节中争创全国最佳餐饮旅游城市；澳门虽然有着特殊的人文及自然资源及博彩业，但依然重视美食旅游的开发，第一届的澳门美食节于 2001 年举办。至今美食节的规模不断扩大，由以本地为主到国际参与，由纯粹美食节到美食嘉年华。近年还加插烟花汇演、展览、摊位游戏以及歌舞表演等环节，使得美食节变得更多元化。2003 年起美食节的举办日期更与澳门格兰披治大赛车配合，让车迷游客欣赏赛车之余，到美食嘉年华品赏各地美食。云南顺应美食旅游的潮流，各个地州及昆明也举办了一些特色美食节。在"百度"搜索中，昆明美食节为标题的新闻有 67 篇，云南美食节为标题的新闻 42 篇。在昆明举办的首届滇池·泛亚国际美食节于 2011 年 10 月 21 日闭幕，3 天吸引内资 34 亿元，外资 2 亿美元。虽然从短期来看旅游经济的确有很大提高，但美食节只是美食旅游中的一种形式，也只是美食文化旅游中一个小部分，美食旅游也不等同于美食文化旅游。

1. 国外研究综述

国内外研究中对于美食旅游的研究多于美食文化旅游，起步早于中国，源于对国外的葡萄酒旅游的研究。美食旅游的研究始于本世纪初。2000 年，在塞浦路斯举行的首届关于本土美食与旅游的国际会议上，大量的文章与研究提出要将地方美食打造成旅游目的地的独特吸引物。此届会议上关于美食旅游研究相关的有：《环球美食旅游》《发展管理与市场美食与旅游葡萄酒美食及旅游市场营销》《厨艺旅游以及尝味旅游：为了饮食而旅游》等书籍。

对美食旅游的研究相对系统化，主要研究内容包括美食旅游概念、功能、运作和开发，PriscillaBonifaee、BarbaraSantiCh 和 KeV1nNield、MerinKozak 是较早研究美食旅游的学者。PriscillaBonifaee（2003）提出了美食旅游的定义：美食旅游是为了品尝食物的旅行。同时介绍了美食旅游的运作过程及影响因素，及美食旅游未来的发展前景和建议。BarbaraSantiCh（2004）提出了烹饪旅游是文化旅游的一种形式，享用各地美食，游历各地美食其实也是在感受各地风土人情。霍尔和米切儿（Hall&Mitchell）则将食物旅游定义为以参观初级或加工食品生产商、美食节、餐厅和某一食物生产区为主要动机的旅行。在国外的美食旅游研究中，同时分析了食物服务对旅游者满意度的影响。KeVinNield 和 MerinKozak 等（2000）研究重点也是放在对食物服务的满意度上，认为食品服务会直接影响旅游者满意度，指出不同国家、不同饮食习惯、不同性格特质的游客对食物有不同的满意状况。

国外的美食旅游大致分为三种类型：一是赴某地烹饪学校，学习带旅游；二是到各地著名餐厅用餐，并参观食品市场；三是参观某一食品的制作工厂或作坊；以及综合上述三种类型的美食旅游。

2. 国内研究综述

在 CNKI 中文期刊数据库中对“美食旅游”进行精确搜索，除去新闻稿外，共有 26 篇文章，年限分布如下。

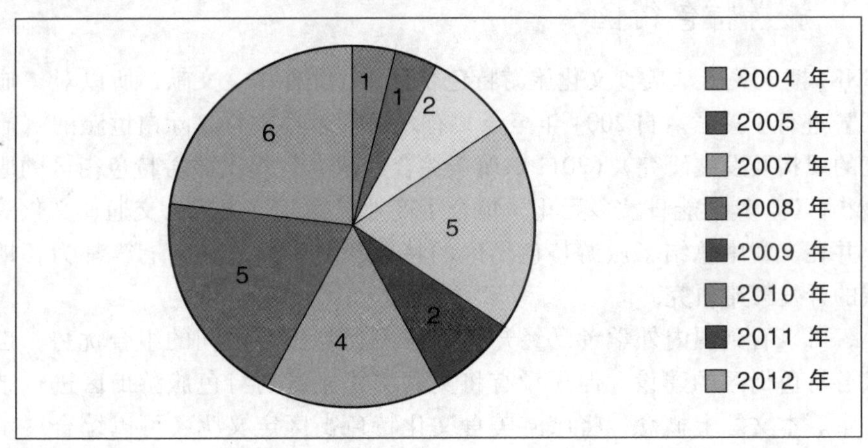

除了杨雪（2011）《特色美食旅游开发》、高鹏；杨海红（2011）《旅行社视角的美食旅游运作研究》以及管婧婧（2012）《国外美食与旅游研究述评——兼谈美食旅游概念泛化现象》三篇综合性研究外，其余都为地方性的美食旅游调查和开发研究。翁毅（2004）的《福建省美食旅游开发》中提出美食旅游的四个理论依据；美食旅游的含义——到异地寻求审美和愉悦经历，以享受和体验美食为主体的具有社会和休闲等属性的旅游活动称为美食旅游；张源（2008）《成都美食旅游研究》也分析了美食旅游的内涵、特点及功能。

除研究性文章外，还有一些比较有影响力的著作。章采烈（1997）《中国美食特色旅游》一书系统介绍了中国各地的特色饮食和文化底蕴，没有较多的涉及美食旅游的理论观点。邵万宽（2000）《美食节策划与运作》是我国第一部专门论述美食节活动的著作，从理论和实践的角度全方位探讨美食节的特点、意义、主题、计划、宣传、预算、管理等一系列内容，强调利用美食节活动挖掘民族饮食文化资源，促进地方旅游经济的发展。

（二）美食文化旅游

通过 CNKI 对美食文化旅游精确查找后，除去新闻时讯外，只有两篇文章分别为杨淑鸿（2008）《酒泉地区美食文化旅游资源开发之我见》，没有明确美食文化旅游的概念，只提出具有鲜明区域性、民族性和历史文化性的旅游餐饮是一种独特的文化资源。另一篇官品佳、袁书琪（2011）的《福州美食文化旅游资源开发初探》引用了李亚东、徐广平《中国饮食文化的继承与发展》中对于美食文化旅游的概念，及一种以浓郁深厚的饮食文化为底蕴和灵魂特色的旅游活动，旨在满足游客对旅游地饮食文化的求知、好奇之心，以及对饮食的“色、香、味、形、意”的个性化需求。

（三）旅游特色街区

在 CNKI 搜索关于“美食文化旅游特色街区”，没有相关文献，所以对“旅游特色街区”进行了搜索。自 2004 年至今共有八篇学术性文章，除白世瀛的《旅游特色街区的现状及发展研究》（2011）属于综合性研究，提出旅游特色街区的原型是“商业街区”。其功能日益多元化，集合了商业、休闲、娱乐、交通、文化等多种功能，并在文章中总结了旅游特色街区的特点和分类外，其余七篇都为各地的具体地域的开发策略研究。

综上，可以看到国内外学者已经开始重视美食与旅游之间的组合优势，也开始关注旅游特色街区的建设，但还没有将美食文化旅游与特色旅游街区进行结合研究的文章。本文综上概念，将旅游美食文化特色街区定义为：可以综合展示某特定区域优秀餐饮美食，及该区域鲜明、深厚的饮食文化及社会文化，有一定旅游吸引力的集合了旅游基础设施、商业、休闲、娱乐、交通、文化等多种功能的综合性街区。

三、昆明市美食旅游街区调查

（一）分布情况及特色

昆明已经存在大大小小的很多地方小吃店，曾经有一段时间，昆明的各大综合百货商店及购物中心包括西南大厦、仟村百货、大观商业城都配备了风味小吃城，但大多由于经营不善或同质竞争最后都消失了。目前有一定影响力的并具有一定规模的美食街包括护国桥桥头小吃城、祥云美食城、小西门美食广场以及昆明走廊（见表1），本文对此四个区域进行了实地调研，并在实地做了相应的随机访谈。

表1　昆明主要美食街区情况列表

美食街名称	所在区域	周围主要商圈、楼盘	主要经营范围、餐饮项目
护国桥桥头小吃城	护国桥桥头区域及晓东街两侧	南屏步行街区 信托大厦 华域大厦 新世界百货 天恒大酒店 华尔贝大厦 盘龙区人民医院 城市之心 银座大厦 宝善大酒店 云上四季	小吃、餐厅、咖啡厅 ①嘉香美食广场（艾雅小火锅、香圣客欢乐火锅、小肥香锅、重庆火锅） ②老两口豌豆粉城、陈余农家园、老鬼鸡汤饭、弥勒卤鸡米线、小洞天餐厅（汽锅鸡） ③晓东街——柳记农家园、鼎香锅、西安哨子面、兰州拉面、清真牛菜馆、怡君楼、博老会清真餐厅、豪雅客牛排馆、香如木樨（火锅） ④宝善壹号——滚锅牛肉、碧美田园火锅乐园 ⑤桥头小吃城——云南小吃（套餐、快餐）
祥云美食城	祥云街	南屏步行街 家乐福 顺城百货 建设银行 7天连锁 国资银佳 福林广场 KFC 潮流广场 祥和云 金碧公园 建设银行大楼 顺德会（国菜典范） 时代广场 崇善大厦	①外婆味道、韩品阁炭烤、滇膳坊（嘴馋干锅）、西安凉皮筋面、奇峰园（涮菜、酸菜鱼）、胖子火锅、重庆烤鱼、铜锅洋芋饭、台湾手抓饼、开心小吃（锅贴、竹筒饭） ②韩式烧烤 ③泰国柠檬西米、泰味风情园、缅泰风味甩手粑粑 ④玉家傣味、大理人家、云平风味园

美食街名称	所在区域	周围主要商圈、楼盘	主要经营范围、餐饮项目
小西门美食广场	东风西路298号	金穗大厦 大观商业城 小西门商业街 新华书店 翠怡大厦 丰园大厦 移动通信大楼	建水烧烤、干香锅、湘土风情神仙钵、花旦麻辣香锅、嘉香餐厅、岩桑米线府、欢乐铁板工坊、台北小吃城、奇峰园小吃城、周记传统面点、桥香园过桥米线
昆明走廊	人民中路和青年路交界处（近财盛巷）	招商银行 中国光大银行 美亚大厦 巨龙大厦 金鹰广场酒店 金鹰购物商城	①美食主义（糕点）、自以围食·钢琴酒会（自助牛排主题餐厅）、火锅小站、谷牛小园美食餐厅、庭院火锅、奇香园火锅、桥香园过桥米线、红人居干锅虾、康食源小吃店、疯狂馄饨、南诏吉继缘、天津一绝灌汤小笼包、祥瑞居、旺角扒房、蜀香源、花积厨、艺和粥坊、大理巍山扒肉饵丝 ②新西南广场——味千拉面、飞阳铁板烧、外婆桥、黄记煌（三汁焖锅）、纸上火排、辣的爽、艾雅健康涮

以上四个区域都处于昆明市内的几大核心区，其中桥头美食城及祥云美食城商圈密集、业态丰富、人流量大，美食品种丰富。其次，正义坊、文林街、金源购物中心车立方美食区、南亚第一城美食区也已经具有一定规模。

（二）存在问题

昆明的各个小吃区虽然已经具有一定的规模并对昆明市内的美食爱好者有一定吸引力，但仍不能将其提升到旅游资源的高度。通过实地调查和随机访谈总结其存在的问题如下：

1. 不具市场号召力，无品牌效应

散落在昆明城市中各处的美食区域，并没有一个具有品牌效应的街区。市内居民选择哪一个区域就餐，首先关注的是距离、价格及停车方便与否。任何一个区域都不具有号召力。对于外地游客来说，通过网络搜寻获得一些相应的零散信息，也没有指明哪个区域最有特色，哪个区域最为综合。

2. 招商无限制，入住商家杂

由于初建美食区域时，只打了美食或小吃的牌，并没有限制在云南地州风味美食或云南民族特色美食这个范围内，所以导致招商时只要是餐饮类，都可以进驻。除了比较典型的傣味、滇味之外，还有洋快餐、西餐、日韩料理、广味、川味、台湾风味等。同时对于具有相同特点的商家也未作挑选，店铺的风格、内容重复，导致本区域内的恶性竞争。

3. 各区相似性大，特点不鲜明

几大美食区域进驻的餐饮企业相似，食客们到哪里吃都一样。越综合越没有个性。

4. 目标市场定位狭窄，多为昆明中低端食客

几大美食区的消费人群几乎都为昆明市民，小吃和快餐的确满足了大量周边工作和居住者的需求。缺乏高端的云南地州或少数民族的餐饮品牌。

5. 没有统一的风格，缺少统一的经营理念

所调查的美食区域中没有统一的建筑风格，没有统一的区域经营和营销理念，缺乏美食区或美食街的整体概念。

6. 缺乏宣传及政府主导

几大区域内的商家均属于自由生存，没有主导部门负责大力宣传，同时也缺乏政府的宏观调控和政策引导。

7. 基础设施不完善，不具备美食文化旅游资源的条件

没有相应的旅游基础配套设施，如区域内没有美食路线图，不利于游览和寻找美食；卫生间不达标和休息用椅等公共设施或少或缺。几大区域均属昆明市闹市区，交通拥堵。缺少供游客购物的旅游商店，难以实现外地游客除品尝美食之外对于旅游休闲和旅游购物的需求。

综上，昆明需要一条可以代表“云南美食文化”，具有品牌效应和号召力的、独具魅力和吸引力、设施完善的综合美食性美食街区。

四、基于云南地州美食文化的特色街区开发

（一）昆明美食旅游文化特色街区开发的必要性

1. 城市自身发展需求

昆明的大街小巷遍布着各色风味小吃如过桥米线、豆花米线、卤饵丝、小锅米线、烧饵饫、石林乳饼等；也分布着中高档次的滇味及少数民族风味，融

合了云南少数民族饮食文化和中国汉族饮食文化的精华。2009 年昆明荣获了全国首座“中华美食名城”称号，餐饮业在昆明发展势头良好，前景广阔。仅 2011 年，昆明的餐饮业销售总额已超 130 亿大关[①]。已经通过昆明市政府常务会审议的《昆明市餐饮业“十二五”发展规划（2011—2015）》指出：“十二五”期间，昆明市的餐饮业增加值年均将增长 18% 以上，到 2015 年全市餐饮业零售总额将达到 350 亿元，占社会消费品零售总额的比重达到 15% 以上。同时，昆明市政府决定 2012 年至 2016 年，每年从服务经济暨内外贸发展专项资金中统筹安排 1000 万元用于对餐饮业企业发展、滇菜研发项目、滇菜饮食文化发展等重点领域项目贴息贷款和奖励扶持实际缴纳税收贡献大的名优餐饮企业[②]。顺应昆明餐饮业发展的大好形势，建成一条汇集 26 个民族特色文化美食文化旅游特色街区，是昆明这座城市本身的需求，也是城市常住人口的需求。

2. 休闲旅游城市的发展需要

一个城市可以从很多方面来彰显自身的文化和魅力，而建筑和饮食可以最为直接的传输城市的故事。昆明作为云南的省会城市，拥有云南得天独厚的自然资源和人文资源作为其大舞台，本应借助好这个优质的舞台背景扮演好云南旅游的窗口城市。可是自然资源和人文资源一旦复制就会失去原味，即使是如云南民族村一样只能满足大众观光客游览的需求。昆明要发展成为一个有特色的休闲旅游城市，需要配备一个可以通过品尝美食感受昆明城市文化和 26 个民族特色文化的美食区域，才能在建设休闲城市中突出昆明的特色。

3. 游客的需求

除去团队游客外，自由行游客选择到昆明旅游，自然希望利用有限的时间吃遍云南的所有风味，从舌尖上感受云南民族餐饮文化。游客需要一条可以同时就餐、休闲、购物的全方位展示云南的特色街区。随着微博等网络工具的流行，很多自称“食客”“吃货”的人群，更加希望可以在短时间内尝尽美食，留下身影。

（二）云南十六个地州的美食调查

1. 总体特色

云南多彩的民族风情造就了丰富的民族饮食文化，构成了中国饮食文化中一个不可或缺的部分，展现了滇味与中国八大菜系迥然不同的口感和特色。目前，云南已形成滇系名菜 360 多种，滇菜总计 847 种，其中民族菜肴已近 500 余种。

（1）食材丰富，营养价值高

---

① 中国市场研究报告网，http：//www. ewise. com. cn

② 《昆明市促进餐饮业发展若干政策》，昆政发〔2012〕51 号文件

云南地域海拔跨度大，独特的地理和气候条件造就了丰富多样的食材，特殊口味的蔬菜、植物花卉及被称为山珍的菌类；可食肉类除六畜以外还有很多奇特的食材如竹虫、竹鼠等。食材大多来自未经人工培育的大自然，未受农药和化学肥料的污染，营养价值丰富。

（2）配料丰富，口味独特

由于云南气候类型和地理条件多样，盛产各类食用香料包括常见的如花椒、八角、草果、茴香、桂皮等，还有具有特殊香味的香茅草等，加上少数民族特殊饮食调味品如酸笋、木瓜、柠檬等从而形成以酸、辣、苦、甜、咸、香、臭七味俱全的滇味体系。如云南的傣味，每一个菜品除了主要食材以外，要添加十多种香味调料，使得每一款菜品都独具特色。

（3）烹饪方法及器具独特、古老

云南25个少数民族在漫长的民族发展及民族融合交流的过程中形成了本民族固定的、独具特色的美食佳肴、特殊古老器具以及古老烹饪技法，如怒族、独龙族的石板粑粑；傣族竹筒饭等。为了表现食材最本质的口感，直接以生食、半生食的方法来制作。同时，使用原生态的器具，如芭蕉叶、竹筒、玉米叶，甚至是菠萝等生态器具，也使用石板、簸箕、瓦片等器具。食用方式也较为传统，大多少数民族还保留了手食的方式，如傣族、怒族、傈僳族等。用餐时多伴酒，有酒就有即兴歌舞，场面热闹、快乐，体现了云南少数民族的淳朴热情的天性。

2. 区域特色美食

云南共16个地州，由于云南少数民族大杂居、小聚居的特点，每个区域的少数民族及汉族在长期居住和交往中，饮食文化和习惯也有了一定程度的影响和保留。使得每个区域都形成了一定的民族餐饮文化和特色菜系。

通过资料收集将各州特色美食列表如下：

表2　云南16个地州特色美食

地州名称	代表菜品
昆明市	三七汽锅鸡、野生菌火锅、摩登粑粑、红烧鸡㙡、宜良烤鸭、都督烧卖、过桥米线、烧饵锇、炸洋芋饼、豆花米线、小锅米线、豆焖饭、火腿饼
曲靖市	水族：煮活鱼、水族酸汤、鱼包韭菜 布依族：烟熏肉、火烧牛干巴 回族：清真牛干巴、油茶、馓子 苗族：酸鱼、鱼冻 壮族：火锅羊肉 地州特色：宣威火腿、曲靖韭菜花、黑皮子、曲靖蒸饵丝、陆良麻依馓子、宣威小炒肉、陆良板鸭、沾益辣子鸡

地州名称	代表菜品
玉溪市	地州特色：风味蘸水老鸭、包烧猪脑、太极鳝鱼、水豆豉炒鸡丁、红油拌三丝、烤五花肉、挂狗头铜锅、鳝鱼米线、双椒见手青、酱油鸡、小炒肉、玉溪凉卷粉、通海豆末糖、澄江藕粉、玉溪油卤腐
大理白族自治州	白族：酸木瓜煮鱼、三道茶、乳扇、洱海鱼、生皮、猪肝胙、素拌蒜米辣 巍山特色：土八碗、扒肉饵丝、米糕、一根面 诺邓特色：诺邓火腿 宾川特色：海稍鱼 漾濞特色：核桃菜 永平特色：黄焖鸡、腊鹅、水酥 喜洲：喜洲粑粑
红河哈尼族彝族自治州	苗族：草果芽炖排骨、麻辣油淋土鸡、小米辣柠檬鸡、凉拌凤尾蕨、苗家老腊肉、凉拌草果芽 壮族：豆腐酿、蜂蛹、花米饭、壮家油炸粽 傣族：蕉叶蒸鸡 哈尼族：清汤橄榄鱼、油炸蜂子、蘸水鸡 特色：小笼蒸牛肉、建水汽锅鸡 瑶族：烤鱿鱼、河口烧猪肉、河口春卷、素炒苦竹笋、臭菜炒黄鳝、翻白鱼 彝族：火夹清蒸乳饼、青蛙跳石板、荞粑粑蘸蜂蜜、彝族蟠桃乳饼、彝家南瓜焖饭 布依族：芝麻油团粑粑、褡裢粑 拉祜族：烤肉、竹筒饭 地州特色：红烧牛肉、蒙自年糕、石屏八面煎鱼
西双版纳傣族自治州	拉祜族：松鼠干巴、喃咪（蘸料）、炸牛皮、鸡肉稀饭、烤肉 布朗族：油炸花蜘蛛、卵石鲜鱼汤 景颇族：盈江紫糯、鬼鸡、麂血饭团、酸腌鱼、蚂蚁蛋、酸木鬼煮牛肉 基诺族：山野菜 傣族：香竹饭、菠萝八宝饭、香茅草烤鸡、撒撇、烤青苔、酸扒菜、喃咪（蘸料）、炸牛皮、鸡肉稀饭、酸腌笋、酸腌鱼、酸肉、酸木瓜煮牛肉、酸笋煮鸡 地州特色：包蒸、凉拌、碎烤
德宏傣族景颇族自治州	景颇族：景颇春菜系列、鬼鸡系列 傣族：绿叶宴、酸笋、牛干巴、火烧乳猪、毫甩毫昕、炸蜂蛹、炸竹虫 地州特色：盈江旧城豌豆粉、芒市圆子饵丝、稀豆粉

地州名称	代表菜品
楚雄彝族自治州	彝族：烧小猪、全羊汤锅，酸菜鱼、青椒香肠、洋芋猪血肠、骨头饭、坛子牛肉、臼捣仔鸡凉辣汤 地州特色：元谋凉鸡、石烹羊肉、赶马肉
文山壮族苗族自治州	苗族：黑药鸡、酸汤煮鲫鱼 白族：小腊肉、酿雪梨 蒙古族：烤全羊、奶豆腐、涮羊肉 壮族：岜夯鸡、血辣子 瑶族：野蕨糍 仡佬族：清明粑、道真灰豆腐、油茶、豆浆粉 布依族：狗肉、枕头粑 壮族：荷叶粥 彝族：射地（冻肉） 傣族：腌猪脚 地州特色：三七汽锅鸡、狗肉火锅、椒盐饼、火烧、温淘米线、油炸粑、扭糍粑、豆沙粑粑
怒江傈僳族自治州	怒族：漆油茶、斜拉、巩拉 普米族：饭肠、普米猪头肉、醉鸡 独龙族：夹馅荞饼、酸竹菜、烧酒焖鸡、腐乳空心菜、酥油糌粑、石板烙粑粑 傈僳族：手抓饭、苞谷稀饭（玉米）、苦荞粑粑、侠拉（饮品为主）、杵酒（傈僳语：那汁）、漆油鸡
迪庆藏族自治州	藏族：藏式糕点、酥油茶、糌粑、锅奔火锅、雪里雪落 傈僳族：黄焖麂子肉、清水煮小猪、阔耍俄勒 苗族：酸汤鱼、炖金嘎嘎 普米族：醉鸡 白族：泥鳅钻豆腐、柳蒸猪头 彝族：彝味兔、砂锅炖狗肉 纳西族：酿猪肺 回族：牛肉冷片 地州特色：糖醋雪鱼、木瓜稀饭
昭通	回族：昭通牛干巴、油茶、永善清真糕点 地州特色：昭通天麻汽锅鸡、金钱洋芋饼、威信酸鱼（酸汤鱼）、彝良干锅茶树菇、镇雄县风干鸡、盐津县水煮田鸡、油糕稀豆粉、昭通绿豆糕、威信罗汉笋、酥红豆、巧家县虾米烧魔芋、巧家春卷、彝家蕨菜炒腊肉

地州名称	代表菜品
普洱	傣族：酸笋煮螺蛳、景谷县傣族牛撒撇、孟连傣族凉拌酸蚂蚁蛋 彝族：景东水酥肉、景东彝族火烧猪 特色：三尖角粑粑、普洱市景谷县特产腌酸牛脚筋、墨江麻脆、普洱县城豆汤米干、火灰焖鱼鸡豆腐、普洱茶、普洱市镇沅县冬菇腊肠鸡肉煲仔饭
保山	彝族：烤乳猪 回族：黄牛干巴、油香 德昂族：酸笋炒牛肉 佤族：山寨鱼头王、竹笼排骨、山寨串烧虾 傣族：油炸青苔 布朗族：肚肺丝 阿昌族：腌酸笋、火烧生猪肉米线 地州特色：下村豆粉、金鸡口袋豆腐
丽江	纳西族：酿松茸、珍珠贝母鸡、三叠水、丽江粑粑、鸡豆凉粉、丽春铜火锅、吹肝凉片、岩巴玖（即鸡炖豆腐）、腊排骨 彝族：炸土海参、砣砣肉 普米族：蔓菁香腿、红烧琵琶肉、腌酸鱼 地州特色：燕窝酥、太安洋芋鸡火锅、油炸水蜻蜓、芫爆松茸、松茸松球鱼
临沧	彝族：烤小猪、猪血肠、辣子鸡 佤族：卵石鲜鱼汤、佤族水酒、鸡肉烂饭、豌豆凉粉 布朗族：鹌鹑肉汤 傣族：酸笋煮鸡、香茅草烤鱼、牛撒撇 布朗族：包烧鲜鱼 拉祜族：拉祜烤肉 德昂族：湿茶 地州特色：粑粑卷、猪血米线、稀豆粉米线、芭蕉干、核桃糖

（三）“云南地州美食文化”旅游特色街区设计

鉴于昆明市内的各大美食街少数民族特色饮食品种杂、重复多的现状，特以16个地州为单位，构建一个积聚突出16个地州民族餐饮文化和旅游休闲购物为一体的特色街区。

1. 街区选址建议

为了满足“云南地州美食文化”整条街区的丰富与完整，建议避开已经成型的美食区域，一来避免租赁买卖纠纷的出现，二来避免原来的美食街形象对新美食文化特色街区的遮蔽效应；需找交通便利，周围有一定楼盘和商圈的区域，可以选择正待出售或建设中的综合性 CBD 楼盘如滇池路或广福路段，既可以保证平日的客流量，也拥有可以打造成昆明旅游品牌美食购物街区的区域位置。

2. “云南地州美食文化”街区功能组合

“云南地州美食文化”特色旅游街区需要强调四大关键词——地州美食、地州美食文化、旅游、特色街区，所以本条街区首要的任务是建设好美食平台；同时加入文化的元素；最好是综合性旅游街区的打造。

（1）美食布局

本条街区按照 16 个地州进行美食布局，并将街区分为三大段来分别布局 16 地州的小吃街、中档餐馆区及高档食府区。以此满足各种消费层次、各种饮食需要的游客及昆明市内居民，扩宽消费人群。

（2）美食文化元素

美食文化街区专门开辟一个区域，建议为该街区的入口处，建设一个民族文化及餐饮文化图文展厅。中高档餐饮区装修强调民族餐饮文化元素的融入，要求原汁原味的装修效果，包括包房的命名、装饰画的选择、就餐背景音乐的选择等，以及菜谱的设计，最好寻找饮食背后的故事。有实力的餐厅建议将菜谱中主要少数民族菜品的故事拍摄成纪录片，循环播放。让人们在就餐时，可以感受云南少数民族质朴热情的天性、生态营养的美食，以及特殊的地州历史文化。让游客们带着好奇来，带着感动走。

（3）美食文化、旅游、休闲、购物大融合

在三大段美食文化区域中，融入 16 个地州的直销美食原料、配料，特色零食以及其余旅游商品。保证其价格合理，传统真实。合理配置有云南地州特色，各种消费层次的咖啡屋（小粒咖啡）、茶室，配置电影院，KTV 等大型娱乐场所，露天休息区以及各种档次的酒店，让游客来了，就舍不得走。

（四）“云南地州美食文化”旅游特色街区开发建议

1. 政府主导、16 地州办事处直管

建议该项目在政府主导下，16 个地州办事处直管负责制来管理和经营。划定美食分区后，由各个地州政府负责招商，选用本区域知名餐饮企业或店铺，做到集众小品牌之力，创昆明餐饮文化大品牌。给予入住餐饮企业或个人一定的优惠政策，或奖励或减税。吸引最有实力最有特点的地州餐饮品牌，在丰富餐饮文化的同时，也加入企业文化。由地州政府办事处直管亦可保证食材的运输及旅游商品的直销价格。

2. 建筑风格、服务标准统一

(1) 小吃街部分的建筑装修统一规划，统一建设，16 个区域既能展示地州风情，又不杂乱无章，统一经营管理。

(2) 中高端餐饮区由餐馆自行设计，保证原汁原味，尽量使用传统装修材料。使用民族传统服饰，高端餐馆建议使用地州食材，保证口感。

3. 促销手段多样

(1) 节庆营销

通过每个地州在固定月打造饮食文化节庆，提供美食广场，传承美食文化。也可承办省市及国家美食节，以此将这条街区向全国全世界推出，制造影响力。

(2) 广告营销

由政府主持可以以广告或专题片、新闻的模式向大众推出，强调地州美食文化的特色和真实口感，树立城市美食文化品牌。

(3) 街区促销

所有大小餐饮品牌遵循本条特色旅游街区的统一促销，或打折或返利，返利券可以在所有餐饮店面甚至是旅游购物点按一定比例使用，促进整个区域消费人群的交换和循环。这样才能形成一个街区的综合形象，体现整个云南的餐饮形象。

五、总结

总之，开发好“云南地州美食文化”旅游特色街区，不仅可以为昆明市建立一个云南美食文化旅游的窗口，增加昆明作为休闲旅游城市的功能和吸引力，同时也是为云南各个地州的美食文化和旅游做宣传，更是为了云南少数民族餐饮文化的保留、传承和交流发展。开发好“云南地州美食文化”旅游特色街区，能够为昆明吸引更多的游客，增加财政收入；亦可以更好的平衡 16 个地州的经济发展和文化交流。

（作者单位：昆明学院）

重视原创性文艺作品
提升昆明文化软实力

黎云富

昆明市共有各级文艺家协会会员 21000 人，在文联的统一协调指导下，各协（学）会履行着关注、发现、培养、储备和使用各门类艺术人才，培训、管理、提高各门类艺术人才的素质，调集人才力量研究各个文艺领域的尖端课题，为建成“文化昆明”服务，搭建平台，创造机会，营造宽松而又富有创造性的工作环境，使各门类艺术人才展露、展示自己的才情，在互相学习、互相观摩中扬长避短，潜心创作，为人民群众提供更多、更好的精神食粮，建立各种档案，收集、充实、修改、完善“人才库”“专家库”，实行信息化管理，不断发现、不断培养、不断充实、不断壮大昆明市文艺人才团队的职责。近几年在文化昆明建设中，昆明市文艺家在出人才、出作品、出新品、出精品方面迈出了较大的步伐。

一、昆明市文艺作品原创现状

党的十一届三中全会以后，市文联把“出作品、出人才、走正路，弘扬主旋律”作为根本任务，把“发现昆明、关注昆明、挖掘昆明、宣传昆明”作为主要职责。于 1979 年 3 月创刊的《滇池》，在党的十一届三中全会路线的指导下，强调解放思想、立足本土、面向全国、青年为主，突出地方特色和青年特点，并注重文学性、地方性、知识性和多样性，提倡不同风格、不同流派的相互促进和共同发展，始终坚持把社会效益放在首位，注意抵制庸俗文学的泛滥，得到社会的肯定，发行量达 170000 份。

30 多年来，在中共昆明市委、市政府的领导下，市文联紧紧依靠和团结各艺术门类的文艺工作者，坚持贴近实际、贴近群众、贴近生活和“百花齐放”“百家争鸣”，努力把文艺的生动创造寓于时代之中，使源于生活又高于生活的昆明文艺创作异彩纷呈，文艺人才层出不穷。电影作品《五朵金花》《苗苗》《碧洛雪山》《阿瓦山》；文学作品《神秘的黑森林》《蛊女的命运》《密林》《跨越高黎贡山》《竹楼文谈》《太阳点燃的青春》《野象出没的地方》《隐藏的土地》《云南记》《踩新路》等；电视剧《野玫瑰与黑郡主》《金沙恋》《那些迷人的往事》等；曲艺《笑咪乐呵》《一点之差》等；戏剧《青铜王国》《少年聂耳》《小河淌水》等；舞蹈《斑色花》《高原女人》《美丽的大脚》；本土电视连续剧《东寺街西寺巷》等在全省、全国享有较高声誉，占据了一定的地位。另外还有被评论界称之为“太阳鸟作家群”的儿童文学作家，以《罪圈》和《水下古城》问鼎全国，被誉为“黑马作家”的项兆斌。以散文、诗歌、小说享誉全国的“三巨头”作家张昆华。以创作动漫作品《魔界系列》驰名的汤萍。以一幅油画《1944·中国远征军》叫响全国的著名画家赵力中。编导了回族舞蹈《祝福》一举在全国获得金奖的著名舞蹈家马文静等。这些艺术家的原创作品，奠定了昆明市文艺工作者在全国不可忽视的重要地位，向全国全世界展示了昆明特色、云南胸怀、全国气派、世界追求的境界。

据近三年来不完全统计，昆明各协（学）会的作家、艺术家先后荣获了鲁迅文学奖、中国儿童文学奖、全国新诗启明星奖、南方周末华文文学传媒奖、庄重文学奖、十月文学奖、人民文学诗歌奖、骏马奖、儿童文艺创作奖、优秀儿童文学奖、冰心儿童文学新作奖、冰心儿童图书奖、少数民族优秀文学创作奖、儿童文学园丁奖、“五个一工程”奖、“四个一批人才”工程奖、中国戏剧文学奖金奖、荷花奖、文学艺术创作奖、文华奖、茶花奖等市、省、部级以上的奖项500多个，出版发行了1000多部文学作品，2008年以来，每年平均有80多部小说、诗歌、散文、画册出版发行。市文联编辑出版了《昆明少儿文艺精品丛书》1套，《滇池文艺丛书》9辑87部，《守望者儿童文学丛书》1套6册，编发《春城少年》112期，为人民群众提供了丰富的精神食粮，满足着各界人士不同的文化需求和精神需求。各文艺门类涌现出一批又一批坚持马克思主义文艺观、富有文化素养和创造才华、德高望重的领军人物。

配合“文化强国、文化昆明和新昆明建设”，昆明市文艺工作者认真处理好普及和提高的关系，积极开展各种文艺创作、文艺展演和文艺评论活动，使原创文艺作品有展示表演的平台和传播扩散的载体和渠道。市文联组织了“百名文艺家新昆明大型采风创作活动”“新农村少儿舞蹈美育工程师资培训班”“昆明市文艺论坛——中国·诗歌现场”恳谈会、组织了七届“‘笑咪乐呵’曲艺、小品、小戏大赛”、组织了六届“民间文艺调演”、四届“滇剧、花灯演唱大赛”、三届“新创少儿舞蹈比赛”、四届“秘书长培训班”、组织了两届“昆明市六一专题晚会”“彩云南青少年才艺展演电视选拔活动”“昆明市首届流行歌曲创作与演唱选拔赛”

召开了六次“昆明市县区文学发展笔会”。举办了“云南·香港水彩画名家邀请展”、“昆明市纪念改革开放30周年大型美术、摄影、书法联展”“昆明市纪念建国60周年大型美术、摄影、书法系列展”“纪念建国60周年‘昆明新貌’签约文艺家专题文艺采风创作活动”“歌声飘过60年”昆明群众广场歌会、“中国·昆明首届模特大赛和名模展演活动”等大中型活动，经常深入基层文联、协（学）会召开工作研讨会、青年文学创作笔会、改稿班等，为文艺家们的创作活动争取更好的条件，可以说，昆明的原创文艺作品是有积累、有成果、有继承、有发展的，是有前景的。

二、原创作品的生命力分析

原创作品一定是新创作品，原创作品就是在学习继承基础上的突破和创新，是每个艺术家的心路历程和梦想的实现，是一个个鲜活形象的诞生和出世。只有新的、翻空出奇、与众不同的、崭新形象、全新典型、带来新思想、新观念、新追求，甚至是新的生活习惯、新的语言、新的穿着打扮、新的肢体语言等，决不雷同、决不抄袭、决不重复的文艺作品，才有新的冲击力、新的生命力。也就是我们平常说的“站得高、立得稳、留得下、记得住、传得开、历时久、影响大的作品，才是真正的原创作品。”

以昆明作家季康、公浦创作的电影《五朵金花》为例，这是一部20世纪50年代的文艺作品，写的也是20世纪50年代大炼钢铁时代的特定事件，照理说，这样的一个潮头作品，随着时间的推移，人们很快就会淡忘，可事实恰恰相反，它像一坛老酒，时间越久，越发醇香。为什么？打动人们的，不只是事件，而是美丽的风景，秀丽的河山，不只是事件的过程，而是永恒的爱情，善良的人性。《五朵金花》享誉世界文坛是必然，《五朵金花》的作者被称为名师巨匠是名副其实，《五朵金花》的作者被云南省大理市聘为大理市“名誉市民”是众望所归。

巨幅油画《1944·中国远征军》，是由中国美术家协会会员、昆明美术家协会主席、教授赵力中先生完成的国家重点题材创作作品。获得2009年中共云南省委宣传部颁发的“云南省文化精品工程”优秀作品奖。《1944·中国远征军》作品质量良好，效果震撼惊人，作品画面复杂，难度很大，是昆明市乃至云南省我国多年来罕见的文艺精品。作品反映了发生在我国近代史上的重大事件，是提升国家文化软实力的重要举措。它倡导民族正气，弘扬中华传统文化，强化了中国在文化艺术创作方面的话语权。云南省选拔出31名画家的33件作品创作稿送京，第一轮评选结果，百分之九十九的云南名画家就被淘汰，云南仅有赵力中教授胜出，残酷的竞争，只有实力可以说话。赵力中教授在长达半年的选拔中几次进京面试，每次都精心准备，对画出的样稿精益求精，每次都得到认可、好评。胜出，没有运气可言，凭的就是一点，实力。中标结果一公布，赵力中教授深感疲惫，最深的感受就是在艺术这样一条路上，真的无巧可取，只有多年的孤独、坚持、坚守、思考，才能最终胜出。怀着忐忑不安的心情，当他认真慎重地在协议书上签上自己名字的那一刻，他想到的是责任和承担。

赵力中教授非常执着和异常的认真负责，为了国家的历史选题《1944·中国远征军》的原创，接下来的两年，730 个日日夜夜，是繁重的创作，是一笔一画的心血凝聚，是对体力和精神的极限考验，是无私的付出与巨大的奉献。他孜孜不倦的研究其历史背景、人物形象、服装道具，兵器车马、自然地理、植物气候、资料整理、图片收集，几出几进原始雨林，怒江峡谷、战场遗址、遍访老兵，为创作奠定了坚实的基础。在《1944·中国远征军》整个创作过程中，他得心应手，细节入微，作品非常感人，很有冲击力。赵力中教授的国家工程创作结束了，赵力中教授的创作给了我们一个很好的启示：只有老老实实的向生活学习，认真思考提炼，提高表现的技巧和能力，原创作品才有生命力。我们一定要建立一个完善的机制，将有限的资金投入到有可靠保障和有创作实力的人才身上，才能出新作和精品力作。只有改变观念，改变我们的人才观，才能建立很好的、有激励性的创作机制，为我们的子孙留下不负时代的精神财富。

"文坛黑马"项兆斌的长篇小说《罪圈》，是他 65 周岁的处女作，他不鸣则已，一鸣惊人。项兆斌年过花甲才开始发表文学作品，却在两三年的业余时间里创作、发表、出版了诗歌、小说、散文、文艺评论等文学作品 100 多万字。34 万字的长篇小说《罪圈》，由云南人民出版社出版，首版 5000 册。因为书籍题材厚重，加之黑马作家自身的传奇性，所以，书一出版就受到极大的关注和好评。著名诗人、评论家木斧曾致信给项兆斌就说："《罪圈》塑造的几个典型人物，其中大鼻子是一个最具代表性的人物。这个人物由小人变为大人，惟妙惟肖，有理有节，不仅具有历史性，更具有深刻的现实性，故事好像发生在我们身边，好似亲眼所见一般。此外，灰围腰、大眼猴、尉迟女都具有各自的个性，描写入骨三分，好极了！"山东济南女作家绣江女说："《罪圈》犹如《金瓶梅》、《官场现形记》的姊妹篇。这得需要多么广博的知识呀！文学、哲学、社会学、军事学、心理学、医药学、人才学、宗教学、音乐……作者是集各家于一家的杂家！黑的白的黄的绿的……无所不知，无所不晓，让人肃然起敬！"著名诗人米思及说："《罪圈》故事离奇，情节跌宕，文笔轻灵，底蕴深厚。像一席色香味俱佳的大餐。你一举箸，便不忍放下，其中滋味自会去慢慢品尝。"著名评论家蔡毅说："《罪圈》塑造了一批活灵活现的人物形象，充实了中国文艺大观园"。云南师范大学教授程地超著文说："《罪圈》，泛泛去读多为男女轻浮之事，实则是一部血珠儿浸透了书背的警世奇书，是一部寓庄于谐的严峻得不能再严峻的哲理小说。"黄毅写出 9000 字的评论文章，其中有这样的论述："称赞项兆斌著《罪圈》是用普通材料做出了不一般的菜。伟大的小说家首先是一流的思想家。项兆斌长篇小说《罪圈》，思考了在物欲横流的社会里，怎样智慧地生存的问题。这样的主题思想表明，作品面对的是当今许多人的生存困境，触及到的是人的灵魂，抒发的是作家对人生的积极思考。因此，毫无疑问，这是一部有思想深度的书。”原昆明文学院张承源院长写诗评《罪圈》：“少年罹劫多磨难，大器晚成动滇黔，黄埔子孙驱恶氛，倚天仗剑亦萧然！”《罪圈》作为中国第一部反邪教长篇小说问世，是中国文学对反邪教的创新之举。中国“610”办公室、云南省文联联合召开了《罪圈》研讨会，使《罪圈》和项兆斌成为当下中国文坛的一道奇美的风景线。

当然，还有醉心于儿童文学的汤萍、吴然，对土地和诗歌怀着敬畏之情的雷平阳，与少数民族文学结下不解之缘的存文学在这里就不一一赘述了，他们都是撑起昆明文艺的脊梁和勃发的力量。

三、制约新创作品的因素

（一）政策扶持力度不够落实

2010年1月出台的《中共昆明市委办公厅、昆明市人民政府办公厅关于印发〈昆明市政府采购公共文化产品和服务管理办法（试行）〉等六个文件的通知》之一《昆明优秀作品创作出版奖励办法（试行）》出台以来至今尚未完整地实施过，而是将奖励并入“茶花奖”一并申报评审，淹没了该奖项的特色，亟待进一步完善。

（二）创作交流和展览收藏平台严重缺失

昆明市目前没有一个美术馆、收藏馆、文艺创作活动中心，致使昆明的文化建设没有标志，文化交流没有平台，文艺创作没有阵地，没有艺术作品展览基地和收藏机构。很难吸引、汇聚一大批文艺创作、经营、经纪、管理人才，也很难使有特色、有生命力的文学艺术作品形成气候，有创作能力、有发展潜力的人才失去机会，昆明的文艺作品还没有形成集束炸弹，冲击和撼动文坛，还没有一根金线将散落的珍珠串成一挂耀眼夺目、人见人爱的项链，使昆明真正成为名副其实的，中国和世界瞩目的，面向西南开放的文化基地、枢纽、门户和桥头堡。

（三）各协（学）会没有人员编制

协（学）会没有一个住会的人员编制，没有专人负责做好召集、服务、指导、组织工作，都是凭着兴趣在挤时间奉献、因为爱好在尽义务。所以协（学）会显得较为松散、随意，不利于协会工作的持续有效开展，使出人才、出精品的工作很难落到实处。

（四）人才、精品奖励滞后

昆明市目前就文艺人才、精品的奖励而言，没有专门的人才、创作奖励基金，而且在奖励的时间安排上值得商榷。众所周知，我们要修一条公路或者盖一栋大楼，总是要先有资金购买土地、钢筋、水泥、沥青等建材，规划设计后才开始施工建设。前提是要先投入，再建设。而对文艺人才、精品的奖励，则要求以奖代扶，先由作家艺术家自己想办法把作品弄出来，然后再评奖，再奖励。这里就出现了一个小问题：作家、艺术家既要饿着肚子思考、创作，再找资金把作品搬上舞台、公开出版发表，再来申请政府的支持、奖励。获奖了还可以弥补一点点，没有了奖励，自己还得千方百计地想办法筹资还钱。几多文人会经商，于是他们赔了、亏了、骂了，从此再也没有作品和声音了，可怜可爱的艺术家，没有了艺术的追求和生命，我们不知道，他们还会有什么更大的作为？假如，我们的扶持稍微提前一点，在有好的选题和课题，有好的创作方向和创作能力的时候就支持一把、扶持一下，在艺术家不饿肚子、不闹家庭矛盾的时候就出手，也许，中国文坛会多几个鲁迅、矛盾、冰心和莫言。

四、提升昆明文化软实力的对策和建议

（一）建设和打造昆明地标文化

要“高起点、高标准、高品位”的建设昆明市美术馆、昆明市收藏馆、昆明市文学艺术创作活动中心和交流中心等为一体的“昆明文苑”。使昆明的文化建设有标志，文化交流有平台，文艺创作有阵地，艺术藏品有档次，作品展览有基地。真正吸引、汇聚一大批文艺创作、经营、经纪、管理等人才，创作收藏一批有水准、有市场、有研究价值的文学艺术作品，使昆明成为文艺人才聚集、文艺精品汇萃、名副其实、全国瞩目、世界惊叹的文化艺术王国。

假如经济投入暂时不允许，可以先盖几个画家村，几个书法村，几个花灯乡，几个山歌村，几个作家村或者打造几个“幸福生活，文化乡镇”，根据各乡镇的特点做大做强文化产业，使文化产业获得大发展大繁荣，逐渐成为支柱产业。

（二）设立“昆明文化名人节”，打造品牌文化

以郑和、聂耳等昆明历史文化名人为载体，面向南亚、东南亚为重点，以高端性的文化论坛活动为主体，举办国内或国际演唱会、艺术展览、诗歌或戏剧节、电影电视节、模特大赛等扎根昆明的各种文艺赛事活动。立足艺术性、权威性，

全国性、国际性，使昆明成为对外展示中国文化艺术的窗口和前沿，成为国际文化艺术交流的平台。

（三）打造美丽春城，推出精品文化

以在地文化、在场文化、在架文化、在线文化为载体，从“记忆中的老昆明，创造中的新昆明”出发，以广大文艺家为依托，充分发掘昆明深厚的历史文化资源内涵，彰显当代昆明波澜壮阔发展大势，用心研究，认真思考，潜心创作，精心开发，专业打造，写昆明、唱昆明、书昆明、画昆明、咏昆明、摄昆明、拍昆明，争取每年推出一首好歌，一部好小说，一篇好散文，一台好剧目，一部好电影（电视剧），一本好画册，使精品文化形成规模，起到引领、示范作用，在潜移默化中转变观念，更新思维模式。使美丽春城更美丽，经典昆明更经典。营造良好的社会文化氛围，提高市民文化素养，促进文艺新人成长，增强城市文化吸引力，提升城市发展竞争力，增进昆明文化软实力。

（四）发现打造、培养使用人才，夯实基础

人才是我们文学艺术事业发展的根本要素，是我们搞创作、出作品的前提条件。要做到发现人才、培养使用人才、保护人才和宣传打造人才，突出人才技能，促进人才发展，使人才真正成为文学艺术事业发展的主力军是文联的一项重要工作。文联是名人大家所在地，是名人大家施展才华的重要平台。因此，发现人才，是昆明市文联应有的眼光。人才不是全才，甚至他们身上会有一些这样那样的弱点，但我们要以开阔的胸怀从大处着眼看其主流、优点、特长，予以帮助支持，使其发挥出真正的才华。培养使用人才，是昆明市文联责无旁贷的任务。各协会目前存在的主要问题是人员年龄偏大，年轻人出的作品不多，精品更少；因此，我们必须从“小”抓起，列出一个长远规划，开展永久性工作，搭建更多的平台，创造更多的机会，使人才有机会展示自己、表现自己、推销自己，大胆地培养和使用人才，早压担子早成才。保护人才，是昆明市文联应有的态度。人才难得，必须倍加关爱。要从思想上关心，政治上关怀，生活上关爱，创作上关注，要改善条件，搭建平台，提供机会。经常组织各种高中端文学艺术研讨、评论、创作笔会、改稿班，交流会等活动，使艺术家们有话语权。解决他们的后顾之忧，使其能够一心一意地进行创作。宣传人才，是昆明市文联应该高度重视的问题。对昆明名人和各协会的领军人物，昆明市文联可以在“新昆明网站”和各新闻媒体，报纸杂志上加大宣传力度，以此扩大人才的影响力和知名度，使其为昆明市文学艺术事业发展作出更大贡献。培育文艺新人，打造“文艺苗圃”，坚持文艺素养从娃娃抓起的方针。昆明市有各门类艺术家21000多人，我们从中遴选出有影响、有才华、有成就、德艺双馨的各门类文学艺术家，适当邀请部分省外（国外）著名

文艺家，在昆明中小学，特别是农村中小学建立以文艺家名字命名的企业或文艺苗圃。可以举办“名人儿童文学苗圃”“名人少儿曲艺培训”“名人艺术中心”“名人舞蹈培训”等，把人才工作做实，把服务工作做好，不出几年，必见成效。这种既打造宣传昆明名人，又引领企业和学校、农村、机关和社区文化发展方向，繁荣和发展昆明的文学艺术事业和社会文化事业的好事，我们何乐而不为呢。

综上所述，我们不难看出，只有重视原创，才会涌现一大批新的文艺形象出来占领文坛，只有重视原创工作，才能培养出一大批功底深厚、德艺双馨的文艺人才。文艺作品既要有数量，更要有质量，这样才能满足不同人群、不同文化层次、不同阶层的需求。既有下里巴人，又有阳春白雪，我们的生活才会丰富多彩，五彩斑斓，自然和谐。当然，协会是我们深深扎在人民群众中的根，根深才能叶茂。协会活，则文联活，协会强，则文联强，做好协（学）会和基层文联工作是昆明市文联工作的重中之重，沟通、交流，不断拓展服务领域是文联工作的首要任务。走出去，请进来，是昆明的眼界和胸怀。

十八大报告指出：“文化是民族的血脉，是人民的精神家园。全面建成小康社会，实现中华民族伟大复兴，必须推动社会主义文化大发展大繁荣，兴起社会主义文化建设新高潮，提高国家文化软实力，发挥文化引领风尚、教育人民、服务社会、推动发展的作用。”丰富人民精神文化生活，全面建成小康社会是文联工作的重要内容。是引导群众在文化建设中自我表现、自我教育、自我服务、完善自我的重要举措。是贯彻落实十八大精神的具体体现，有着重要的现实意义和深远的历史意义。我们要探索联系体制外文艺工作者的方式方法，真诚地关心各门类艺术家的生活现状和创作条件，为他们及时地排忧解难，关注他们、关爱他们，最大限度地满足他们的各种合理要求，紧紧地把他们团结在文联周围，使文联成为他们倍感温暖的文艺家之家，有话和你说，有事找你办，有喜悦和你一起分享，有困难向你倾诉。这样才能使文联始终保持各协会紧密联系，融洽，使昆明的文艺事业保持勃勃的生机和丰富的创造力，发挥昆明市文联“小机关大服务”的职能作用，重视原创作品，狠抓原创作品，鼓励原创作品，为提升昆明的文化软实力，充分发挥昆明市文联原创、引领、继承、发展的作用，为早日建成“文化昆明”和建成小康社会作出应有的新贡献。

（作者单位：昆明市文联）

后 记

《2013 昆明文化发展报告》从“幸福昆明视野下文化建设的回顾与展望”这一角度，以“桥头堡”战略下的昆明文化发展研究，社会主义核心价值体系建设，昆明历史、民族、特色文化建设三个专题的形式，对 2012 年昆明文化发展情况作了回顾，展望了新一年中“文化昆明”建设的发展趋势。

《2013 昆明文化发展报告》在撰写过程中，得到了本院各个研究部门和市文化体广局、市文产办、市委政研室、市委办公厅、市委组织部、昆明学院、市文联等单位有关人员的帮助和参与研究，云南人民出版社为本书的出版做了大量工作，在此一并致以诚挚的谢意。

全书由徐杰负责统编工作。由于时间紧，加之编者的学识水平有限，书中难免疏漏之处，请读者批评指正。

编 者

2012 年 12 月 31 日

图书在版编目（CIP）数据

2013 昆明文化发展报告 / 杨芳，梁永实主编；昆明市社会科学院编著．—昆明：云南人民出版社，2013.1

ISBN 978-7-222-10670-3

Ⅰ．①昆… Ⅱ．①杨… ②梁… ③昆… Ⅲ．①文化发展—研究报告—昆明市—2013 Ⅳ．①G127.741

中国版本图书馆 CIP 数据核字（2012）第 319073 号

责任编辑　马维聪　陈艳芳
封面设计　赵　丹
责任校对　陈艳芳

书　名	**2013 昆明文化发展报告**
作　者	昆明市社会科学院　编著 杨　芳　　梁永实　主编
出　版	云南出版集团公司　　云南人民出版社
发　行	云南人民出版社
社　址	昆明市环城西路 609 号
邮　编	650034
网　址	www. ynpph. com. cn
E-mail	rmszbs@ public. km. yn. cn
开　本	787×1092　1/16
印　张	15.25
字　数	299 千
版　次	2013 年 1 月第 1 版第 1 次印刷
印　刷	云南商奥印务有限公司
书　号	ISBN 978-7-222-10670-3
定　价	50.00 元